Gift in Lebensmitteln ist legal, Konsumenten werden systematisch betrogen. Gesunde Lebensmittel, die nicht die Umwelt zerstören, gibt es nur für Leute mit Geld. Dagegen können sich Verbraucher nicht wehren – schon gar nicht mit einer »Politik des Einkaufswagens« –, denn sie sind recht- und machtlos. Die Ursache dafür ist nicht die viel gescholtene »Geiz ist geil«-Mentalität der Verbraucher, sondern verantwortlich sind die Regeln des Lebensmittelmarktes, die vor allem den Interessen der Nahrungsmittelindustrie dienen.

Der Umwelt- und Verbraucherschutzaktivist Thilo Bode rollt erstmals die politischen Hintergründe dieser Zustände auf. Er fordert Verbraucherrechte als fundamentale Bürgerrechte und zeigt, was sich politisch ändern muss. Sein Appell: Verbraucher müssen sich gemeinsam zur Wehr setzen und für ihre Rechte kämpfen.

Thilo Bode, geboren 1947, studierte Soziologie und Volkswirtschaft. 1989 wurde er Geschäftsführer von Greenpeace Deutschland, 1995 von Greenpeace International. 2002 gründete er in Berlin die Verbraucherrechtsorganisation foodwatch, die er heute leitet. Sein Buch »Die Demokratie verrät ihre Kinder« erschien 2003.

Inhalt

Einleitung 7

1. Kapitel **Abgespeist** 12
Der Lebensmittelmarkt dient den Interessen der Nahrungsmittelindustrie und nicht uns Kunden. Wir haben keinerlei Einfluss darauf,
die Zustände zu ändern, denn schuld sind die falschen Spielregeln.

2. Kapitel **Irreführung im Supermarkt** 21
Wir Verbraucher werden über Produkte nicht wirklich informiert und
haben kein Recht auf Information. Wir werden beim Einkauf belogen,
betrogen und bewusst getäuscht.

3. Kapitel **Gammelfleisch: Der Skandal als Normalfall** 47
Auf dem Fleischmarkt sind nicht einzelne »schwarze Schafe mit krimi-
neller Energie« das Problem. Vielmehr herrschen flächendeckende
Missstände.

4. Kapitel **Legale Vergiftung** 74
Unsere alltäglichen Lebensmittel sind vergiftet: Pestizide, Dioxin,
Acrylamid, Uran, Cumarin – diese Praxis ist fast immer legal, und wir
können uns nicht wehren.

5. Kapitel **Die Lebensmittel-Lobby** 99
Die Macht der undurchsichtigen Lobby der Landwirtschaft, Nahrungsmittelindustrie und Handelskonzerne ist riesig. Sie arbeitet vereint gegen die Interessen der Verbraucher – und hat sogar ein eigenes
Ministerium.

6. Kapitel **EU: Milliardengrab und Sicherheitsrisiko** 123
Das EU-Agrarsystem plündert die Verbraucher aus, verschmutzt die
Umwelt und vernichtet Existenzen in der Dritten Welt – und ist damit
auch ein politisches Sicherheitsrisiko.

7. Kapitel Geiz ist vernünftig 149
Viel gescholten wird die Schnäppchenmentalität der Verbraucher und
für die skandalösen Zustände im Lebensmittelmarkt verantwortlich
gemacht. So wird vertuscht, dass die Politik die Probleme erzeugt.

8. Kapitel Gute Lebensmittel nur für Reiche 176
In Deutschland gibt es eine Zwei-Klassen-Ernährung. Nur bemittelte
Bürger können sich vorsorglich gesund und ökologisch ernähren.

9. Kapitel Robben sind besser geschützt als Verbraucher 202
Die Verbraucher sind rechtlos und daher machtlos. Robben sind in
Deutschland besser geschützt als Verbraucher.

10. Kapitel Kunden an die Macht 225
Eine »Politik mit dem Einkaufswagen« ändert nichts an den Zustän-
den, weil die Spielregeln zu Ungunsten der Kunden gestaltet sind.
Verbraucher müssen sich zusammenschließen, organisieren und eine
Gegenlobby aufbauen. Nur dann wird sich etwas ändern.

Kurzes Glossar 243
Quellenhinweise 246
Danksagung 256

Einleitung

Wenn ein Autohersteller Fahrzeuge mit defekten Bremsschläuchen ausliefert, dann ist eine sofortige Rückrufaktion selbstverständlich. Genauso verdonnert sind Hersteller, Schadensersatz zu zahlen, wenn es zu Unfällen wegen der defekten Bremsschläuche kommt. Wenn Urlauber ein Hotelzimmer mit Blick aufs Meer gebucht haben, aber vor ihrem Balkon eine Müllkippe entdecken, werden sie den Reiseveranstalter verklagen und angemessen entschädigt. Und wenn der Stromverbrauch der Waschmaschine nach zwei Jahren plötzlich doppelt so hoch ist wie angegeben, gilt die Garantie: Geld zurück oder ein neues Gerät. Das ist ganz selbstverständlich. Doch was in anderen Bereichen gilt, trifft ganz und gar nicht für den Nahrungsmittelmarkt zu. Hier ist seit langem der Skandal nicht die Ausnahme, sondern der Normalfall. Eine »Original Münchner Weißwurst« hat mit München nur wenig zu tun. Der Darm stammt aus China, das Kalbfleisch aus Ungarn, das Schweinefleisch aus Polen und die Petersilie aus Südafrika. Auch in Speiselokalen gehobener Klasse serviert man den Gästen Gulasch aus Gammelfleisch, und die Speisegelatine in Gummibärchen wird aus ungenießbaren Schlachtabfällen hergestellt. Das »natürliche« Aroma im Erdbeerjoghurt ist aus Holzrinde destilliert, und hat jemand ein mit krebsauslösendem und erbgutveränderndem Dioxin verseuchtes Putenschnitzel gekauft, steht ihm als Schadensersatz lediglich ein Putenschnitzel zu, das nicht mit Dioxin belastet ist.

Beim Einkaufen von Lebensmitteln und beim Essen werden wir systematisch getäuscht und betrogen. Wir werden nicht informiert, mehr noch, wir werden gezielt desinformiert. Wir

Einleitung

haben keine Wahl zwischen guten und schlechten Lebensmitteln, weil der Preis nicht zwingend etwas über die Qualität aussagt, billig muss nicht schlecht und teuer nicht gut sein. Unsere Gesundheit wird geschädigt, aber wir haben keine Chance, diese Schädigung zu vermeiden. Dieser Zustand ist kein Zufall, sondern hat System. Auch sind nicht einige »schwarze Schafe« die Ursache.

Dieses Buch will die Hintergründe dieses Systems erläutern und dessen Spielregeln erklären. Ein Hersteller, der so ehrlich ist, offen anzugeben, wie viel Zucker sein Kindermilchdrink enthält und diesen nicht hinter harmlos klingenden Aufschriften wie »Kohlehydrate« versteckt, muss mit Umsatzrückgang für sein Produkt rechnen. Denn die Kunden werden dann die Angebote der Konkurrenten kaufen, die den wahren Zuckergehalt einfach nicht ausweisen, weil man das verschleiern darf. Die Folge: Die Kunden wiegen sich in der Annahme, sie kauften ein besseres Produkt. Das Fazit: Auf dem Lebensmittelmarkt lohnt es sich weder für Hersteller, ehrlich zu sein, noch Qualitätsware anzubieten. Im Gegenteil, es lohnt sich, Etikettenschwindel zu betreiben. Ungestraft kann sich eine minderwertige Tütensuppe mit dem Attribut »Naturpur« schmücken, ein mit die Zähne schädigender Zitronensäure versetztes Fruchtsaftkonzentrat »zur gesunden Entwicklung des Kindes beitragen« und jede beliebige Milch gefahrlos damit werben, sie stamme von »artgerecht« gehaltenen Tieren. Wer Gammelfleisch zu Döner oder Gulasch verarbeitet, den erwarten Gewinnspannen von 1000 Prozent. Das Risiko erwischt zu werden ist minimal, und selbst wenn man erwischt wird, die Strafen sind es auch. Der Lebensmittelmarkt ist ein Markt, auf dem es lukrativ ist, zu betrügen, zu täuschen und die Gesundheit der Verbraucher zu gefährden. Die Spielregeln eines funktionierenden Marktes sind auf dem Lebensmittelmarkt außer Kraft gesetzt. Der Markt steuert sich nicht selber, zum Wohle der Ver-

Einleitung

braucher und der Anbieter von Qualität. Der Grund dafür ist, dass Verbraucher auf diesem Markt recht- und machtlos sind. Lebensmittelskandale gab es in den letzten Jahren in einer nicht abreißenden Serie. Doch kein Skandal hat die Machtlosigkeit der Verbraucher besser illustriert als die Rinderseuche BSE, die in Deutschland 2001 offiziell wurde, obwohl sie schon lange vorher präsent war. Über 150 Menschen starben in Großbritannien an BSE, niemand wurde dafür belangt. BSE war es, das mich damals zum ersten Mal fragen ließ: Welche Rechte haben Verbraucher eigentlich beim Essen? Wer hat auf dem Lebensmittelmarkt die Macht – die Verbraucher oder die Agrar- und Lebensmittelindustrie – auf Kosten der Verbraucher? Wer ist hier der Souverän? Haben Verbraucher eigentlich die Möglichkeit, sich zu wehren? Und wenn nicht, was kann man dagegen tun? Als Chemiefabriken noch die Flüsse vergifteten, Stahlwerke noch die Luft verpesteten, wollten Politik und Wirtschaft diese Umweltzerstörung nicht sehen. Es brauchte Aktivisten, die die Abwasserrohre von Bayer verstopften und das »gläserne Abflussrohr« forderten. Es brauchte eine Bewegung, die das Phänomen der Umweltzerstörung und die Notwendigkeit des Umweltschutzes in die Parlamente trug. Wie einst die Umweltbewegung die Zerstörung der Umwelt öffentlich machte und effektive Umweltgesetze erzwang, so brauchen wir jetzt eine Verbraucherbewegung außerhalb der Parlamente. Eine Bewegung, die Verbraucherechte zum politischen Thema macht und Verbraucherinteressen gegen die mächtige Agrar- und Nahrungsmittelindustrie durchsetzt. Denn von sich aus werden die Politiker nicht aktiv für die Rechte der Verbraucher eintreten. Ohne Druck von außen geht gar nichts. Die Umweltbewegung musste dies erfahren, bei der Durchsetzung von Verbraucherrechten wird es nicht anders sein. Klar ist für mich, dass die Verbraucher mit ihrer vermeintlichen Marktmacht als Käufer die unzureichenden Gesetze des Lebensmittelmarktes nicht än-

Einleitung

dern können. Sie können sich vielleicht ein Produkt kaufen, das sie besonders schätzen, aber die Spielregeln des Marktes können sie nicht ändern. Lug und Trug der Hersteller und des Handels werden weiter bestehen, auch wenn Verbraucher so kundig wie möglich einkaufen. Wer nicht weiß, wie viel Uran im Mineralwasser ist, kann nicht das Mineralwasser ohne Uran kaufen. Wer die Anbieter von Gammelfleisch nicht kennt, kann nicht den Anbieter von gutem Fleisch auswählen. Wer die Behörden nicht verklagen kann, weil diese die Lebensmittelgesetze nicht strikt anwenden, ist der Willkür der Lebensmittelindustrie ausgeliefert. Und wer nach dem unbeabsichtigten Verzehr eines Dioxinschnitzels keinen Schaden geltend machen kann, kann auch nicht auf Entschädigung klagen.

Im Jahre 2002 habe ich deshalb die Organisation »foodwatch« gegründet. foodwatch will den Verbrauchern vermitteln, dass sie machtlos sind, machtlos gegenüber Täuschung und Betrug, machtlos gegenüber der Gefährdung ihrer Gesundheit durch Nahrungsmittel. foodwatch stellt die Frage, wie man den Lebensmittelmarkt ändern kann. Wenn Verbraucher sich zusammenschließen und organisiert handeln, können sie die Spielregeln verändern – zugunsten der Verbraucher. Dieses Buch will Verbraucher motivieren und ermutigen, sich zu organisieren und zu wehren – sich nicht länger abspeisen zu lassen! Um den Markt für Lebensmittel zu analysieren, gibt es wenig Materialien und Hilfsmittel, kaum Literatur. Das Lebensmittelrecht ist ein undurchsichtiger Paragraphendschungel. Es wird von einer kleinen Anzahl Experten beherrscht, die für die Industrie oder die Behörden arbeiten. Lebensmittelrechtler, die als Anwälte auch für Verbraucher tätig sind, gibt es kaum, weil es keine Verbraucherorganisationen gibt. An Informationen und Hintergründe von Skandalen kommt man nicht heran, weil es, anders als im Umweltrecht, eben keine Informationsrechte gibt. Und die Verzahnung der europäischen Subventions-

Einleitung

landwirtschaft mit einer undurchsichtigen Bürokratie und der
Nahrungsmittelindustrie macht die ganze Thematik komplex
und kaum zu durchdringen. »Abgespeist« schöpft deshalb vorwiegend aus den Erfahrungen und dem angesammelten Wissen
des kleinen Teams von foodwatch in den letzten Jahren. Es
gründet sich auf zahlreiche Recherchen, Expertisen und Analysen, die zum großen Teil bisher nicht veröffentlicht sind. Dass
dieses Buch geschrieben werden konnte, geht auf die gemeinsame Leistung und Anstrengung des foodwatch Teams zurück.

Kapitel 1

Abgespeist

Der Lebensmittelmarkt dient den Interessen der
Nahrungsmittelindustrie und nicht uns Kunden.
Wir haben keinerlei Einfluss darauf, die Zustände
zu ändern, denn schuld sind die falschen Spielregeln.

Immer sind es Zufallsfunde. Wie 2006, als ein ehrbewusster,
dem traditionellen Handwerk verpflichteter Metzgergeselle in
Bayern die Behörden erst auf die Spur setzt. Oder Zollbeamten
bei Ein- und Ausfuhren von Fleisch auffällt, was die Lebensmittelkontrollen nicht erkannt haben: Dass nämlich mit Gammelfleisch gehandelt wird. Es wird überall verzehrt und wir, die Verbraucher, sollen nichts davon merken. Gammelfleisch – in Form
von Gulasch, Döner, Bratwurst, China- oder Jägerpfanne. Verarbeitet auch zu Brühwürfeln, Tortellinifüllung oder Gelatine
in Gummibärchen. In München, Hamburg, Berlin – überall in
Deutschland haben gammelige Schnitzel, Putensteaks, Hähn-
chenfrikassee oder Rindfleischstücke gelagert. Und sie lagern
noch.

Gammelfleisch ist das Unwort der letzten Jahre. Der Begriff
meint Fleisch, das man fürchten muss, jede Art von Fleisch, die
verdächtig sein kann. Gammelfleisch ist ein Codewort geworden für all die Lebensmittel, von denen man nicht weiß, wo sie
herkommen, wie sie hergestellt wurden und was man ihnen
zugesetzt hat. Auffällig ist bei den Gammelfleischskandalen
der jüngsten Zeit: Niemals wurde ein Fleischgroßhändler von
einem seiner Abnehmer, einem Restaurant, einem Wurstfabri-
kanten wegen des Verkaufs von Fleisch angezeigt, dessen Haltbarkeitsdatum längst abgelaufen war. In keinem einzigen Fall
ist bekannt geworden, dass ein derart angeblich Betrogener

Abgespeist

seinen Betrüger vor den Kadi bringen wollte. Kein Wunder: Weil anrüchiges Fleisch sehr viel billiger angeboten wird als solches, das allen gesetzlichen Ansprüchen auf Hygiene und Gesundheit genügt. Weil alle, die es abnehmen, wissen, dass sie einen krummen Deal eingehen.

Zu einem Betrug gehören freilich immer zwei – der Täter und der Betrogene. Im Falle des Gammelfleisches kann davon erst einmal keine Rede sein: Beide Seiten, Großhändler wie Verarbeiter, wissen, was sie tun – und bilden insofern eine kriminelle Vereinigung. Eine, die weiß, dass ihr kaum auf die Spur zu kommen ist. Warum auch? Der Hehler eines Bilderdiebs wird auch nicht mit dem Finger auf den Dieb zeigend ausrufen: Nehmt ihn fest, er hat ein Gemälde gestohlen! Der wirklich Betrogene ist der Konsument. Aber der kann den Betrug nicht feststellen, dem Döner sieht man das Gammelfleisch nicht an. Die Magenkrämpfe danach? Wer kann beweisen, woher sie kommen?

Wir alle sind dem Gammelfleisch ausgeliefert – und nicht nur ihm. Chips mit Acrylamid, Uran im Mineralwasser, Cumarin in Zimtsternen, dioxinvergiftete Schnitzel, mit Pestiziden belastetes Gemüse: Wir, 80 Millionen Menschen in Deutschland, die eigentlich die Macht haben müssten, Hersteller und Händler von Lebensmitteln anzuhalten, Qualität zu fairen Preisen zu liefern, beobachten fassungslos und ungläubig, wie man uns Gammelfleisch oder mit Giftstoffen belastete Nahrungsmittel serviert; lassen frustriert die wohlfeilen Beschwichtigungen der Politiker über uns ergehen, es seien nur einzelne schwarze Schafe am Werk, die mit krimineller Energie vorgingen. Wir, die Kunden, die eigentlich König sein müssten, ahnen aber auch, dass etwas grundsätzlich nicht stimmt mit dem Lebensmittelmarkt. Und spüren vor allen Dingen, dass wir eben keine Macht haben, uns zu wehren und die Verhältnisse zu ändern.

Im Gegenteil: Wir sind kein Teil des politischen Spiels, in

dem Interessen austariert werden, kein Machtfaktor auf der politischen Bühne, wo es auf Transparenz und Informationsrechte ankäme. Stattdessen wird in schamloser Umkehrung der Tatsachen der Verbraucher denunziert. Er soll an den Gammelfleischskandalen selber schuld sein, heißt es abfällig, er will bloß Billiges. Schnäppchenjäger werden Menschen genannt, die auf den Preis achten und es auch tun müssen: Schnäppchen – eine verächtlich gemeinte Vokabel. So wie der Ton vieler Kritiker am Gammelfleischsystem voller Dünkel ist, wenn sie »Geiz ist geil« sagen: Als ob Verbraucher, die nicht so viel Geld haben, das Recht verwirkt hätten, einwandfreie Lebensmittel zu kaufen, die sie sich leisten können.

Sicher fehlt es auch an Kontrolleuren, vor allem an denen, die von den zu kontrollierenden Betrieben unabhängig sind. Aber selbst wenn man alle Straßenverkehrspolizisten über Nacht zu Lebensmittelkontrolleuren umschulen würde, wäre die Misere nicht beseitigt. Denn mehr Personal hieße noch lange nicht, dass noch mehr Skandale publik würden, dass es bald nur noch gesetzestreu arbeitende Fleischbetriebe gäbe. In Bayern beanstanden die Lebensmittelkontrolleure Jahr für Jahr 30 Prozent des untersuchten Frischfleisches, knapp die Hälfte davon wegen gesundheitlicher Risiken. Auch in der deutschen Hochburg der Fleischproduktion, in Niedersachsen, liegt die Beanstandungsquote bei 30 Prozent. Jahr für Jahr. Ohne dass sich etwas ändert. Ohne dass die Verbraucher erfahren, wer wo wann gepfuscht hat. Keine Rede kann deshalb davon sein, dass zu wenig entdeckt würde. Wandert das beanstandete Fleisch dann in die Abfalltonne, wird es als »Wirtschaftsgut« weitgehend unkontrolliert weiter gehandelt, national, europäisch, global. Es zu exportieren und dann, zu Würsten verarbeitet, wieder nach Europa zu importieren, ist ein leichtes. Transparenz über Transportwege, Herkunft und »Rückverfolgbarkeit«? Fehlanzeige! Uns Verbraucher so zu verdummen, uns so abzuspeisen verstößt aber nicht gegen die Gesetze. Im Gegenteil. Wir werden ganz legal betrogen.

Etwas Grundsätzliches ist faul mit unserem Lebensmittelmarkt. Dieser ist nicht für die Konsumenten da – er funktioniert nach der umgekehrten Logik: Wir Verbraucher finanzieren einen Markt, der Landwirten, Industrie und Bürokraten dient. In den Supermärkten verwirren die Aufschriften auf den Nahrungsmitteln mehr, als dass sie uns aufklären. Ein »Formschinken« ist kein Schinken, sondern ist ein aus Fleischresten zusammengepresster, essbarer Gegenstand. Ein »natürliches Aroma« in einem Erdbeerjoghurt hat nichts mit Erdbeeren zu tun, sondern ist ein Geschmacksstoff, der aus einem natürlichen Holzpilz gewonnen wird. Mit Marinaden wird häufig minderwertiges, womöglich ungenießbares Fleisch geschmacklich übertüncht; in den Kühltheken findet sich Milch in Verpackungen, deren Aufdrucke uns romantisierend signalisieren, wir kauften mit ihr ein Produkt von glücklichen Kühen. Ein Irrtum!

Das Grunddilemma ist der Mangel an Teilhabe, an echter Macht der Käufer. Der Markt für Lebensmittel ist keiner für uns Käufer, weil es uns an Informationen fehlt, an Durchsichtigkeit der Interessen und Strukturen und an Möglichkeiten, Täter zu bestrafen und in die Haftung zu nehmen. Nicht einzelne schwarze Schafe sind es, die uns verunsichern, die uns dazu bringen, ängstlich zu sein vor Essen und Trinken. Nicht nur einzelne Fleisch- oder Lebensmittelhändler sind es, die dem Rest der Branche den guten Ruf verhageln.

Machenschaften, Mafia, schwarze Schafe: Das sind die Stichworte, mit denen wir abgespeist werden, vor allem, wenn es um Fleisch geht. Dabei ist es die Struktur des Fleischmarktes selbst, die die Probleme schafft und uns Verbraucher schädigt. Was uns als Ausnahme verkauft wird, hat System: Wir können nicht erfahren, welcher Fleischhändler, welcher Schlachtbetrieb im Fadenkreuz der Kontrolleure steht. Wir sollen nicht wissen, wer gerade wieder mit der Verletzung von Hygienebestimmungen aufgefallen ist, wer einmal mehr Gammelfleisch verkauft hat oder Kängurufleisch als Wild ausgibt. Und sollten wir einmal zufällig erfahren, dass wir ein Dioxinschnitzel verzehrt haben: Das Beweisstück ist verspeist und damit nicht mehr existent, und damit auch die rechtliche Grundlage für eine Entschädigung. Soll doch der Verbraucher beweisen, dass er von diesem bestimmten Schnitzel krank wurde, vielleicht sogar Krebs bekommen hat. Kann er nicht? Pech gehabt!

Leidtragende sind auch all jene Produzenten, die auf Qualität Wert legen. Die Dummen, die auf die Einhaltung von Gesetzen achten; und diejenigen, deren Ehrgeiz es ist, besonders gutes Fleisch herzustellen und anzubieten. Denn es lohnt sich nicht, gegen einen Markt zu arbeiten, in dem sich Gammelfleisch als Qualitätsware anpreisen lässt – und uns Verbrauchern nur bleibt, den Preis einer Ware als Kriterium für deren Güte zu nehmen. Wer aber als Information am Markt nur den Preis hat, neigt dazu, das günstigste Produkt zu wählen – zumal Produkte, die teurer sind als ähnliche und vergleichbare, nicht besser sein müssen. Mehr Geld auszugeben lohnt sich in der Tat nicht: Die Qualität der Lebensmittel spiegelt sich nicht im Preis.

Der Lebensmittelmarkt verdient unser Vertrauen nicht. Vertrauen speist sich aus Wissen und Erfahrung und aus der Gewissheit, mit seinem Kauf ein Urteil über die Qualität des Produktes zu fällen. Jeder Autofahrer weiß, dass kein Automobilkonzern es sich leisten kann, Kraftwagen auf dem Markt anzubieten, deren Bremsschläuche schon vor dem ersten Fahrkilometer porös sind. Die Folgen wären straf- wie zivilrechtliche Prozesse gegen den Hersteller. Im Lebensmittelbereich gilt dieser Mechanismus nicht. Wer vergiftende oder gammelige Produkte auf den Markt bringt, muss noch lange nicht die Ungnade der Kunden, schon gar nicht die geballte Kraft des Rechtsstaates fürchten. Vertrauen darf ein Hersteller darauf, dass das Bußgeld, das er höchstenfalls kassieren muss, nicht mehr als seine Portokasse belastet. Und so lange es billiger ist zu betrügen als Qualität anzubieten, wird sich das auch nicht ändern.

Uns fehlt ein fundamentales Mitspracherecht – das zeigt sich bei den einfachen Delikatessen des Alltags – wir bekommen sie nämlich gar nicht mehr! In Bayern ist die Brez'n, unverzichtbar zu Weißwürsten und Bier, einst mit perfektem Backhandwerk hergestellt worden. Inzwischen darf eine Brez'n auch dann Original Bayerische Brez'n heißen, wenn sie so hergestellt wird, dass ihr Geschmack aufgeblasenen Schaumgebilden gleich kommt und die tiefgefrorenen Rohteiglinge aus China stammen. Zuerst mussten durch den Wettbewerb die Kosten gesenkt werden – also benötigte man Maschinen, um den Teig zu kneten, die Brez'n wurden nicht mehr mit der Hand geflochten. Dann stellte sich heraus, dass der Teig für dieses maschinelle Verfahren zu brüchig ist – also musste dem Teig mit chemischen Zusätzen, Emulgatoren, nachgeholfen werden. Schließlich war auch die Rezeptur, einen solchen Teig einen Tag lang liegen zu lassen, zu teuer – und wiederum kamen chemische Mittel zum Einsatz, Triebmittel, Zusatzstoffe und andere Helferlein. Mit der ursprünglichen Brez'n hat dieses chemisch stabilisierte Gebilde nichts mehr zu tun!

Nein, wir Verbraucher haben nicht nach so einer Brez'n gefragt. Erst seit 2005 gibt es überhaupt die Möglichkeit, in Bäckereien oder an Backwarenständen in Supermärkten zu erfahren, was alles an Zusatzstoffen und Zutaten in der Brez'n und anderen Backwaren drin ist. Die Pseudobrez'n ist dem Verbraucher untergejubelt worden, heimlich und leise – ein subtiler Betrug, der nur deshalb funktioniert, weil kaum jemand mehr weiß, wie eine richtige Brez'n überhaupt einmal geschmeckt hat. Heimlich untergejubelt, weil Bäcker genau wissen, dass das nicht in Ordnung ist, denn sie sind ja auch Konsumenten.

Wir haben keine echte Chance, jene Hersteller von traditionell gebackenen Brez'n, die es noch gibt, auch über den Preis zu belohnen. Vielleicht gibt es echte Brez'n bald nur noch bei Versandfirmen und in Geschäften, die sich auf luxuriös wie nostalgisch anmutende Produkte spezialisiert haben – Lebensmittel als Ausdruck eines Lifestyles. Dagegen ist nichts einzuwenden – aber wenn gute und gesunde Nahrung nicht mehr für alle zu kaufen möglich ist, werden Lebensmittel zu Gefahrengütern. Und der Staat schaut zu!

Die Parolen gerade aus der alternativen Ecke, der Verbraucher müsse nur bewusst einkaufen, am besten mit einem Biosiegel versehene Produkte, sind wohlfeil. Wir reden jedoch nicht über einen Nischenmarkt, sondern über Lebensmittel für alle. (Der Biosektor macht nur viereinhalb Milliarden Euro des Umsatzes von 150 Milliarden Euro im Lebensmittelmarkt insgesamt aus.) Auf das Ökologische zu setzen, ist richtig und hat eine gute Presse. Doch ist das keine Lösung für das politische Strukturproblem. Denn das Plädoyer für Bioprodukte ignoriert, dass alle Nahrungsmittel gesund und sicher sein müssen.

Dieses Buch ist kein Ratgeber für gute Ernährung, auch kein Rezeptbuch für den klügeren Einkauf. Nur soviel: Billig ist nach allem, was wir wissen, nicht notwendigerweise schlechter als teuer. »Abgespeist« handelt von einem Markt, an dem wir Verbraucher zwangsweise teilnehmen müssen und doch nicht mitbestimmen dürfen. In den meisten gesellschaftlichen Bereichen ist unser Land nicht mehr obrigkeitsstaatlich organisiert – vor allem im Umweltbereich nicht. Seit Anfang der siebziger Jahre haben der Protest und die Empörung von Millionen Menschen über verdreckte Meere, Flüsse und Bäche, über dioxinvergiftete Mülldeponien, schadstoffschleudernde Automobile und giftausstoßende Industrieschlote zu einer besseren Umwelt geführt. Und dieser Protest hat darüber hinaus ein Umweltrecht etabliert, das es ohne die politische Arbeit und den Druck von Menschen und ihren Organisationen nicht gegeben hätte.

Der Nahrungsmittelmarkt wie auch das Verbraucherrecht hinken dieser demokratischen Entwicklung um Jahrzehnte hinterher. Geschützt werden die Interessen von Industrien, Handel und ihren Lobbys. Verbraucher und ihre Bürgerrechte auf Information und Auswahl zwischen verschiedenen Anbietern spielen buchstäblich keine Rolle – sie dürfen nur bezahlen. Und das tun sie, aller Diffamierung zum Trotz, häufig ökonomisch klug, nämlich möglichst preisgünstig. Wenn man ihnen schon nicht zugesteht, zwischen Qualitäten zu unterscheiden, dann ist Sparsamkeit die erste Tugend, dann ist Geiz im besten Sinne geil!

Woran es vor allem fehlt, ist eine Macht der Verbraucher selbst. Die Vorstellung, dass wir Verbraucher mächtig sind, weil sich über unseren Konsum entscheidet, welches Produkt am Markt bestehen kann, führt in die Irre. Warum? Weil wir Lebensmittel kaufen müssen, wenn wir nicht verhungern wollen. Uns bleibt keine echte Wahl – nur Misstrauen dem Markt gegenüber.

Die These, der Verbraucher habe Macht, er könne ja mit dem Einkaufswagen entscheiden, ist Illusion und bequeme Ausrede für die Politik, nicht zu handeln. Nicht die Verbraucher müssen sich ändern, sondern die Regeln des Marktes. Nicht der Einzelne hat es in der Hand zu steuern, dass sich die Verhältnisse bessern. Ein Einzelner hätte auch an verdreckten Gewässern nichts ändern können oder an den Emissionen der Kraftwerke. Ändern können Verbraucher nur etwas, wenn sie sich zusammenschließen und ihre Interessen gemeinsam vertreten. In Organisationen, die ihnen eine Marktmacht verleihen und

Abgespeist

einen politischen Stellenwert, der nicht ohnmächtig ist und vor den Industrien und Handelsketten kuscht oder mit ihnen kungelt. Organisationen, die den Regierenden mehr als nur Alibigesten abverlangen. Woran es fehlt, ist eine Macht, die den Einzelnen nicht mehr allein lässt in seiner Hilflosigkeit, wenn er sich beim Lebensmitteleinkauf in dem Labyrinth voller Rätsel bewegt, das ein Supermarkt heutzutage ist. Der Verbraucher, im Supermarkt allein zuhaus'!

Der Lebensmittelmarkt könnte dann ein echter Markt werden, wenn wir Verbraucher wirklich wesentliche Informationen und nicht nur Werbeslogans beim Einkaufen bekämen, wenn wir erführen, was einen echten Leberkäs' von einem so genannten Leberkäse unterscheidet oder eine echte rote Grütze von einer so genannten roten Grütze. Wenn wir diesen Unterschied auch beim Einkaufen erkennen könnten. Wenn die Hersteller, die auf Qualität setzen, diese auch belohnt bekämen – dann wäre der Kunde König, wie es sein soll in einem gut funktionierenden Markt.

Solange die Nahrungsmittelindustrie jedoch alle Macht hat, uns Verbrauchern Massenware als Qualität zu verkaufen, solange die Nahrungsmittelindustrie folgenlos Gesetze missachten darf, solange wir Verbraucher keine Möglichkeit haben, uns zu wehren, solange ist dieser Markt kein echter Markt: Wir sind nur ohnmächtige Randfiguren, die den Mund zu halten haben. Wir werden einfach abgespeist!

Kapitel 2

Irreführung im Supermarkt

**Wir Verbraucher werden über Produkte nicht wirklich
informiert und haben kein Recht auf Information. Wir
werden beim Einkauf belogen, betrogen und bewusst
getäuscht.**

Der Supermarkt ist ein Ort, der uns angeblich kostbare Zeit
schenkt. Wir kommen nicht umhin, Lebensmittel dort zu erwerben, weil es eben dort »alles« in kürzester Zeit zu kaufen gibt.
Um Zeit geht es bei uns immer, um das knappste Gut von Erwachsenen. Wir, das sind die Verbraucher. Bei Lebensmitteln haben wir keine Wahl, wir können nicht anders, als Zeit aufzuwen-
den, denn wir müssen essen und trinken. Das wissen auch die
Betreiber jener Konsummärkte, in denen es um das Nötige, ja,
um das Grundsätzliche geht: um Nahrung, um Getränke, um
das, was der Mensch zwingend braucht, um überhaupt existieren
zu können. Der Supermarkt, wir kennen das alle aus eigener Erfahrung nur zu gut, lockt mit Zeitersparnis. Manchmal sogar
mit der Versicherung, man bekomme eine gewisse Summe Geld
als Gutschein spendiert, müsse man länger als fünf Minuten in
einer Kassenschlange warten. Das ist nur selten der Fall – aber
die Verlockung steht symbolisch für das Prinzip Supermarkt
schlechthin: Alles muss schnell gehen. Im Lebensmittelmarkt
mögen wir nicht lange sein – im Unterschied zu Einkaufsstätten
von Artikeln, die nicht zum täglichen Bedarf zählen, etwa Kosmetika, Elektrowaren, Haushaltsgeräte, Möbel, Autos. Der Supermarkt ist der große Bequemmacher in der Nahrungskette – an
der Schnittstelle zwischen Lebensmittelproduzenten und Verbrauchern. Wer in einem Supermarkt nicht das Gewünschte findet, hat keine unmittelbare Alternative. Geht deshalb nicht –

Irreführung im Supermarkt

weil zeitraubend – noch woanders hin. Doch die »geschenkte« Zeit hat ihren Preis. Die Minuten und Stunden, die wir in einem Supermarkt verbringen, empfinden wir nicht als Lust oder Vergnügen, sondern als unentrinnbares Übel.

Und das, obwohl ein Supermarkt angerichtet ist wie eine leibhaftige Verkörperung vom Land, in dem Milch und Honig fließen, ein Schlaraffenland, von dem unsere Vorfahren nur träumen konnten. Ein Warenfluss, der beinahe überquillt und mit Warenflüssen anderer Supermärkte konkurriert. Alle Supermärkte leben von Verführung – und von Täuschung. Und wir, die Verbraucher, sind die Objekte der Verführung: Wir sind es, deren Wichtigstes man will: Geld. Informationen und Aufklärung über das, was gut ist, was sich hinter den Produkten verbirgt, erhalten wir keine. Wir stellen nur Irrsinn fest: Katzenfutter ist teurer als Schnitzel, Hundekost teurer als Babynahrung. Wir müssen uns in Supermärkten ausschließlich auf unsere Gefühle verlassen. Ein Paradies für Konsumenten bleiben Supermärkte trotzdem. Es ist einfach zu verlockend, dort fast alles zu bekommen – und nicht stundenlang verschiedene Fachgeschäfte besuchen zu müssen.

Doch wer einen Supermarkt verlässt, dem bleibt oft ein ungutes Gefühl: Mein Einkaufskorb ist voll, aber was ist wirklich drin? Das Gefühl trügt nicht. Ein Gang durch den Supermarkt beweist: Wir Kunden werden mit unserem Bedürfnis, gut einzukaufen und uns gut zu ernähren, im Stich gelassen – Orientierung erhalten wir nicht.

Im Supermarkt wird nichts dem Zufall überlassen, damit die Verführung von uns Konsumenten gelingt. So ähnelt die Obst- und Gemüseabteilung gelegentlich eher einem Bauernhof oder einer«Frischeplantage« als einer Supermarktabteilung. Die Auslagen sind nicht planlos mit grünem Dekorationspapier ausgelegt – grün ist die Farbe, die der Kunde mit Frischem, mit Natürlichem, mit Naturhaftem assoziiert.

Irreführung im Supermarkt

Produkte, die gute Gewinnmargen bergen, sind mittig, in der Höhe der greifenden Hände angeordnet; Produkte, die preisgünstiger sind und doch die gleiche Qualität aufweisen, finden sich in unteren Regalfächern, »Bückware« genannt. Lebensmittelhersteller, die ihre Produkte in Griffhöhe platziert haben möchten, müssen dafür bezahlen – sonst wandern sie in höhere oder niedrigere Regalbereiche. Auch Licht wird verkaufsfördernd eingesetzt. Vor allem Wurst-, Fleisch- und Käsetheke sind in den Supermärkten gehobener Preisklasse verführerisch illuminiert. Die Lichtfrequenz ist so ausgewählt, dass die Fleisch- und Wurstware appetitlich rosa-frisch und nicht grau erscheinen. Psychologisch sind wir Kunden, in Marktforschungen ausgehorcht, perfekt durchgescannt. Da die meisten Menschen rechtshändig sind, weiß man, dass sie alle einen leichten Rechtsdrall in ihren Alltagsbewegungen haben, also auch im Supermarkt. Gegen den Uhrzeigersinn soll der Kunde gehen – das verschleppt sein Tempo ein wenig. Zuerst durch die Gemüse- und Obstabteilung, in der Mitte soll er auf die Molkereiwaren treffen, am Ende auf alkoholfreie Getränke, Alkohol jedoch steht nicht unmittelbar im Kassenbereich. Das, weiß die Kundenforschung, schätzt der Verbraucher nicht so sehr, muss er seinen Schnaps nah der Kasse in den Einkaufswagen stellen. Er könnte von anderen missliebig beobachtet werden. Filialleiter sind gehalten, regelmäßig ihre Regale umzusortieren: Der Kunde möge stetig leicht irritiert werden, denn solange er sich im Laden aufhält, ist er kaufbereit – muss ein Kunde suchen, so findet er nicht allein das Gewünschte, sondern auch noch anderes. Frauen allerdings sind unentschlossener, offener für Neues als Männer: Ungeklärt ist für Supermarktforscher nach wie vor, wie man Männer quasi dazu umerziehen kann, ohne präzisen Einkaufszettel in den Supermarkt zu gehen. Denn die meisten Männer kaufen zum Kummer der Supermarktstrategen absichtsvoll mit einem inneren oder echten Einkaufszettel ein –

Irreführung im Supermarkt

nehmen sich jedenfalls keine Zeit, um sich von anderen Produkten verführen zu lassen.

Der Laden, der alles bietet, was früher an einzelnen Marktständen oder im Fachhandel zu erwerben war, ist eine amerikanische Erfindung aus dem späten 19. Jahrhundert, obendrein eine, die in der Metropole aller Metropolen, in New York zuerst ausprobiert wurde. In Deutschland öffneten erstmals in den frühen fünfziger Jahren Lebensmittelgeschäfte als Selbstbedienungsmärkte. Inzwischen haben sich die Verhältnisse umgedreht: Läden, in denen hinter einem Tresen oder einer Theke jeder Artikel bedient wird, sind rar geworden. Im Supermarkt entscheidet sich, was gegessen wird und was nicht. Nur wenige dieser Lebensmittelkaufhäuser zählen nicht zu den Großen Fünf der Branche – Metro, Rewe, Edeka/AVA, Aldi und Schwarz (Lidl). Aber sie alle funktionieren nach dem gleichen Prinzip: Verführung als Spielregel, die in einem Labyrinth des Warenüberflusses zum Einsatz kommt.

Beginnen wir unseren Rundgang durch den Supermarkt mit der Obst- und Gemüseabteilung: Äpfel, Apfelsinen, Kartoffeln, Suppengrün, Tomaten, einige Exotika aus Übersee – und am Rand eine kleine Ökoecke. Äpfel, die biblische Urfrucht, wurden noch in den fünfziger Jahren in mehreren hundert Sorten gehandelt, inzwischen nur noch mit derer sechs: Gezüchtet nicht nach Vielfalt, Geschmack und Bekömmlichkeit, sondern nach den Maßgaben der Europäischen Union, geprüft auf Haltbarkeits- und Lagerfähigkeit, sollen sie schön aussehen – ohne faule Stellen. Gleichmäßig glatt, rund, glänzend auch die Einheitstomaten – die einstige Sortenvielfalt gehört der Vergangenheit an. Fast alle schmecken inzwischen nach jenen niederländischen Exemplaren, die in den siebziger Jahren die Tomate als geschmacklos diskreditiert haben. Bereits in diesem Teil des Supermarktes werden wir in die Irre geführt und getäuscht. Denn die schöne, bunte Obst- und Gemüsewelt verbirgt, dass

24

Irreführung im Supermarkt

wir praktisch mit jedem Pfirsich, jeder Orange auch Pflanzenschutzmittel zu uns nehmen. Dem Kunden soll nicht auffallen,
was sich hinter dem schönen Schein der Oberfläche verbirgt.
Die Desorientierung ist kein Zufall – sondern hat System.

Ziel des Supermarktes ist nicht, die Verbraucher ins Bild zu
setzen, sondern Waren zu verkaufen. Das weiß gewiss auch das
Bundesamt für Verbraucherschutz und Lebensmittelsicherheit,
kurz: BVL, das Jahr für Jahr ein so genanntes Lebensmittel-
monitoring durchführt. Diese Bundesbehörde, möchte man annehmen, muss uns doch schützen. Sie prüft nämlich – und zieht
Bilanz. So sieht das etwa für die Gemüse- und Obstabteilung
aus: In einer 2006 veröffentlichten Untersuchung des BVL zeigte jede dritte Paprika Belastungen, manche mit 18 verschiedenen Pestiziden. In Rucola waren in mehr als neunzig Prozent
der Proben Pestizide nachweisbar. Für das Jahr 2005 stellte die
Behörde fest, dass mehr als 85 Prozent der Birnen und Pfirsiche
und fast alle ungeschälten Orangen Rückstände von Pestiziden
aufwiesen. Bei 15 Prozent der Pfirsiche wurden die gesetzlich
festgesetzten Höchstmengen deutlich überschritten – eine Ver-
doppelung gegenüber 2002. Wie bitte? Jeder sechste Pfirsich ist
eigentlich nicht genießbar – und was macht das BVL? Schlägt
die Behörde Alarm, geht mit den Befunden zur nächsten Staatsanwaltschaft? Nein, wir hätten es wissen können. Stattdessen
resümiert die Behörde des Landwirtschafts- und Verbraucher-
ministeriums: »Aus Sicht des BVL ist es zweckmäßig, dass Im-
porteure und Handelsunternehmen mit festen Partnern in der
Landwirtschaft kooperieren und mit diesen praktikable Eck-
punkte zum Pflanzenschutz festlegen, in denen beispielsweise
die verwendeten Wirkstoffe und Anwendungsbedingungen festgelegt werden.« Darüber hinaus hält die Behörde fest, dass sich
in den geprüften Obst- und Gemüsechargen Pestizide fanden,
die hierzulande verboten sind – oder nicht einmal bekannt.
Eine Bankrotterklärung des Verbraucherschutzes – weil selbst

Irreführung im Supermarkt

die freimütige Analyse folgenlos bleibt. Anders formuliert: Der Supermarkt erhält so als potenzielle Giftmüllhalde quasi auch noch die staatlichen Weihen! Man fasst sich an den Kopf: Eine staatliche Stelle will nicht handeln, wie es einem Staat zusteht: Als Hüter von Gesetzen hätte sie dafür sorgen müssen, dass ein Gesetzesbruch bei der Staatsanwaltschaft angezeigt wird. Stattdessen fordert sie die Hersteller und Konzerne auf, mal miteinander zu reden und die Sache des Gifts unter sich auszumachen!

Weiter durch das Labyrinth im Supermarkt. Täuschung und Verwirrung auch in der Getränkeabteilung. Was ist ein Saft? Ist das, was wie ein Orangensaft aussieht, auch wirklich ohne Zusatzstoffe aus Apfelsinen gewonnen? Tatsächlich muss man das Kleingedruckte lesen. Steht »aus Apfelsinensaftkonzentrat« auf einer Packung, ist beim Hersteller das aus Orangensaft gewonnene Konzentrat mit Wasser aufgefüllt worden. Möglicherweise – nur ein Blick mit einer starken Lupe hilft dies genauer zu erfahren – ist dieser Saft mit einem der in der Europäischen Union zugelassenen Aromen aufgepeppt worden – »künstlichen«, »naturidentischen« oder »natürlichen«?

Wundern Sie sich nicht über diese Fakten, die uns ratlos machen. Diese Konfusion hat System. Ein Fruchtsaftgetränk ist ein mit Wasser verdünnter Fruchtsaft, dem garantiert noch Aromen und meist Säuerungsmittel zugesetzt wurden – 30 Prozent nur muss der Anteil des wirklichen Fruchtsaftes bei Kernobst oder Trauben betragen, bei Zitrusfrüchten sind es nur sechs Prozent. In der einschlägigen Herstellungsrichtlinie steht bezeichnenderweise, dass der Fruchtgehalt aus der angegebenen Frucht stammen und das Fruchtsaftgetränk den Geschmack derselben enthalten muss. Fruchtnektar – ein Name, der anheimelnd klingen soll, suggeriert, dass er das Beste vom Besten einer Frucht enthält – ist weniger stark verdünnter Fruchtsaft. Er birgt je nach Fruchtart lediglich 25 bis 50 Prozent Fruchtsaft. Zucker und Honig dürfen immerhin bis zu 20 Pro-

Irreführung im Supermarkt

zent hinzugesetzt werden. Nur Fruchtsaft mit der Angabe »Fruchtgehalt 100 Prozent« – auf der Packung steht dann befremdlicherweise »Direktsaft« – muss frei von Zusatzstoffen sein. Immerhin erlaubt es die EU-Richtlinie, auch diesem so genannten Direktsaft noch bis zu 15 Gramm Zucker auf einen Liter hinzuzufügen, ohne dass dies ausgewiesen werden müsste.

Informationen, Werbeaussagen über Lebensmittel hinterlassen ein ungutes Gefühl – weil sie Eigenschaften beschwören, die die Lebensmittel immer weniger besitzen und nach denen umso stärkere Sehnsüchte bestehen. Gesund, frisch, natürlich – so wollen wir Lebensmittel haben. Der »gesunde Durstlöscher«, ein Produkt des Unternehmens Eckes-Granini, wirbt: »Fruchttiger ist ein gesunder Durstlöscher, deren fruchtige Sorten genau auf den Geschmack von Kindern abgestimmt sind. Mit 7 Vitaminen kann Fruchttiger somit zur gesunden Entwicklung des Kindes beitragen.« »Fruchttiger« ist ein mit Wasser aufgefülltes Fruchtkonzentrat, enthält Zitronensäure, die die Zähne stark angreift, ferner die Süßstoffe Acesulfam und Aspartam sowie eine Phenylalalinquelle. Auch Milchgetränke versprechen mehr Gesundheit und suggerieren, je mehr man konsumiere, desto gesünder werde man. In Wahrheit finden sich gerade in solchen Milchmischgetränken bisweilen Rekordzuckergehalte: Im Kinderdrink »Biene Maja« von Bauer sind 16,4 Gramm auf ein 100-Milliliter-Fläschchen enthalten – was der Menge von 4,4 Stück Würfelzucker entspricht, pro Liter also 44 Stück Würfelzucker! Coca Cola nimmt sich dagegen wie ein Diätgetränk aus: Sie enthält umgerechnet auf einen Liter den Zuckergehalt von nur 28 Stück Würfelzucker.

Eine deutlichere Sprache spricht jene Werbung, mit der die Hersteller um die Gunst des Lebensmittelhandels buhlen – und die wir Kunden nicht zu lesen bekommen. »So lieben Kinder Milch!« annonciert die Firma Langnese in einer brancheninter-

Irreführung im Supermarkt

nen Zeitung über das neue Produkt »Langnese Milchzeit: Die gesunde Belohnung«. Denn dieses Produkt enthalte Kalzium, fettarme Milch und weniger Kalorien. Ein normales Speiseeis also – das aber irreführend mit dem Siegel der Gesundheit wirbt. Und damit auch möglichst viel davon verkauft werde, wird die »Schaffung neuer Verzehrsanlässe und Aufwertung der gesamten Speiseeis-Kategorie« – angestrebt. Denn darum geht's: Das Speiseeis, als Dickmacher berüchtigt, soll zum Gesundheitsprodukt aufgefönt werden, wir Verbraucher dieser Verheißung Vertrauen schenken.

Diese Artikel finden wir auf unserem Gang durch den Supermarkt zumeist in den Kühlregalen, die um die Abteilung für Molkereiprodukte herumgruppiert sind. Dort finden sich auch viele andere Produkte für Kinder, die Zucker lieben. Zuckerhaltige, dickmachende Nahrungsmittel als gesunde Lebensmittel für Kinder zu verkaufen – das ist die Strategie der Lebensmittelindustrie. Um von den gesundheitlichen Schäden wie Diabetes, Übergewicht und Bluthochdruck, die zu hoher Zuckerkonsum verursacht, abzulenken, scheuen die Nahrungsmittelkonzerne das Wort Zucker wie der Teufel das Weihwasser. Die angebliche »Extraportion Milch« im beliebten »Kinder Riegel« von Ferrero soll offenbar den Kalzium-Bedarf der Kinder decken. Die Leckerei enthält Milchpulver, Butterreinfett, den Emulgator Sojalecithin und den Geschmacksträger Vanillin, der synthetisch aus dem bei der Zellstoffherstellung anfallenden Lignin gewonnen wird. Der Zuckergehalt wird auf dem Etikett geschickt hinter der Bezeichnung »Kohlehydrate« versteckt. Ein neunjähriges Kind müsste, um seinen Tagesbedarf an Kalzium zu decken, 13 Riegel essen – und würde damit gleichzeitig 38 Stück Würfelzucker und damit fast ein halbes Paket Butter zu sich nehmen. Zusammen mit dem Milchriegel gibt es auf der Packung Hinweise für Trainingstipps zum deutschen Sportabzeichen, »Sporttaler zum Sammeln für das passende Outfit«

Irreführung im Supermarkt

(z. B. Trainingshose). Seriosität verleiht der Kinder-Kalorien-bombe schließlich der »Deutsche Olympische Sportbund« als Partner. Zucker ist für die Lebensmittelindustrie ein Anlass, lyrisch zu werden. Dann steht auf Verpackungen Saccharose, Glucose, Fructose, Lactose, Glucosesirup oder Maltodextrin: Haushaltszucker, Traubenzucker, Fruchtzucker, Milchzucker, hightechgewonnener Zucker aus Stärke sowie vorverdaute Stärke, die aus Traubenzucker besteht – so muss es entziffert werden. Aber Zucker, so oder so, bleibt Zucker, macht dick und ist nur in Maßen gut für die Ernährung. In der Werbung und auf Packungsaufschriften mag man dieses Wort nicht blank und bloß aussprechen, denn sonst würde der Käufer abgeschreckt. Dann lieber alles mit lebensmitteltechnologischer Lyrik glatt reden? Ja.

Eine lukrative Wachstumsnische der Lebensmittelindustrie besetzen die so genannten »Minidrinks« für die »tägliche Portion Wohlbefinden«. Erfolgreich im Wettbewerb ist ein Getränk namens »Fruit2day« der Firma Schwartau, die vor allem als Marmeladenproduzent bekannt ist. Fruit2day verspricht »Die tägliche Portion Obst in einer Flasche« – und dass dieses Produkt den Verzehr von echtem Obst ersetze. Das sei schon deshalb im Sinne des Herstellers einleuchtend, weil so genannte Fruchtstückchen in dem Getränk schwimmen, weshalb man es vor dem Verzehr schütteln soll. Auch der Hinweis »100 Prozent natürlich« ist Etikettenschwindel, denn das auf dem Etikett angeführte »natürliche Aroma« wird keineswegs aus Früchten des »Saftes«, sondern beispielsweise aus Holzpilzen gewonnen. »Ohne Zuckerzusatz« steht obendrein deutlich sichtbar auf der Verpackung – was irreführend ist, denn auch Fruchtzucker ist nichts anderes als Zucker. Um der besonders gesunden »täglichen Portion Obst« die nichts weiter als eine aus Fruchtsaftkonzentrat gewonnene Flüssigkeit ist, eine angemessene Glaubwürdigkeit zu verleihen, wird auf der Fruit2Day-Papppackung

29

Irreführung im Supermarkt

eine »deutsche Gesundheitskampagne« angeführt, als deren Teil sich dieses Produkt versteht. Diese Adresse spielt mit der Unterstellung, dass eine solche Aktion ein quasi behördlich-offizielles Siegel trägt. Na wenn der Staat schon seinen Segen gibt – dann kann es ja nicht schlecht sein! Falsch. In Wahrheit verbirgt sich dahinter die Deutsche Krebsgesellschaft e.V., die von der Pharmaindustrie getragen wird. Auf deren Website ist zudem nur von einer Gesundheitskampagne die Rede, keineswegs offiziell von einer »deutschen Gesundheitskampagne«.

Die Hälfte des Supermarktes haben wir bereits durchschritten – und sind erschöpft von all den Versprechungen, Verheißungen und Mutmaßungen. Ein strapaziöser Rundgang, ein Dschungel an Bildern, Eindrücken und Informationen, die nichts erhellen, sondern alles verdunkeln. Einkaufen wird zum Stress, zur Überforderung, die mindestens Unbehagen weckt. Die Information, die wir bekommen, ist nichts wert, weil sie nicht aufklärt über das, was tatsächlich Sache ist: Saft ist nicht Saft, sondern ein Wasser, das mit Konzentraten verrührt wurde; gesund ist nicht gesund – und der Zuckergehalt verschleiert, weil die nachvollziehbaren und korrekten Angaben uns sonst abschrecken würden. Wir als Verbraucher haben keine andere Wahl, als uns innerlich abzuschotten und uns mit dem Zustand der Unmündigkeit abzufinden. Wir hätten gern wirkliche Information – geliefert wird aber nur eine Reklamesprache, die darauf ausgelegt ist, unseren Verstand auszuschalten. Orwells »Neusprech« wird im Supermarktkosmos perfekt beherrscht: Echter Saft ist nur Direktsaft und was sonst noch Saft heißt, was gesund oder fitmachend genannt wird, sind beschönigende Formeln für Getränke, die eben nicht einlösen, was sie versprechen.

Nicht besser wird es in jenem Teil des Supermarktes, in dem dann die klassischen Molkereiprodukte angeboten werden. Joghurt, Quark, Milch, Milchmischgetränke, Sahne – pur und in

Irreführung im Supermarkt

allen möglichen Verarbeitungsformen. Niemand kann auf Anhieb erkennen, was gut ist, welche Produkte ohne Zusatzstoffe auskommen und mit Aromen angereichert worden sind. Schon die Milch gibt Rätsel auf. Weshalb ist die eine Sorte billig, die andere teuer? Weshalb kostet eine No-Name-Milch, oft aus der Region, 60 Cent, die der Marke »Landliebe« des holländischen Konzerns »Campina« hingegen wesentlich mehr? Vom Fettgehalt einmal abgesehen: Milch ist Milch – und muss ohne Zusatzstoffe verkauft werden, da lässt das Gesetz keinen Spielraum. Der Unterschied erschließt sich weder aus dem Geschmack noch aus der Produktbeschaffenheit. Auf einer Packung der »Landliebe«-Milch hingegen, deren Design uns Glauben machen will, diese Milch sei von besseren, gesünderen Kühen, werden uns die Elemente der »Landliebe Qualitätsgarantie« erläutert. Man behauptet, diese Milch stamme von »ausgewählten Bauernhöfen«, von »Höfen, die wir selbst kontrollieren«. Welche Höfe das denn sind, um überprüfen zu können, wie die Milchkühe denn leben – dies erfahren die Kunden nicht. Der Verbraucher muss auch dem Versprechen der Hersteller trauen, die Kühe würden »artgerecht« gehalten, denn nähere Informationen darüber, wie diese artgerechte Tierhaltung denn aussieht, wird ebenfalls nicht gegeben. So muss man wohl im schlechtesten Fall vermuten, dass »artgerechte Tierhaltung« nur heißt, dass die Bestimmungen des Tierschutzgesetzes eingehalten werden. Eine niederschmetternde Erkenntnis. Denn eine Haltung, die nur dem Gesetz entspricht, muss noch lange nicht »artgerecht« sein. Schließlich werden in Deutschland auch üble Formen der Massentierhaltung vom Gesetz gedeckt. Der zusätzliche Hinweis, die »Landliebe«-Milch werde regelmäßig auf Rückstände und Schadstoffe untersucht und bei der Beurteilung würden »die strengen Kriterien der Babynahrung herangezogen«, ist für den Verbraucher ohne Wert: Jede andere Milch ist genauso gut geeignet, einen Säugling zu

31

Irreführung im Supermarkt

versorgen. Diese Art der Garantie ist bezeichnend für Lebensmittel, denn es ist nur eine Scheingarantie. Bei Nichterfüllung der Qualitätsversprechen – Produkt zurück! Das versteht der normale Verbraucher unter Garantie. Auf dem Lebensmittelmarkt dagegen können Hersteller Garantien abgeben, ohne dafür einstehen zu müssen – denn die Garantien sind gar nicht überprüfbar.

Nicht weniger irritierend sind Produkte, die als Fruchtjoghurts daherkommen – es sind Mogelpackungen, denn das, was im Produkt selbst enthalten ist, was sie als »Fruchtgehalt« angeben, beträgt meist nur einen Bruchteil dessen. 250 Gramm Joghurt mit der Aufschrift »mit Fruchtzubereitung« muss nur eine halbe Erdbeere enthalten. In den meisten Joghurts stecken mehr Aromastoffe als Früchte. Um diesen Nachteil zu verschleiern, kommt zunehmend ein Zauberwort zur Anwendung, das allen Verbrauchern suggeriert: »das kann nur gut sein«. Das Zauberwort heißt »natürlich«. Der Verbraucher hat das Gefühl, etwas Gutes, nicht Chemisches, nichts Künstliches zu erwerben. So ist es nicht verwunderlich, dass Nahrungsmittelhersteller sich dieses Prädikates nur zu gern bedienen, auch wenn dies ungesetzlich ist. Ein Beispiel, das nicht im Supermarkt spielt, das Prinzip jedoch verdeutlicht: 2005 warb die Imbisskette McDonald's damit, dass deren Hamburger nur mit »natürlichen« Backhilfsmitteln hergestellt seien. Eine gesetzeswidrige Behauptung, denn die von McDonald's verwendeten chemischen Zusatzstoffe E 472e und E 471 dürfen nicht als »natürlich« bezeichnet werden. Nach einer Abmahnung musste McDonald's diese Werbung einstellen. Das war schon das zweite Mal, dass die Hamburger Kette mit einem falschen Reinheitsversprechen baden ging. Zwei Jahre zuvor hatte sie damit geworben, ihre Brötchen seien nur mit Wasser, Mehl, Salz und einer Prise Zucker gebacken. Die E-Stoffe wurden verschwiegen. Auch diese Werbekampagne musste der Konzern – gegen

Irreführung im Supermarkt

ein lächerliches Bußgeld – einstellen. Die McDonald's-Lügen zeigen zu deutlich, wie unverfroren man uns Kunden mit falschen Etiketten betrügen will. Man kann es ja versuchen, weil es nicht viel kostet! Aber auch wenn Hersteller die kleine Zaubervokabel »natürlich« gesetzestreu anwenden, steckt dahinter nicht unbedingt das, was die Natur hervorgebracht hat – also genau das, was wir als Verbraucher unter diesem Wort verstehen. Inzwischen wird mit dem Begriff »natürlich« nur noch Schindluder getrieben. Der Tütensuppenhersteller »Maggi« kann mit dem Siegel »NATUR PUR – 100 % natürliche Zutaten« – für seine Edelpilz-Creme- oder Tomaten-Creme-Suppe werben. Für die Tütensuppen, hergestellt aus minderwertigen Inhaltsstoffen, wird damit geworben, dass sie keine Aromen und keine Geschmacksverstärker enthalten. Wie soll der Verbraucher auch wissen, dass der auf dem Etikett angegebene Hefeextrakt glutamathaltig ist und als Geschmacksverstärker wirkt. Dennoch muss er nicht als Geschmacksverstärker gekennzeichnet werden, weil dieser Stoff nicht in der »Zusatzstoffzulassungsverordnung« enthalten ist.

Ohne Aromen geht in der Lebensmittelindustrie fast nichts mehr. Das können wir im Supermarkt auf Schritt und Tritt feststellen, nicht nur bei den Tütensuppen. Mit Raucharomen beispielsweise wird Nahrungsmitteln der für Geräuchertes typische Geschmack verpasst. Herstellungsprozesse werden auf diese Weise beschleunigt und billiger. Weshalb lange auf den typischen Rauchgeschmack warten, wenn man ihn praktisch auch synthetisch herstellen kann? Verwirrend sind die fast nur mit Sprachwissenschafts- und Chemiestudium zu entziffernden Unterschiede: Beispielsweise heißt »natürliches Apfelsinenaroma«, dass es überwiegend aus Apfelsinen besteht, aber nicht ausschließlich. Ein lediglich »natürliches Aroma«, mit dem sich auch das oben beschriebene Kindergetränk Fruit2day schmückt, darf aus »verzehrfähigen« Rohstoffen bestehen –

aus den Extrakten von Holzpilzen zum Beispiel. »Naturidentisches Aroma« wiederum bedeutet, dass dieses Aroma synthetisch nachgebaut wurde – und »künstliches Aroma« heißt blankweg, dass es sich um ein Aroma handelt, das es in der Natur nicht gibt. Mehr noch: Viele Aromen müssen nicht genannt oder als Zutat gekennzeichnet werden. Ein Fünftel aller in Deutschland käuflichen Lebensmittel sind mit Aromen versetzt, angereichert und zu Geschmack gebracht. Ein Wert, der steigen wird. Bereits heute empfinden viele Kinder den Geschmack von frisch auf dem Feld gepflückten Erdbeeren als fad – das ist schon das Resultat einer Ernährung, in der es von Zusatzstoffen, Emulgatoren, Stabilisatoren und Aromen nur so wimmelt. Es gibt fast keinen Geschmack, der nicht auch im Labor synthetisiert werden kann. So lassen sich minderwertige Lebensmittel veredeln: Mit Tomaten-, Kirsch- oder Möhrengeschmack lässt sich verdecken, dass die verarbeiteten Kirschen, Tomaten oder Möhren von schlechter Qualität waren. Der Hintergrund: Für die Lebensmittelindustrie ist das ein wichtiger Kostenfaktor: Über die Hälfte der Herstellungskosten eines Lebensmittels sind Rohstoffkosten. Ohne Aromen geht also fast nichts mehr – was wirklich schmeckt wie aus der Natur, wird oft nicht als geschmackvoll empfunden. Dieser Zustand ist eine Perversion. Über diese ganz legale begriffliche Täuschung hinaus ist bei der Aromenkennzeichnung massenhafter Betrug an der Tagesordnung. Nach einer Statistik des bayerischen Landesamtes für Lebensmittelsicherheit aus dem Jahr 2005 waren bei 74 Prozent des Vanilleeises die Aromen falsch gekennzeichnet, bei Milcherzeugnissen, Puddings und Desserts mit Vanille lag die Beanstandungsquote bei 63 Prozent. Im statistischen Schnitt waren 51 Prozent aller untersuchten Erzeugnisse mit Vanillearoma zu beanstanden. Auch »Bio« bietet keine Gewähr gegen die Aromentäuschung. Fruchtjoghurts von »Naturland« zum Beispiel, einem ökologischen An-

Irreführung im Supermarkt

bauverband, dessen Standards zwar über dem Europäischen Bio-Siegel, aber unter denen von Anbauverbänden wie »Bioland« oder »Demeter« liegen, können ebenfalls mit »natürlichem Aroma« geschmacklich aufgepeppt sein. Also mit Aromen, die nichts mit den Früchten im Joghurt zu tun haben.

Der Aromenwirrwar ist noch übersichtlich im Vergleich zu dem, was uns beim Gang durch den Supermarkt in den Regalen erwartet, wo verarbeitete Lebensmittel und Fertiggerichte, von der Marmelade bis zur Pizza, von der Suppe bis zum servierfertigen Hackbraten auf uns warten: die geheimnisvolle und unheimliche Welt der E-Stoffe. So genannte E-Nummern katalogisieren die innerhalb der EU zugelassenen Lebensmittelzusatzstoffe. E-Stoffe konservieren, stabilisieren, färben, schützen vor Oxidation und verstärken den Geschmack. Man muss zu diesen chemischen Aufhelfern wissen, dass noch Mitte der fünfziger Jahre Zusatzstoffe, all die unentzifferbaren Es, der ganze Horror, der schlechte Rohstoffe übertünchen hilft, nur mit wenigen Ausnahmen existierten. Lebensmittel gab es damals noch aus dem echten Bauernleben. Die ersten Experten in der Europäischen Kommission waren voller Skepsis und Misstrauen – aber die Chemie- und Nahrungsmittelindustrie setzte sich im Laufe der Jahre durch. Erlaubt wurde so ziemlich alles – die ursprüngliche Idee, nur zuzulassen, was sich garantiert als nicht gefährlich erweist, auch im Tierversuch nicht, war dank des ökonomischen Drucks passé. Über 300 E-Stoffe hat die Europäische Union inzwischen zugelassen, die Hälfte davon ist wegen ihrer negativen gesundheitlichen Auswirkungen umstritten. Viele sind die Ursache für Allergien, viele besonders risikoreich für Kinder. Nur ein paar Beispiele: Der Farbstoff E 102 (Tartrazin) kann allergische Reaktionen auslösen. Im Reagenzglas und in Tierversuchen erwies sich der Farbstoff in hohen Dosen als potenziell erbgutschädigend, krebserregend und schädlich für das Immunsystem. Der Konservierungsstoff E221

(Natriumsulfit) gehört zu den häufigsten Unverträglichkeits-auslösern unter den chemischen Lebensmittelzusätzen und kann zu schweren allergischen Reaktionen führen. Das Antioxidans E 310 (Propylgallat) kann Blausucht auslösen, die, insbesondere bei Kindern, zu akutem Sauerstoffmangel bis hin zum Erstickungstod führen kann. Obwohl in Kinder- und Säuglingsnahrung verboten, findet sich der Zusatzstoff dennoch in typischen Kinderprodukten wie Marzipan, Nougat, Knabberartikeln oder vorgekochter Getreidekost. Warum aber überhaupt Zusatzstoffe? Schon ihre Zulassung bedeutet ein Risiko. Dabei wird untersucht, in welchen Mengen ein bestimmter Zusatzstoff auf den menschlichen Organismus schädlich wirken könnte, und daraus abgeleitet, wie hoch die tägliche Verzehrsmenge dieses Zusatzstoffes sein darf. Diese Rechnung hilft aber nur, wenn man genau weiß, wie viel Kinder von den Produkten verzehren, die diesen Zusatzstoff enthalten. Und genau diese Informationen liegen in Deutschland bisher nicht vor. Zum Beispiel Zitronensäure, E 330. Sie wird immer dann eingesetzt, wenn etwas frisch und fruchtig schmecken soll. E 330 findet sich in unzähligen, vor allem in von Kindern verzehrten Lebensmitteln: In Gummibärchen, Limonade, Schokolade, Speiseeis. Zitronensäure greift, wie gesagt, die Zähne stark an, begünstigt die Aufnahme von Schwermetallen (Blei und Cadmium) ins Blut. Die aggressive Säure kommt auch als Entkalker für Kaffeemaschinen oder als WC-Reiniger zum Einsatz. Dann sind allerdings Warnhinweise vorgeschrieben. Der politische Skandal ist, dass bis heute nicht bekannt ist, wie viel Zitronensäure beispielsweise Kinder zu sich nehmen. Es muss aber eine ganze Menge sein. Die jährliche Weltproduktion von Zitronensäure beträgt 1,4 Millionen Tonnen, alle Zitronen, die auf der Welt geerntet werden, könnten dagegen nur 120 000 Tonnen liefern. Schätzungen aus anderen EU-Ländern lassen vermuten, dass Kinder zwölf Mal soviel Zitronensäure über Nahrungs-

Irreführung im Supermarkt

mittel zu sich nehmen, wie es die täglich zulässige Verzehr-
menge erlaubt.

Ein verstecktes Risiko liegt im Zusammenwirken verschiedener Zusatzstoffe. Eine Untersuchung in England hat dokumentiert, dass das Zusammenwirken des Geschmacksverstärkers
Glutamat, des Süßungsmittels Aspartam und eines zugelassenen Farbstoffes nicht eine dreifache Wirkung hervorrufen, sondern eine Vervielfachung der Wirkung jeder dieser einzelnen
Stoffe. Die unheimliche Welt der E-Stoffe erschließt sich dem
Verbraucher nicht. Allein, dass diese E-Stoffe auf dem Etikett
verzeichnet sind, heißt noch nicht Transparenz, bedeutet noch
nicht Information. Warum gibt es als Alternative nicht zusatz-
stofffreie Nahrung, als besonders ausgelobte Qualitätsware?
Weil das dem ökonomischen Prinzip des Supermarktes zuwider
liefe, das heißt: maximaler Gewinn pro Regalmeter. Zu viel
Differenzierung, also echte Wahl zwischen qualitativ guter und
mäßiger Ware würde heißen: weniger Profit pro Regalmeter
auf mehr Raum. Im gnadenlosen Wettbewerb der Handelsketten rechnet sich der Supermarkt nur, wenn dessen Sortiment
aus Massenprodukten besteht, die sich nicht so sehr in ihrer
tatsächlichen Qualität unterscheiden, sondern vor allem durch
eine Scheinvielfalt vertuschender, irreführender Werbebotschaften. »Es gebe keine guten oder schlechten Lebensmittel,
sondern nur gute oder schlechte Ernährungsweisen«, brachte
ein Sprecher des Deutschen Lebensmittel-Einzelverbandes diese Strategie anlässlich der Grünen Woche 2007 auf den Punkt.
Es ist dieses Prinzip, das uns Verbraucher so hilflos vor den
Regalen stehen und fragen lässt: Warum kostet die eine Milch
50 Cents, die andere einen Euro? Warum ist das eine Hähnchen
ein Drittel teurer als das andere?

Umfassende, echte und verständliche Information ist in den
real existierenden Supermärkten nicht vorgesehen, wird gar
mit System verhindert. Auch nicht in der Abteilung für Auf-

Irreführung im Supermarkt

schnitt und Fleisch. Wie würde denn die Kundschaft reagieren, wenn am Tiefkühlregal mit dem »zarten, bekömmlichen Putenfleisch« ein Foto angebracht wäre, wie die Puten in einem Stall zusammengepfercht sind, damit sie nicht umfallen, da das ihnen angezüchtete Brustfleisch so viel wiegt, dass sie sich alleine nicht auf den Beinen halten können?! Nein, in der Abteilung für Fleisch und Aufschnitt heißt das Prinzip ebenfalls Vertuschung und Täuschung! Schon das über der Fleischtheke der Tengelmann-Supermärkte angebrachte Schild »Birkenhof«, einen traditionellen Bauernhof stilisierend, ist Betrug. Diesen »Birkenhof« gibt es nicht, nichts hat dieser »Birkenhof« mit der Herkunft der Waren in der Fleischtheke zu tun, außer dass diese im »Fleischwerk Birkenhof« produziert werden. Es ist ein Werbename, der anheimelnd wirken soll, der aber genauso in die Irre führt wie das »Hofgut Schwaige« der größten Metzgereikette Bayerns, Vinzenz Murr. Auch das Hofgut Schwaige ist ein Phantom, ein Markenname, es hat nichts mit einem Hofgut zu tun.

So wenig wie ein Schinken heutzutage mit dem zu tun hat, was den Charakter dieser Delikatesse ausmacht. Schinken – das suggeriert eine Leckerei, die teurer ist als anderer Brotbelag. Schinken, das sind in der Küchensprache meist die hinteren Oberschenkel des Schweins, der wertvollste Teil des geschlachteten Tiers. Parmaschinken aus Italien gilt als Köstlichkeit, Serranoschinken aus Spanien ebenfalls. Dass beide dort hergestellt sein müssen, dass aber das Fleisch keineswegs aus diesen Regionen kommen muss, weiß kein Kunde genau. Aber er verlässt sich auf die Namensgebung, die ihm Gutes verheißt. Auch der Koch- wie der geräucherte Schinken sind an Wursttheken gut zu erkennen: Aber ein Schwarzwälder Schinken muss nicht einmal aus dem Schwarzwald stammen. Westfälischer wie Ammerländer Schinken haben alle möglichen Ursprungsorte in Europa – aus Westfalen oder dem Ammerland müssen sie nicht stammen. Viele Schinken, gerade jene, die im Laufe der vergangenen Jahre nicht mehr nur im Delikatessbereich angeboten werden, werden keineswegs mehr bei produktbewussten Bauern monatelang gelagert, tagelang geräuchert und nach allen Regeln alter Herstellerkunst zubereitet. Auf dem Bozener »Bauernmarkt« gibt es den »Südtiroler Bauernspeck« zu kaufen – ein Produkt, das besondere Güte verspricht. Unter den Verkaufstischen aber sind deutlich Verpackungsfolien erkennbar, auf denen ein langer Katalog an E-Stoffen verzeichnet steht. Alle Schinken werden gepriesen, als stammten sie vom Bauernhof und sind doch in einer Fabrik gefertigt worden. Sie sind kein »Bauernspeck« – doch so verschieden geformt, als seien sie vom Bauern handgemacht. Das Gros der Schinken, die alle so wohlklingende Namen tragen, ist industriell gefertigt: In Laugen getaucht, weich gepökelt, mit Aromen versehen, auf dass die Räucherware auch tatsächlich wie früher schmeckt.

Ein ganzer Reigen an chemischen Zusatzstoffen macht aus Schinken ein rasch verkäufliches Produkt. Und was nicht passt, was bei der Produktion der schieren Schinken im wahrsten Sinne des Wortes abfällt oder sich nicht vom Knochen löst, wird passend gemacht. Dieser Rest wandert in einen Topf, um eine besonders üble Sorte Aufschnitt mit einem besonders üblen Titel zu werden: Formschinken. Der exzellente Klang der Aufschnittsorte Schinken wird damit zwar ab absurdum geführt, im Supermarkt, ob an der Wursttheke oder dem Kühlregal, heißt dieses Erzeugnis jedoch unverfänglich »Formschinken« – und tut nur so, als sei das ein Schinken. Aber, und darin besteht die Täuschung, er ist dem Kochschinken »nachgebildet«, sodass er glatt für dieses Produkt durchgeht. Abfall wird also als Qualitätsprodukt ausgegeben – woher sollen wir das wissen? In Kühltheken steht es nicht angeschrieben, an Wurstständen gibt es ebenso wenig Aufklärung. Dabei ist Formschinken nur ein Imitat aus zerkleinertem Fleisch, zum Teil auch Separatorenfleisch und Fleischresten, die zusammen nur einen Gewichtsanteil von 40 bis 60 Prozent haben müssen. Mit Bindegewebe, Dickungs- und Bindemitteln sowie weiteren Zusatzstoffen und Wasser wird dieses Fleisch gepresst und zu einer schnittfesten Masse gegart. In der Gastronomie wie in der Hotellerie wird Formschinken häufig verwendet: ein glatter Betrug – und je nach Geschmack ein fragwürdiger Genuss.

Gehen wir weiter in die Tiefkühlabteilung. In den Truhen finden sich nicht minder seltsame Dinge. Wie an der Wursttheke werben auch dort Fleischprodukte mit Aufschriften, die dem Verbraucher das Gefühl geben, er kaufe nun ein Produkt, das direkt vom Bauernhof komme und auch sonst von besonderer Qualität sei. »Kommt vom Lande« lautet eine beliebte Aufschrift vom Tiefkühlhähnchen – als ob die Herkunft »aus der Stadt« eine realistische Alternative wäre. So täuscht auch ein Etikett wie »Wiesenhof«-Hähnchen eine Idylle vor, die der Geflügel-Massenproduktion nicht gerecht wird. Diese hat nichts mehr gemein mit romantischen Vorstellungen von einem Bauernhof, auf dem eine Familie gesunde Tiere in kleiner Stückzahl aufzieht, päppelt, schlachtet – und sie verwurstet. Und: Was heißt auf dem Wiesenhof-Etikett »kontrollierte Aufzucht«? Was wäre denn eigentlich »unkontrollierte Aufzucht«? Was soll die Aussage »ständige tierärztliche Betreuung« bedeuten? Ein besonderes Qualitätsmerkmal oder ein Warnhinweis? Wiesenhof-Hähnchen sind überdies mit dem Prädikat: »Keine Tiermehle« geschmückt: Eine obskure Reklame, auch wenn damit Fischmehl gemeint ist. Denn Tiermehle, gewonnen aus Schlachtabfällen, zu verfüttern, ist strikt untersagt – und wird strafrechtlich verfolgt. Mit Tiermehl verbinden die Verbraucher BSE – ohne Tiermehl klingt irgendwie »BSE-frei«. Auch hier ist ein Vergleich mit der Auto-Industrie angebracht, die besonders im Hinblick auf Produktsicherheit beachtet wird.

Irreführung im Supermarkt

Diese »Kein Tiermehl«-Werbung ist ungefähr so sinnvoll, als würde sich ein Autohaus preisen, die angebotenen Automobile seien garantiert nicht geklaut. Im nur unzureichend sterilisierten Tiermehl fanden sich die Erreger jener Krankheit, die Rinder wahnsinnig werden lässt – BSE. Das Kürzel steht für einen Schrecken, der auch auf Menschen übertragen werden kann. Tiermehle dürfen als Dünger genutzt werden – nicht jedoch für die Fütterung, auch wenn dieser gesottene Stoff aus Schlachtabfällen die Tiermäster billiger kommen als Futter aus Soja zum Beispiel. Insofern kommt das öffentliche Selbstlob, bei der Fütterung auf Tiermehle zu verzichten, ausschließlich dem bizarren Eingeständnis gleich, nicht kriminell zu handeln.

Das alles weiß der Verbraucher nicht, er vertraut notgedrungen darauf – und kann nur hoffen, dass nicht gerade dort, wo er oder sie einkauft, ein Lebensmittelskandal aufgedeckt wird. Er oder sie muss blind darauf bauen, dass schon nichts passiert. Zumal er die Aufschriften auf den Packungen nicht deuten kann und sich das Kleingedruckte selbst mit Lesebrille nicht recht entziffern lässt.

Supermärkte sind, alles in allem, strategisch durchdachte Lebensmittelverkaufsstätten, die uns Sauberkeit und Lauterkeit suggerieren – und die für uns Verbraucher den Einkauf zu einer einzigen Strapaze werden lassen: überfordert mit Informationen, die nicht einzuordnen sind – und zugleich unterfordert, denn das Nötige und Naheliegende erfahren wir nicht. Kaum haben wir die Schranke in den Supermarkt durchschritten, sind wir Geiseln dieses Überflusses. Denn vor allem fehlt es im Supermarkt an einer Produktorientierung, die auf Anhieb ins Auge fällt. Wo welches Produkt im Supermarkt präsentiert wird, hängt davon ab, wie viel der Produzent zu zahlen bereit ist. Hinweise, ob ein Lebensmittel mit gentechnisch verändertem Futter hergestellt wurde? Hinweise auf die Belastung von

Irreführung im Supermarkt

Obst und Gemüse mit Pflanzenschutzmitteln? Hinweise auf riskante Zusatzstoffe? Hinweise auf die Herkunft und Herstellungsweise der Waren? Fehlanzeige! Der deutsche Supermarkt ist eine Desinformationshalde, ein Hort von Verschleierung! Diese Läden sehen nur scheinbar bunt aus – und sind doch nichts als eine farbig gestrichene, grau grundierte Örtlichkeit von Zumutungen. Jedenfalls sind sie ein Zeugnis der jahrzehntelangen Missachtung der Rechte von Verbrauchern. Die Werbeflyer der Discounter verheißen Sonderangebote. Dagegen ist nichts einzuwenden – wenn nicht zugleich rätselhaft bliebe, weshalb das eine Produkt teurer als das andere ist. Werbung ist kein Übel, sondern gehört zum Geschäft. Aber der mündige Bürger kann verlangen, dass Reklame nicht mehr verhüllt als verspricht – nicht täuscht und nicht in die Irre führt. Würde in Deutschland die Moral gelten, dass Prominente eine besondere Verantwortung gerade in Verbraucherfragen zu tragen haben, dürfte »Wetten dass?«-Moderator Thomas Gottschalk nicht für Gummibärchen wie die von Haribo Reklame machen. Gerade einer wie er, heißt es in vergleichbaren Fällen bei unseren Nachbarn in Skandinavien, könne Kinder zum übermäßigen Konsum einer Nahrung verführen, die ihnen schadet – denn sie ist zuckergesättigt, enthält die gesundheitsschädliche Zitronensäure und widerspricht jeder Vorstellung von einer gesunden Ernährung.

Über die Grenze zwischen Werbung und Irreführung, Verführung und Täuschung kann man philosophieren – eines allerdings steht fest: Werbung darf den Paragraphen 11 des Lebensmittel- und Futtermittelgesetzbuches nicht außer Kraft setzen. Dort heißt es zu den »Vorschriften zum Schutz vor Täuschung«: »Es ist verboten, Lebensmittel unter irreführender Bezeichnung, Angabe oder Aufmachung gewerbsmäßig in den Verkehr zu bringen oder für Lebensmittel allgemein oder im Einzelfall mit irreführenden Darstellungen oder sonstigen Aus-

Irreführung im Supermarkt

sagen zu werben.« Der Supermarkt an und für sich ist ein nicht geahndeter Verstoß gegen das Lebensmittelrecht – ein rechtloser Raum für uns Verbraucher. Die einen werben für ihre so genannten Fitnessgetränke mit Spots, in denen junge Menschen mühelos Hürden überspringen oder durch Landschaften joggen – und suggeriert wird, dass diese zuckerhaltigen Getränke dem Konsumenten zu ähnlichen Leistungen aufhelfen. Manche Bäckereien, die sich Bistros, Backshops oder Backgarten nennen, jedoch mit einer klassischen Backstube nichts gemein haben, weil deren Angestellte fertig angelieferte Backlinge nur noch im Heißluftofen aufzubacken pflegen, den Teig jedenfalls nicht mehr selbst anrühren, werben gar mit dem Hinweis, dort werde der Teig noch »handgezogen«: eine krasse Täuschung, denn Kennern wird mit dieser Vokabel signalisiert, in jener Backwarenhandlung würden noch Laibe aus Mehl, Wasser und Triebmittel angefertigt, auf dass aus ihnen ein Brot werde. Dass ein Teil der Backlinge inzwischen aus Osteuropa, vielfach bereits aus Asien importiert wird, geht aus den Warenbüchern, die seit einigen Jahren an Brot- und Backwarenständen ausliegen müssen, nicht hervor.

Der Backwarenshop erwartet uns oft am Ende des Supermarktbesuches. Die Dekoration mit Handwerkszeug traditioneller Bäcker, mit rührenden Bildern von rundlichen Bäckermeistern, die Sauerteiglaibe oder Weizenbrötchen in den Holzofen schieben, auf dass die Kundschaft glaubt, dort würde wie einst in früher Morgenstunde der Teig gerührt und geknetet, geformt und ausgebacken, ist nicht nur ein nostalgischer Beleg für die Wurzeln der Kunst, ein Brot zu backen. Dieser Kulissenzauber kommt einer gezielten Irreführung gleich: Die kleinen Backstuben, in denen Bäcker ohne Zusatzstoffe ihre Produkte fertigten, gibt es nur noch selten – das Gros der Bäckereien hat Filialen der Backwaren-Multis Platz machen müssen. Die Information, die es zu den Broten und Brötchen

Irreführung im Supermarkt

gibt, erhält man lediglich auf Nachfrage: eine Kladde, die wir als Verbraucher einsehen dürfen, um zu prüfen, was in den Backwaren enthalten ist, die wir kaufen möchten. Und dann lesen wir – nichts Genaues. Keine Auskunft über die Beschaffenheit der Waren – aber immerhin, dass in den Multikornbrötchen, Multi-Vitaminbroten oder Kartoffellaiben jede Menge E-Stoffe enthalten sind, Weichmacher, Frischhalter und Großmacher obendrein.

Was ist noch Reklame und wo beginnt die Irreführung? Die Grenze dazwischen wird beispielsweise beim Tabakkonsum fein gezogen. Die Zigarettenmarke Marlboro spielt seit Jahrzehnten telegen wie auf Litfaßsäulen und Plakatwänden mit amerikanischer Cowboyromantik. Dass dies nur pure Illusion sein kann, leuchtet unmittelbar ein. Der Zigarettenindustrie geht es nicht um nachprüfbare Produkteigenschaften. Sie ist vielmehr grundsätzlich auf den Kampf um Marktanteile gerichtet – nicht auf das Rauchen selbst. Der »Geschmack von Freiheit und Abenteuer« aber ist ein Slogan, der auf Gefühle setzt: Wer Marlboro kauft, erwirbt zugleich ein Stück vom Image dieser Marke.

Werbung darf durchaus verführen, Firmen und Hersteller, die um die Marktfähigkeit ihrer Produkte kämpfen, müssen auf das Mittel der werbenden Verheißung setzen, sie darf sogar Illusionen wecken – gegen diese Strategie ist nichts einzuwenden.

Behauptungen der Werbung allerdings, die nicht offensichtlich pure Illusion sind, so wie das Freiheitsversprechen von Marlboro, sollten begründet werden. Der Hersteller sollte begründen, dass seine Behauptungen den Tatsachen entsprechen, nicht umgekehrt der Verbraucher, dass diese Behauptungen falsch sind. Das Prinzip der Umkehrung der Beweislast würde viele Täuschungsversuche als solche entlarven. Ein für den Kin-

Irreführung im Supermarkt

dermarkt entwickeltes Getränk, das mit dem Logo einer beliebten Comicfigur wirbt, mag anstößig sein – kann aber akzeptiert werden, wenn zugleich unübersehbar darauf hingewiesen würde, in welcher Stärke dieses Produkt gezuckert ist. Was spräche also dagegen, alle Produkte mit der Angabe des Süßigkeitsgehalts zu kennzeichnen: in Form von Würfelzuckersymbolen beispielsweise?

Die alltägliche Stätte des Einkaufens ist der Supermarkt – und das wird auch so bleiben. Märkte mit Einzelständen, Geschäfte, die sich spezialisiert haben, sei es auf Käse, auf Fleischwaren oder auf Obst und Gemüse, werden allenfalls Nischenanbieter sein. Der deutsche Lebensmitteleinzelhandel findet über Super- und Großmärkte wie Discounter die umsatzstärksten Absatzflächen. Und profitiert nach wie vor von einem Sortiment, das dem Verbraucher keine oder viel zu unübersichtliche Informationen vermittelt. So funktioniert das dahinterstehende Kalkül; die meisten Menschen haben weder Zeit noch Lust, sich mit den Lebensmittelgesetzbüchern unterm Arm zu informieren, die Produkte zu wägen und sich auch gegen sie zu entscheiden. Gegenwärtig müssen wir, die Verbraucher, beweisen, dass ein Produkt nicht einlöst, was es verspricht – nicht der Hersteller. Der kann nicht gezwungen werden, Qualitätsaussagen zu begründen, belegen oder zu beweisen. Das im Mai 2007 vom Bundestag in erster Lesung beschlossene Verbraucherinformationsgesetz wird nicht weiterhelfen – es ist Kosmetik für eine in Verruf geratene Branche, die ihre Pfründe zu verteidigen trachtet (vgl. auch Kapitel 9). Es gibt uns nicht einmal das Recht, von Unternehmen so selbstverständliche und für uns Verbraucher wichtige Informationen wie die nach der Herkunft der Milch und der Haltung und Fütterung der Milchkühe abzufragen. Wir haben keine Rechte in der Hand, die Hersteller von Nahrungsmitteln zu zwingen, den Wahrheitsgehalt ihrer Aussagen zu belegen.

Irreführung im Supermarkt

Doch die Institution »Supermarkt« muss erhöhter Transparenz nicht zwangläufig entgegenstehen. In den Filialen der Schweizer Handelskette Coop sind viele Waren in vier, auf Anhieb durch Farbmarkierungen erkennbare Qualitätsstufen eingeteilt. Grün bedeutet ökologische Herstellungsweise, blau ist die Hausmarke »naturaplan«, in der besondere Qualitätseigenschaften aufgelistet sind, rot steht für Standardware aus der Schweiz und pink ist Discountqualität, sie muss lediglich den gesetzlichen Bestimmungen entsprechen. Die genossenschaftlich organisierte Coop ist allerdings nicht dem gnadenlosen Wettbewerb ausgeliefert, den sich die »Großen Fünf« in Deutschland liefern. Doch auch in Deutschland finden sich Pioniere. Bei der mittelständischen »tegut«-Handelskette aus Fulda mit über dreihundert Filialen verschafft eine klare Farbkennzeichnung mehr Kundendurchblick bei verschiedenen Qualitätsstufen von Discount bis Bio.

Die Konsumenten in Deutschland, wir, die wir essen müssen und wollen, sind nach wie vor gezwungen, uns mit der Irreführung und der Täuschung des Alltags im Supermarkt abzufinden. Niemand kann mit einer langen E-Nummernliste durch die Einkaufsgänge gehen, keiner muss, wie bei einem so genannten Diätjoghurt der Firma Bauer, einen Hinweis wie »enthält eine Phenylalaninquelle« verstehen.

Wir werden über die Produkte, die wir benötigen, einerseits nicht korrekt informiert – und andererseits über den Wust an Kleingedrucktem verwirrt und dumm gehalten. Selbst wenn wir alles einzuordnen wüssten und erkennen könnten, dass bestimmte Fruchtsäfte, Milchprodukte oder Fleischwaren nicht halten, was sie versprechen. Dass Sportgetränke sogar – des Zuckeranteils wegen – fitnessabträglich sind: Wir haben keine Chance, der Täuschung zu entgehen. Im praktischen Alltag scheitert jede Bemühung um Transparenz. Wir werden betrogen und haben kein Recht, Informationen einzuklagen. Wie ein

Irreführung im Supermarkt

Produkt beschrieben wird, welche Informationen auf der Verpackung angegeben werden müssen: Wir Verbraucher haben darauf keinen Einfluss. Der Supermarkt, der uns wie ein Paradies schien, ist ein Albtraum. Ein Raum der Desinformation und Entmündigung – und ein Labyrinth, das einer rechtsfreien Zone gleichkommt.

Kapitel 3

Gammelfleisch: Der Skandal als Normalfall

Auf dem Fleischmarkt sind nicht einzelne »schwarze Schafe mit krimineller Energie« das Problem. Vielmehr herrschen flächendeckende Missstände.

Es gibt Fleisch, das nur in kleinsten Mengen produziert wird – für Menschen, die Wert auf Delikatessen legen und für ihre Vorliebe die nötigen Mittel aufbringen können. In Japan bieten es Restaurants an. Nicht jeder kann sich dieses Lebensmittel leisten – das Koberind. Jährlich sollen nur 4000 dieser Tiere geschlachtet werden – ein quasi handverlesener Kreis, nichts gegen die allein knapp zehn Millionen Schlachtrinder, die in Deutschland gemästet werden, um zu Lebensmitteln zu werden.

Das Koberind hat der aufwendigen Aufzucht wegen einen legendären Ruf. Die Tiere bekommen ein besonderes Futter, werden obendrein noch Tag für Tag mit einer besonderen Tinktur aus japanischem Reiswein massiert. Nicht, weil die Halter der Koberinder so tierlieb wären, das möglicherweise auch. Aber die Tiere sind ihr Kapital. Mit einem einzigen dieser Rinder kann eine Familie ein Jahr lang ihr Auskommen finden. Da lohnt sich die besondere Hege und Pflege. Der Clou, das, was dieses Produkt besonders macht, ist nämlich die exquisite Beschaffenheit des Fleisches: die mageren Muskeln sind durch feinste Fettlinien marmoriert. Diesen Effekt erzielt ein Viehhalter nur, wenn er eben täglich Rumpf und Beine seines Rindes ohne Verletzung von Lymphgefäßen walkt und knetet.

48

Gammelfleisch: Der Skandal als Normalfall

Die Behandlung der Tiere hat ihren Preis. Ein Kilo Filet kostet bis zu 300 Euro, ein Vielfaches dessen, was in Europa für konventionelle Schlachtrinder gezahlt werden muss, nämlich 10 bis 30 Euro. Unterschiedliche Preise dieser japanischen Fleischsorte ergeben sich aus ihrer Fettmuskelfaserung. An Intensivmast hat kein Landwirt, der ein Koberind aufzieht, Interesse – sie würde den Preis verderben und wäre nicht lohnend. Denn die Güte des Fleisches kommt über das stete, jedoch langsame Wachsen der Muskelfasern und das kontinuierliche Einlagern des Fettes zustande. Ernährungswissenschaftlich zählt dieses Rindfleisch zum gesündesten Fleisch überhaupt, weil es nur einen extrem geringen Anteil an gesättigten Fettsäuren aufweist.

Die Geschichte des Koberindes ist deshalb berichtenswert, weil sie besonders anschaulich den Kontrast zu den Verhältnissen auf dem europäischen Fleischmarkt illustriert. Unser Fleischmarkt hat nichts mit dieser Art von Qualität und Qualitätsabstufung zu tun, sondern basiert auf Irreführung, Täuschung und Undurchsichtigkeit. Unser Markt begünstigt Kriminalität und lässt die Kriminellen dieser Branche wie Kavalierssünder in Frieden. Aber nicht die einzelnen Gesetzesbrecher sind der Kern des Problems, die gibt es auch in anderen Wirtschaftszweigen. Doch anders als in anderen Branchen wird der Fleischmarkt nicht von ehrenwerten Akteuren bestimmt, unter die sich ein paar Mafiosi gemischt haben. Vielmehr bringt die Struktur des europäischen Fleischmarktes selbst erst ein immenses Maß an Kriminalität hervor.

Wie anders sieht dies bei den Züchtern der japanischen Edelrasse aus. Ein Halter eines Koberindes muss um seine Existenz fürchten, zieht er seine Tiere nicht so auf, wie die Konsumenten es verlangen. Schmeckt ihnen das Fleisch nicht mehr, werden sie auf den Kauf in Zukunft verzichten. Und zwar zum Schaden des Bauern, dessen ökonomisches Wohl von diesen Verbrau-

Gammelfleisch: Der Skandal als Normalfall

chern abhängt. In Deutschland wie in Europa gehören hingegen Skandale um verdorbenes Fleisch, das trotz abgelaufenen Haltbarkeitsdatums, trotz ranzigen Fetts und fauligen Geruchs wieder in den Verkauf kommt, gehören Betrügereien um Schlachtabfälle zum Alltag. Ebenso wie mangelhafte, ineffiziente und vor allem vom Verbraucher nicht einsehbare Kontrollergebnisse. Sie sind nicht die Ausnahme von der Regel, sondern das, was den Fleischmarkt ausmacht: ein aus den Fugen geratenes System, in dem nicht Qualität und Gesundheit zählen, sondern einzig Masse, Durchsatz, Gewinn. Wir als Verbraucher können nicht nachvollziehen, woher das Stück Fleisch stammt, das auf den Teller kommt. Eine Rückverfolgung eines Steaks ist, allen Beschwörungen der Fleischindustrie zum Trotz, vom Konsumenten zum Bauernhof nicht möglich.

Das Koberind wäre unter den europäischen Marktbedingungen vermutlich längst ausgestorben – oder so sehr verhunzt, dass nunmehr sein Name im Reigen des allgemeinen Etikettenschwindels und Siegeldschungels vermarktet würde.

Es wäre verreckt an einem System, das durch Gammelfleisch bekannt wurde. Da werden Schlachtabfälle zu Lebensmitteln umdeklariert, oder, um beim Export Steuern zu hinterziehen, Lebensmittel zu Schlachtabfällen, da ist der illegale Export von Schlachtabfällen und Tiermehl in Länder außerhalb der Europäischen Union zu beklagen oder der Import von verbotener Ware wie Geflügel aus Ländern, in denen die Vogelgrippe wütet, unter falscher Kennzeichnung festzustellen. Der falsch deklarierte Import von exotischem Fleisch wie vom Känguru zählt zu dieser flächendeckenden Täuschung ebenso wie das überlagerte, ranzig-alte Fleisch, das seinen Weg gleichermaßen in Restaurants und Fertiggerichte findet, als marinierter Müll in Fleischtheken landet oder am Dönerspieß eines Imbisses feilgeboten wird.

Alles das sind Missstände, die sich über lange Jahre heraus-

Gammelfleisch: Der Skandal als Normalfall

gebildet haben – zum öffentlichen Thema wurden sie aber erst in jüngster Zeit. Und es ist fast schon eine Ironie der Geschichte europäischer Fleisch-Politik, dass diese Zustände nicht nur trotz, sondern auch wegen jener Katastrophe der Fleischwirtschaft herrschen, die uns Bürgern wie ein todbringendes Inferno zu überrollen drohte. Als nämlich Rinder, die nicht mehr bei Sinnen waren, krampften und wie wahnsinnig umhertobten, die tragische Hauptrolle in einem Drama hatten, das schließlich unter einem Kürzel bekannt wurde: BSE. Der Rinderwahnsinn. Ein bis dato unbekannter Erreger hatte die Gehirne dieser Tiere aufgeweicht.

1978 begann der Skandal bereits – zunächst aber blieb diese Epidemie in der Öffentlichkeit weitgehend unbekannt. 1987, ein Jahr nach dem ersten offiziellen Nachweis von BSE in einer Kuh, wurde als Auslöser dieser Krankheit ein Eiweiß identifiziert. Wenig später wurde in Großbritannien die Verfütterung von Tiermehl verboten. Denn mutmaßlich soll der BSE-Erreger, der beim Menschen die Creutzfeldt-Jakob-Krankheit hervorrufen kann, aus unzureichend sterilisierten Kadavern von Schafen stammen. Diese wurden als Tiermehl an Rinder verfüttert, die sich, entwicklungsgeschichtlich reine Vegetarier, über dieses absolut nicht artgerechte, aber im Hinblick auf die schnelle Aufzucht des Schlachtviehs effiziente Futter infizierten. 1994 erließ die EU ein Verfütterungsverbot von Tiermehl an Wiederkäuer – also Rinder und Schafe. Auf dem Höhepunkt der Epidemie, im Jahre 2000, waren in England bereits 82 Menschen an den Folgen einer neuen Variante der Creutzfeldt-Jakob-Krankheit gestorben, in Frankreich drei – vermutlich Folgen des Konsums von mit dem BSE-Erreger kontaminiertem Rinderfleisch. Tiermehl, gewonnen aus Schlachtabfällen, stand längst im Verdacht, Auslöser der Krankheit zu sein. Ein totales Verbot seiner Verfütterung aber setzte die EU erst 2001 durch.

BSE, der Rinderwahnsinn, war auch die Konsequenz der Ent-

Gammelfleisch: Der Skandal als Normalfall

wicklung eines Fleischmarktes, der immer undurchsichtiger wurde und schließlich alle Vorsichtsmaßregeln den wirtschaftlichen Interessen der immer größer und damit politisch immer einflussreicher werdenden Fleischkonzernen opferte. Fast kein Metzger schlachtet heute mehr selbst – was er in seinem Laden anbietet, stammt meist wie das Fleisch in Supermärkten aus Schlachtbetrieben. Schlachten ist zu einem arbeitsteilig hochspezialisierten Prozess geworden. Tierhändler kaufen Rinder oder Schweine frei auf dem Markt ein – und beliefern damit Schlachtbetriebe. Dort arbeitet niemand, der die vollständige Verarbeitung der getöteten Tiere im Ganzen unter Beobachtung hat. Der eine ist zuständig für die Betäubung vor der Tötung, ein anderer nur für die Abtrennung der Köpfe oder das Zerhälften der Tiere, wiederum andere für das Häuten oder die Entnahme der Füße, der Organe oder Därme. Fest steht: Durch das hochkomplex arbeitsteilige System der Aufzucht, Schlachtung, Zerlegung und Weiterverarbeitung von Tieren ist für den Verbraucher alles verwirrend geworden – niemand schaut mehr durch, wer für was verantwortlich zeichnet.

BSE war für die europäischen Verbraucher, aber auch für die Politiker ein Schock. Es war zugleich die Geburtsstunde der europäischen Lebensmittelverbraucherpolitik. Auf EU-Ebene wurde eine Europäische Behörde für Lebensmittelsicherheit, EFSA, eingerichtet. In Deutschland gab es dem Namen nach zum ersten Mal ein Verbraucherschutzministerium. Doch schon der erste Versuch, endlich den Umgang mit Tiermehl und Schlachtabfällen streng zu regeln, scheiterte am Einfluss der Fleischindustrie. Der Versuch ist eine Europäische Verordnung mit der Nummer 1774/2002. Nach dieser Verordnung gibt es drei so genannte Risikokategorien für tierische Abfälle. Zur Risikokategorie 1 gehören Gehirne sowie alle Tiere mit Verdacht auf BSE – also für übertragbare schwammartige Hirnveränderungen. Zur zweiten Risikostufe zählen alle krank

Gammelfleisch: Der Skandal als Normalfall

geschlachteten Tiere, abgesehen von jenen, für die die erste Kategorie zutrifft. Erstere müssen verbrannt werden, die zweiten können industriell verwertet werden, beispielsweise für Industriefette, Düngemittel oder Zement. Zur Kategorie 3 darf gerechnet werden, was als »genussuntaugliche« Tierkörperteile im Rahmen der Schlachtung und auf allen weiteren Stufen von Verarbeitung und Vertrieb nicht oder nicht mehr als Lebensmittel geeignet ist. Sie werden kategorisiert in Rohware und in aus dieser Rohware hergestelltes Tiermehl. Dieses Kategorie-3-Material kann zwar ebenfalls kostenpflichtig verbrannt werden – darf aber zu vielerlei Zwecken an die technische, chemische oder pharmazeutische Industrie verkauft oder zu Hunde-, Katzen-, Zoo- und Pelztierfutter oder Düngemittel verarbeitet werden. Strengstens verboten ist jedoch die Verfütterung an landwirtschaftliche Nutztiere, um zu vermeiden, dass diese Abfälle wieder in die menschliche Nahrungskette gelangen.

Einerseits sollten so die tierischen Abfälle vollständig aus der menschlichen Nahrungskette verbannt werden. Andererseits, so entschied die EU weiter, sollten Kategorie-3-Abfälle auch als Wirtschaftsgut frei gehandelt werden können. Ein absurder Anspruch: einerseits frei handelbar, andererseits nur für bestimmte Verwendungszwecke erlaubt, als Dünger und als Hundefutter. Diese Regelung ist ein Einfallstor für Betrug und Missbrauch. Früher, als die Schlachtung von Tieren für Nahrungszwecke noch kein globales Geschäft, sondern handwerklich, mittelständisch und überwiegend lokal organisiert war, war die Angelegenheit in Deutschland dagegen eindeutig geregelt. Alles, was nach dem Schlachten übrig war – Häute, Hörner, Hufe, ein Teil der inneren Organe, die meisten Gehirne, Augen und das Rückgrat –, musste als Schlachtabfall entsorgt werden. Man nannte das »Andienungspflicht«. Ob und wie zuverlässig diese deutsche Regelung funktioniert hat, muss dahingestellt bleiben. Mit Fug lässt sich jedoch sagen, dass die nach BSE erlassenen europäischen Gesetze die Lage nicht etwa verbessert, sondern das Gegenteil bewirkt haben.

Die geltende europäische Verordnung ermöglicht den Fleischbetrieben, möglichst viel eines Schlachttieres verwerten zu können und bedeutete faktisch die Aufgabe der Andienungspflicht. Hintergrund der neuen Regel war die politische Absicht, einerseits ein verbraucherpolitisches Signal zu setzen, andererseits, wichtiger noch, die Fleischindustrie zu bedienen. Das Tiermehl-Verfütterungsverbot und die Kategorisierung der Schlachtabfälle sollten zugleich dafür sorgen, den weltweiten Export europäischen Fleisches in Zeiten von BSE zu stabilisieren und möglichst viele wirtschaftliche Verwertungsmöglichkeiten für Schlacht- und Fleischabfälle zu schaffen.

Von diesen Abfällen gab es auch deshalb immer mehr, weil durch die Konzentrations- und Rationalisierungsprozesse in der Fleischindustrie Fleisch immer billiger wurde und die Verbraucher zunehmend die edleren Teile aus der Schlachtung erwerben: am allerliebsten knochenfrei, also Steaks, Schnitzel und Filets. Innere Organe, Leber oder Niere beispielsweise, sind erheblich weniger gefragt als früher und bleiben übrig. Doch diese sollten nach dem Willen der Fleischwirtschaft nicht als Schlachtabfall für teures Geld beseitigt werden müssen – verbrannt, sterilisiert oder zu Tiermehl verarbeitet. Sondern als »tierische Nebenprodukte« auf neuen Märkten gewinnbringend verkauft werden können. So kam es zur Verordnung 1774/2002 – eine verbraucherpolitische Fehlentscheidung aus dem Geiste verfehlter europäischer BSE-Politik.

Die für jeden Verbraucher bittere Konsequenz lautet: Während für die Verarbeitung der Schlachtabfälle, die in die Kategorien 1 oder 2 fallen, Buch geführt, über alle Transportwege, die Verteilung und Nutzung Aufschluss gegeben werden muss, sodass sich ihr Verbleib zumindest theoretisch rekonstruieren lässt, entfällt diese Pflicht für die Kategorie 3 gänzlich. Das ist

Gammelfleisch: Der Skandal als Normalfall

alles andere als eine Bagatelle, obwohl Abfälle der Kategorie 3 eigentlich kein BSE-Risiko darstellen – denn, weil Kategorie 3 Tiermehl analytisch nicht von Tiermehlen der Kategorie 1 und 2 zu unterscheiden ist, kann der BSE-Erreger womöglich untergemischt werden. Ein unmittelbares Gesundheitsrisiko für Verbraucher mag auch nicht bestehen, wenn rohe Abfälle der Kategorie 3 für die Lebensmittelproduktion verwendet werden, sofern sie durcherhitzt und hygienisiert werden. Aber dafür gibt es eben keine Garantie, schließlich gilt nicht umsonst in der Fleischhygiene: Einmal Abfall ist immer Abfall!

Wir Verbraucher haben ein Recht, nicht mit Abfall sozusagen zwangsernährt zu werden. Dies vergessen offensichtlich die politischen Verharmloser, wenn sie bei einem Gammelfleischskandal eilfertig betonen, es bestünde keine Gesundheitsgefahr. Und uns damit zugleich zu verstehen geben, dass Betrug und Arglist inmitten dieses europäischen Schlaraffenlandes offenbar als Normalität hingenommen werden. Die auch für Fachleute kaum durchschaubaren Verordnungen zum Umgang mit Fleischabfällen laden jedenfalls zu kriminellen Handlungen ein: Zum Beispiel können bis heute ungekennzeichnete Tiermehle als Dünger ver- und gekauft, theoretisch jedoch auch als Futter für Nutztiere verwendet werden. Und zwar wiederum aus finanziell verlockenden Gründen: Futter aus Tiermehl jener Kategorie 3 kostet nur ein Zehntel dessen, was für Tierfutter aus Soja aufgewandt werden muss.

Die Verordnung 1774, die den Umgang mit Schlachtabfällen regelt, sollte zur Lösung eines Problems beitragen, nämlich der BSE-Epidemie beizukommen. Doch geschaffen wurde damit ein neues. Denn wie Fleischabfälle in die drei Risikokategorien aufzuteilen sind, entscheiden die Schlachthöfe allein. Diese haben aber ein natürliches Interesse, möglichst viele Abfälle als Kategorie 3 zu deklarieren, denn diese müssen nicht kostenpflichtig entsorgt – sie können verkauft werden.

Gammelfleisch: Der Skandal als Normalfall

In Europa blüht der Handel mit Tiermehlen und Schlachtabfällen – ohne dass sich rekonstruieren ließe, wozu diese
schließlich genutzt werden. Schätzungen gehen davon aus, dass
europaweit jedes Jahr etwa 14 Millionen Tonnen tierische Abfälle der Kategorie 3 als unverarbeitete Rohware oder als Tiermehle gehandelt werden. Hinzu kommen Import und Export
dieses Materials aus und in Staaten, die nicht zur Europäischen
Union gehören. Wo all diese tierischen Produkte landen, welche Wege sie nehmen – wer mit ihnen handelt, ist, global gesehen, unbekannt: Warenströme, die im Sand verlaufen. Dass der
Handel mit Fleischabfall keineswegs ein Randgeschäft ist, zeigen die Bilanzen der Fleischkonzerne. Vion, der Größte auf
dem Europäischen Fleischmarkt, verdient am Handel mit Abfall besser als am Handel mit frischem Fleisch. So ist es nicht
verwunderlich, dass die Fleischindustrie sich nach und nach die
Schlachthöfe einverleibt hat. Sie sind Ausgangspunkt des lukra-
tiven Fleisch-Abfall-Geschäftes, das nach einer simplen Glei-
chung funktioniert: Je größer die Schlachtkapazitäten, desto
größer die bestens zu vermarktenden Abfallmengen. Die Konsequenz daraus könnte zynischer kaum sein: Der Verkauf von
Fleisch und Wurst als Lebensmittel ist nur die Dekoration für
die viel gewinnträchtigeren Abfallschiebereien. Die europäische Fleischpolitik hat sich, nachdem sie in die Sackgasse BSE
geführt hat, eine neue Hintertür für den Absatz von Überproduktion und allem sonst wie Unverkäuflichem geschaffen. Wir
halten Abermillionen von Schlachttieren, um sie in Form von
Abfall zu Geld zu machen.

Was Händler mit diesen Tiermehlen und Schlachtabfällen machen, wohin sie sie als Lebensmitteldealer verkaufen, muss nir-
gendwo vermerkt, geschweige denn kontrolliert werden –
Transparenz ist nach geltender Gesetzlage unmöglich. Im Jahre
2005 wurden in Deutschland etwa 170 000 Tonnen Tiermehle

Gammelfleisch: Der Skandal als Normalfall

als Dünger an Landwirte verkauft. Ob dieser Dünger zweck-
gemäß oder doch gesetzwidrig genutzt wird, zum Beispiel für
die Verfütterung, war und ist nicht zu kontrollieren. Die Statistik ist undurchsichtig. Ende 2004 konnte in Deutschland der
Verbleib von 124 000 Tonnen Tiermehlen nicht belegt werden.
2005 waren es etwa genauso viel.

Sicher ist, dass rohe Schlachtabfälle Ursache für eine Fülle
von ekelhaften Lebensmittelskandalen waren. Im Oktober
2005 wird der bayerische Fleischhändler Keck aus Deggendorf
dabei erwischt, tonnenweise Schlachtabfälle aus der Schweiz
importiert zu haben – um sie in Deutschland umzuetikettieren
und zwischen Italien, der Schweiz, Österreich, Frankreich und
wiederum Deutschland zu verschieben. Weiterverarbeitet wurde dieser Fleischabfall auch zu Gelatine. Zu den Abnehmern
der Firma Keck gehörten auch Gelatine-Hersteller, auf deren
Kundenlisten die Nahrungsmittelkonzerne Ferrero und Haribo
standen. Im Gerichtsverfahren gegen Keck hielt es das Gericht
für erwiesen, mit 49 Lieferungen insgesamt 380 Tonnen Schwei-
neschwarten und 370 Tonnen Geflügelreste als Lebensmittel
verkauft zu haben. »Die Firmen wollten Lebensmittel«, sagte
der Richter in seiner Urteilsbegründung, um den Angeklagten
darauf hinzuweisen, dass sie keine Abfälle aus Schwarten und
Geflügelreste wollten. Gegenüber seinen ausländischen Ge-
schäftspartnern habe er »vermögensgefährdend« gehandelt –
und mit diesen Fleischabfällen betrogen. Und die Staatsanwältin teilte mit: »Selbst wenn keine Gesundheitsgefährdung vorliegt: Wer isst schon gerne dasselbe wie sein Haustier.«

Großer Missbrauch findet im grenzüberschreitenden Handel
mit Drittstaaten, also Nicht-EU-Staaten statt. Tiermehl der Kategorie 3 darf in diese Staaten nur exportiert werden, falls ein
bilaterales Abkommen dieser Staaten mit Deutschland besteht,
in dem sich das Empfängerland verpflichtet, diese Tiermehle
nicht an landwirtschaftliche Nutztiere zu verfüttern. Daran

Gammelfleisch: Der Skandal als Normalfall

hält sich offensichtlich niemand. 2005 haben große Fleischkonzerne, zum Beispiel die Firma SNP, Tochter von VION, Europas größtem Fleischkonzern, und die Firma GePro, zur PHW Gruppe gehörend, die auch die Marke »Wiesenhof« vertreibt, Tiermehle in Drittstaaten ohne ein solches Abkommen exportiert In Vietnam wurden Exporte der Firma GePro an eine vietnamesische Firma veräußert, die Futter für landwirtschaftliche Nutztiere herstellt. So schließt sich der Kreis: Das Tiermehl, zur Mast von Geflügel oder Meeresfrüchten wie Garnelen etc. verwendet, landet als Import auch auf unserem Teller! Offensichtlich funktionieren diese Geschäfte mit Billigung der Behörden. Die Firma Beckmann beispielsweise deklarierte 2006 Tiermehlexporte nach Vietnam und Thailand mit einer falschen Warennummer. Das zuständige Veterinäramt in Oldenburg zeichnete die Ausfuhranträge mit der falschen Warennummer ab. Das Hauptzollamt in Oldenburg versah die Anträge offensichtlich ohne Prüfung mit dem notwendigen Stempel.

Die oberste zuständige Aufsichtsbehörde, das Landwirtschaftsministerium in Niederachsen, äußerte sich nach Bekanntwerden der illegalen Exporte so: die kommunalen Veterinärämter, die diese Exporte genehmigen müssen, hätten die Gesetzeslage falsch interpretiert. Der derart lässige Umgang mit Gesetzen, aufgedeckt an illegalen Tiermehlexporten aus Niedersachsen, lässt den Schluss zu, dass diese Praxis flächendeckend ist.

Für Schlachtabfälle als Rohware, also nicht zu Tiermehl verarbeitet, gibt es noch nicht einmal gesetzliche Regeln, die den Missbrauch über den Handel mit Drittstaaten verhindern. Das ist ein hochrentables und weitgehend risikoloses Geschäft. Auch hier locken Gewinnspannen von bis zu 1000 Prozent. Diese Schlachtabfälle können ohne Beschränkungen exportiert werden, zum Beispiel nach Russland oder in die Ukraine. Sind sie dort erst einmal angelangt, unterliegen sie

Gammelfleisch: Der Skandal als Normalfall

nicht mehr dem EU-Recht, können ganz legal zu Würsten oder Tiefkühl-Gulasch verarbeitet und zurück in die EU exportiert werden – auf unsere Teller! Glaubt man den Stellungnahmen der Fleischindustrie, heißt es: Alles nur Einzelfälle. Wirklich nur Einzelfälle? Tausende, zehntausende Einzelfälle womöglich? Vielleicht – überprüfen lässt sich das alles nicht. Die Beschwichtigungen der Industrie erinnern jedenfalls an den Blick auf viele Bäume, die kein Wald sein sollen.

Eine besonders unappetitliche Variante des Umgangs mit Schlachtabfällen ist die Verwendung von »Gammelfleisch« zur Lebensmittelherstellung, sei es als Gulasch im Restaurant, sei es im Döner an der Imbissbude. Gammelfleisch, das ist Fleisch, dessen Haltbarkeitsdatum abgelaufen ist, das nicht rechtzeitig verkauft wurde, bevor das Fett ranzig, erste Anzeichen von Verderb oder Fäulnis, auftreten. Das also nicht mehr genießbar ist. Es hat zu lange in Tiefkühlhäusern gelagert oder in den Kühltheken von Supermärkten nicht rechtzeitig seine Käufer gefunden – und wird an Zwischenhändler weiterveräußert. Das ist ebenfalls kein Ausrutscher, kein mieser Betrug von einigen schwarzen Schafen. Gammelfleisch ist Symbol für einen Fleischmarkt, der ein lebensmittel- und vor allem verbraucherrechtliches Desaster darstellt. Die anonymen Statistiken der Lebensmittelkontrollen geben vage Hinweise auf den tatsächlichen Umfang des Problems. In Niedersachen und Bayern werden jährlich rund 30 Prozent aller Fleischproben beanstandet. Die Hälfte der bayerischen Proben, über die das Bayerische Landesamt für Gesundheit und Lebensmittelsicherheit in seinem Jahresbericht 2005 Auskunft gibt, wird wegen gesundheitlicher Risiken beanstandet. Die Zahlen zeigen: der Fleischmarkt ist zu Lasten der Verbraucher von schwerwiegenden Sicherheits- und Qualitätsdefiziten gekennzeichnet. Wir reden hier nicht von Einzelfällen, sondern, offizielle Statistiken beweisen es, von einem flächendeckenden Missstand.

Gammelfleisch: Der Skandal als Normalfall

Wir reden von einem Markt, auf dem der »gewerbsmäßige Betrug« eine feste Größe ist, wie im Falle des Passauer Fleischhändlers Berger das Landgericht im bayerischen Landshut feststellte. Im Januar 2006 fanden Lebensmittelkontrolleure in einer Charge Wildfleisch Salmonellen. Lebensmittelkontrolleure berichteten von »wahrlich unappetitlichen« hygienischen Zuständen im Betrieb. Zwei Betriebsstätten mussten geschlossen werden, nachdem unter anderem aufgeflogen war, dass Tiefkühlware als Frischfleisch verkauft worden war. Zahlreiche Betriebe in Deutschland und dem benachbarten Ausland standen auf Bergers Kundenliste. In einem Teilgeständnis hatte Berger Betrug mit manipulierten Fleischwaren in großem Umfang zugegeben. Über Jahre hinweg hatte der Angeklagte Hirsch- statt teures Elchfleisch oder Wildschaf als Gams verkauft. Vor Gericht hatte der Fleischhändler gestanden, dem Möbelkonzern Ikea über Jahre hinweg Hirschfleisch geliefert, aber für teureres Elchfleisch kassiert zu haben. Und welche Strafe hat der Betrüger, der, auf eine andere Branche bezogen, so etwas wie einen Golf für einen BMW ausgegeben hatte, erhalten? In erster Instanz erhielt Berger zwei Jahre Haft auf Bewährung. Außerdem darf er für die Dauer von drei Jahren weder Fleisch verarbeiten noch damit handeln. Doch da Berger in Revision ging, ist das Urteil noch nicht rechtskräftig. Seinen während der Zeit der Urteilsverkündung eben eröffneten Betrieb als Makler im Fleischhandel wird er auf jeden Fall weiterführen können, da makeln juristisch etwas anderes als handeln ist.

Weitere Beispiele? Im März 2005 sind in zwei Filialen der Supermarktkette Real, die zur Metro-Gruppe gehört, Mitarbeiter beim Manipulieren von Fleischverpackungen erwischt worden. Mit einer versteckten Kamera wurden sie aufgenommen – als sie Hackfleisch, das besonderen Sicherheitsvorschriften unterliegt und für das ein Verzehrdatum festgelegt ist, umetikettierten und für frisch erklärten, um es weiter in ihrem Markt

60

Gammelfleisch: Der Skandal als Normalfall

zum Kauf anzubieten. Die Verantwortlichen der Supermarktkette betonten natürlich, es handele sich um Einzelfälle. In
Köln wurden Anfang Dezember 2005 in einem Minimal-Markt
der Rewe-Handelskette 60 Packungen mit Wurst- und Fleischwaren entdeckt, deren Haltbarkeitsdatum abgelaufen und das
zum Teil bereits verdorben war. Bei Routinekontrollen in einem
Kühlhaus bei Berlin wurden 80 Tonnen verdorbenes Fleisch
aufgefunden – und nach kurzer Zeit, abermals angelegentlich
eines Kontrollbesuchs, weitere 300 Tonnen. Nach Expertenmei-
nung waren von diesen Chargen bereits 50 Tonnen vergammeltes Fleisch an die Verbraucher verkauft worden. Etwa zur gleichen Zeit wurden bei einem Fleischhändler in Gelsenkirchen,
der Ein-Mann-Firma Uwe Domenz, in einem Gefrierlager 160
Tonnen Fleisch gefunden, das verdorben, überlagert und durch
Gefrierbrand geschädigt war. Nach eigener Aussage hatte Domenz etwa 550 Tonnen dieser verdorbenen Waren in Deutschland und im europäischen Ausland ausgeliefert – verarbeitet zu
Bratwurst, Döner und Roastbeef.

Ähnliches wurde im Jahr 2006 aus allen deutschen Landen
berichtet – Einzelfall auf Einzelfall: Zweieinhalb Tonnen ungenießbares Fleisch im Bodenseekreis, eine Tonne falsch etiket-
tiertes, verschimmeltes oder verdorbenes Fleisch und Wurstwaren beim Fleischhändler L. Vogel & Co. In Troisdorf bei
Bonn, in Hattingen im Ennepe-Ruhr-Kreis knapp zwei Tonnen
verdorbene Schweinehaxen und Rippchen, in Neuss gar 15
Tonnen überlagertes Schweinefleisch, in Düsseldorf 3,5 Tonnen
überlagertes Geflügelfleisch und Geflügelspieße unklarer Herkunft, im schwäbischen Tettnang 2,5 Tonnen vergammeltes
Fleisch, in Bonn bei einer Großhandelsfirma 1,3 Tonnen Hackfleisch von Ziege, Lamm und Schwein sowie Dönerspieße, Garnelen und Schweinefleisch mit überschrittenem Haltbarkeitsdatum, 23 Tonnen Ekelfleisch wiederum in Gelsenkirchen und

Gammelfleisch: Der Skandal als Normalfall

in Thüringen zwei Tonnen verdorbenes Rind- und Geflügelfleisch. Und das sollen alles nur kleine, einzelne, nicht repräsentative Fälle sein, wie uns Verbandsvertreter der Fleisch- und Lebensmittelindustrie weismachen wollen? Unfug. Der Einzelfall ist der Normalfall – und doch tut die Politik noch so, als habe sie alles im Griff, als bräuchte es lediglich mehr Kontrollen.

Im September 2006 wurde verdorbenes Fleisch in bayerischen Schlachtereien entdeckt. Es stellte sich heraus, dass bis zu 50 Tonnen verdorbenes Fleisch der Firma Tiefkühlkost Georg Brunner aus München vor allem an Dönerfirmen in ganz Deutschland sowie Abnehmer in neun EU-Staaten geliefert worden war. Das Haltbarkeitsdatum war um bis zu vier Jahre überschritten. Bereits im Dezember 2005 wurde von Brunner geliefertes ungenießbares Fleisch in einem Kühlhaus in Mannheim sichergestellt, woraufhin die zuständigen Behörden in Bayern verständigt worden waren. Nach Angaben der bayerischen Landesregierung wurde daraufhin der Betrieb untersucht und festgestellt, dass umetikettierte Ware aus Italien ausgeliefert worden war. Am Morgen des 6. September 2006 beging der 74-jährige Inhaber der Firma Selbstmord.

Die Behörden stellten auch in Ostbayern mehr als 40 Tonnen verdorbenes Fleisch sicher. Es folgten Funde in Baden-Württemberg und Rheinland-Pfalz sowie in Hessen und Niedersachsen. Bei der Fleischzentrale in Metten wurden ebenfalls mehrere Tonnen Gammelfleisch entdeckt. Die skandalöse Chronik dieses jüngsten Beweises für die Normalität krimineller Zustände im deutschen Fleischgewerbe fand kein Ende: In Frankfurt am Main wurden 25 Tonnen verdorbenes Rind- und Schweinefleisch gefunden, in Dillingen, Saarland, eine gute Dreivierteltonne verdorbenes Wildfleisch, bei Aachen waren es 15 Tonnen verdorbenes Fleisch, die aufgespürt werden konnten, im Ortenaukreis 40 Tonnen ungenießbares Wildfleisch, in

Gammelfleisch: Der Skandal als Normalfall

Kronau ebenfalls mehrere Tonnen, wie auch in Gotha, wo tonnenweise verdorbene Bratwürste und Geflügelfleisch in einem Tiefkühllager eines Megasupermarkts mit weit überschrittenem Mindesthaltbarkeitsdatum sichergestellt werden konnten.

Moralisch haben alle diese so genannten »schwarzen Schafe« dieser Branche die geballte Kraft wohlfeiler Moral gegen sich. Lässt man jedoch einmal das Feingefühl menschlichen Empfindens für das, was gut und was böse ist, außer Betracht und kommt auf die Vernunft zu sprechen, haben diese Fleischhändler wie viele andere ihrer Kollegen auch ökonomisch sinnvoll gehandelt. Denn offenkundig lohnt sich dieses Handeln, weil das Risiko, erwischt zu werden, gering ist, die Gewinnspannen hoch sind und die Strafen niedrig ausfallen.Günther Hermann, mittlerweile pensionierter Zollbeamter vom Zollfahndungsamt München mit Dienstsitz in Lindau, kennt sein Metier – und er weiß sich längst einen Reim auf die illegalen Absurditäten des internationalen Fleischmarktes zu machen. Als Mann, der Import wie Export zu kontrollieren hat, gab der Zollbeamte bei einer Anhörung im Bayerischen Landtag zur »Verbesserung der Kontrollen im Futter- und Lebensmittelbereich« am 5. April des Jahres 2006 Erhellendes zu Protokoll. Beispielsweise zum Import von exotischem Fleisch, dem sich auch der Wildhändler Berger widmete: »Aufgrund statistischer Erhebungen ist erkennbar, dass ein Wildhandelsbetrieb über einen Zeitraum eines halbes Jahres rund 140 000 Kilogramm Kängurufleisch eingeführt hat. Solch exotisches Wild ist für den deutschen Markt nicht tauglich, nur in geringen Mengen als ›Kängurufleisch‹ absetzbar. Es besteht nach hiesiger Auffassung der Verdacht, dass, wie in gleichgelagerten Fällen über Jahre hinweg bewiesen, dieses Kängurufleisch als ›Wildfleisch‹ Verwendung findet, der Verbraucher hinsichtlich der Warenart getäuscht wird und der Einführer/Vermarkter erhebliche Ge-

Gammelfleisch: Der Skandal als Normalfall

winne erwirtschaftet, will er dieses Importwild als einheimisches Wild teuer vermarkten.« Weiter berichtete der Zollbeamte von dem Wissen, das sich etliche staatliche Stellen von diesen illegalen, weil falsch deklarierten Importen angeeignet hätten – das aber nicht koordiniert werde. Die Kontrollen an den Grenzen selbst empfindet der Zollbeamte offenbar als desaströs: »Die Wirklichkeit sieht jedoch so aus, dass die von Einfuhrunternehmen begehrte und von der Zollverwaltung bewilligte wirtschaftsfreundliche Verfahrenserleichterung mit dem Anspruch einer hohen Kontrolldichte und einer effektiven Betrugsbekämpfung kollidieren.« Sein Resümee aus dem Deggendorfer Fall (siehe Seite 57): »Dieser Fall ist nicht einzigartig.«

Einzigartig ist aber der Skandal, der jeder demokratischen Kultur Hohn spricht und von einem eklatanten Mangel an rechtsstaatlichem Bewusstsein zeugt. Denn: Welche Betriebe verdächtig sind, zu schummeln, zu betrügen, dreckig zu arbeiten und damit gesundheitsgefährdend, erfahren wir nicht. Sowohl der Wildfleischhändler Berger als auch der Deggendorfer Fleischhändler Keck, der erst als notorischer Wiederholungstäter im September 2006 schließlich zu vier Jahren und drei Monaten Gefängnis ohne Bewährung verurteilt wurde, waren den Behörden seit Jahren bekannt, fielen bei Lebensmittelkontrollen auf. Aber ihre Namen wurden der Öffentlichkeit vorenthalten. Selbst wenn ein Betrieb sogar unter schwerwiegendem Verdacht steht – werden seine Produkte uns, ohne es zu merken, mit Wissen der Behörden, zu kaufen und verspeisen zugemutet. Öffentlichkeit wäre nicht nur eine Frage der demokratischen Kultur, ja eine demokratische Notwendigkeit, verstünde man die Rechte der Verbraucher auch als Bürgerrechte. Denn durch die Geheimhaltung der Prüfungsergebnisse entsteht kein vorbeugender Druck auf die Täter – und auch kein Druck auf die Ämter, scharf gegen die Verdächtigen vorzugehen. Anders ge-

Gammelfleisch: Der Skandal als Normalfall

sagt: Der Anreiz für Korruption ist gegeben – zumal die Bußgelder für die Delinquenten so gering sind, dass sich illegales
Handeln allenthalben lohnen kann. Das System aus geheim-
gehaltenem Behördenwissen und praxisfremden Strafandrohungen führt dazu, dass Lügen und Betrügen im Fleischgeschäft
lukrativer sind, als sichere Qualität zu liefern. Und daraus folgt:
Bestraft werden in Wirklichkeit all jene Metzger und Fleischpro-
duzenten, die an ihre Arbeit hohe ethische Standards anlegen
und gutes Handwerk für eine Frage der Ehre halten. Der Fleischmarkt, der deutsche wie der europäische, funktioniert in der
bisherigen Form, weil er weitgehend im Graubereich bürger-
rechtlicher und öffentlicher Wahrnehmung wirkt. Der Unterschied, zum Beispiel zum Automarkt, ist gravierend. Automobil-
konzerne müssen, stellt sich eines ihrer neuen Modelle als
gefährlich, mindestens als risikobehaftet heraus, schwere Imageschäden und damit Umsatzeinbußen befürchten. Unterhalb der
direkten Produzentenebene regelt sich der Automobilmarkt
noch stabiler. Ein Zulieferbetrieb, der poröse Bremsschläuche
an Automobilwerke liefert, ruiniert sich ökonomisch selbst:
Kein Konzern möchte von diesem Betrieb mehr Teile annehmen.
Und Firmen, die statt neuer Teile zu kaufen nur Autofriedhöfe
ausschlachten und den dort gefundenen Schrott wieder in die
Produktionskette hinein verkaufen, werden belangt – und vom
Markt gefegt. Ein fein ziseliertes System an staatlichen wie be-
triebsinternen Kontrollen sorgt dafür, dass solche Fälle umgehend geahndet werden können – auch wenn das den wirtschaftlichen Ruin des Betrügers bedeutet. Auf dem Fleischmarkt ist
dieser Mechanismus außer Kraft gesetzt. Mit Lebensmitteln
können illegale Geschäfte getätigt werden – mit Automobilen
nicht. Ein Zuliefererbetrieb, der miese Ware liefert, ist aus dem
Geschäft – ein Fleischhandelsbetrieb noch lange nicht. Bei
Kraftfahrzeugen werden Rückrufaktionen öffentlich, bei Lebensmitteln bleiben sie unter der Decke.

65

Die Fleischbranche ist nicht mafiös organisiert – aber sie lädt zu mafiösem Handeln ein. Dass das Kontrollwesen an der aktuellen Struktur des globalen Fleischhandels vorbeigeht, wurde an den zahlreichen Gammelfleischskandalen im Jahr 2006 kenntlich. Nur zu bequem ist jedoch der Ruf nach mehr Kontrollen – anstatt effektive Kontrollen zu ermöglichen. Am Beispiel der illegalen Tiermehlexporte in Drittstaaten hat sich gezeigt, wie die Kontrollen arbeiten. Im schlechtesten Sinne kooperativ. Kreisbehörden, die sich über Jahre hinweg mit den in dem Kreis ansässigen Unternehmen auseinandersetzen, Unternehmen, die Arbeitsplätze schaffen, Unternehmer die mit dem Bürgermeister oder Landrat dinnieren – in dieser Atmosphäre kann keine neutrale Kontrolle bestehen, sondern eine falsch verstandene und die Allgemeinheit schädigende Symbiose. Neutrale Kontrollen von außen wären effektiv. Aber die effektivste Kontrolle ist nichts ohne die Transparenz, die Veröffentlichung der Ergebnisse der Lebensmittelkontrollen, wie es inzwischen in Dänemark oder Großbritannien üblich ist.

Diese Transparenz herrscht in Deutschland nicht. Kein Wunder also, dass der bayerische Gammelfleischskandal vom Spätsommer 2006 keineswegs aus der Fleischindustrie heraus ans Licht der Öffentlichkeit kam – sondern durch einen 19-jährigen Metzgerlehrling, über dessen Unterlagen Polizei und Behörden stolpern mussten. Moniert hatte der junge Mann, dem moralische Werte in seinem Handwerk offenbar noch wichtig sind, dass Fleisch, welches nicht mehr zum Verzehr geeignet ist, von gammelig auf frisch getrimmt wird. Schmierige Wurstzipfel sollten verkauft, aus gepökeltem Schweinenackenfleisch die bayerische Spezialität des Surfleisches gemacht werden. Das fand der angehende Geselle moralisch wie rechtlich anstößig – notierte die Vorfälle und, so geht die Legende, verlor seine Unterlage in einem unverschlossenen Koffer in einem Wald. Die beweiskräftigen Schriftstücke, gegen die keine bayerische

Gammelfleisch: Der Skandal als Normalfall

Behörde mehr ein Argument zum Nichthandeln finden konnte, wurden schließlich von einem Pilzsammler entdeckt.

Der Metzgerlehrling war in den Augen seiner Kollegen allerdings kein Held. Er bekam Drohungen zugestellt – alle im gleichen Tenor: Du bist ein Verräter. Und das sollte heißen, die Ruhe gestört zu haben – bei der Arbeit mit Fleisch, das nicht mehr verzehrt werden darf. Man stelle sich freilich dieses Beispiel wiederum übertragen auf die Verhältnisse in der Automobilindustrie vor: Ein Auszubildender, der den Behörden tatsächlich verrät, dass sein Zulieferbetrieb schadhafte Teile als neuwertig verkauft. Keine Firma, die VW, Daimler Chrysler oder Opel Teile liefert, könnte sich solche kriminellen Eskapaden leisten, sofern sie ihre Tore nicht schließen will. Und würde dennoch schlechtes Material entdeckt werden, könnte es bis zum Produzenten zurückverfolgt werden – auch dies ist ein entscheidender Unterschied zur Fleischindustrie. Schadensersatzklagen zählen in einer gut durchleuchteten Industrie wie der Autobranche zu den gewöhnlichen Waffen, die notorische Täter im Zaum halten können. Für die Zähmung der Fleischbranche steht dieses Instrument erst gar nicht zur Verfügung.

Die wesentlichen Züge der Kontrollsysteme, die es in Deutschland gibt, sind erdacht worden, als der Lebensmittel- und Fleischmarkt noch kleinteilig, mittelständisch und auch personell überschaubar strukturiert war. Heutzutage funktionieren sie nicht mehr, weil die Fleischindustrie europäisch verflochten ist. Der gute Metzger, den man kannte und der einen nicht betrog, den gibt es nur noch als seltene Spezies. Früher war es tatsächlich besser: Hat ein Metzger einmal schlecht riechendes Fleisch, minderwertige Ware verkauft, sprach sich das rasch herum. Ein Fleischbetrieb, der diesen Ruf auf sich zog, konnte ökonomisch nicht mehr marktfähig sein: Der Verbraucher kaufte woanders. Heute kann niemand Gammelfleisch entgehen,

Gammelfleisch: Der Skandal als Normalfall

schon gar nicht in Restaurants, vor allem nicht am Wurst- oder Dönerstand. So hat Gammelfleisch der Deutschen liebsten Imbiss in Verruf gebracht: Döner kann eine schmackhafte Zwischenmahlzeit sein. Eine Teigtasche, gefüllt mit Salat und frisch vom Grill geschnittenen Puten-, Lamm- oder Rindsschnipseln. Frisch gegrillt sind diese Fleischschnipsel tatsächlich – ob sie jedoch aus Gammelfleisch bestehen oder aus verzehrfähigem Fleisch, ist nicht klar. Herausschmecken lässt sich das nicht. Dönerfleisch ist gewürzt – gewiss aus geschmacklichen Gründen, aber auch, gängige Praxis in der Fleischindustrie, um minderwertiges, womöglich gesundheitsschädliches Fleisch zu tarnen. Gewürze und Aromen übertünchen den Skandal – wie dies auch bei mariniertem Fleisch, vor allem sommers zur Grillsaison, der Fall ist. Gammelfleisch ist prädestiniert für diesen Umweg in die Mägen der Verbraucher: Mit Essig, Gewürzen und Ölen gelaugtes Fleisch riecht nicht nach abgelaufener Haltbarkeit, so wird der ranzige Geruch von Verwesung und Verfall übertüncht. Hat der Verbraucher nach dem Verzehr eines solchen Mahls Magengrimmen oder schlimmer noch, trägt eine bakterielle Vergiftung davon, schiebt er dies auf seine schlechte Konstitution – nicht auf ein Lebensmittel, das ihm im Supermarkt oder am Imbissstand ganz selbstverständlich als unbedenklich verkauft wurde. Im Zweifelsfall ist der Verbraucher schuld, sein Magen war einfach nicht robust genug.

Die Gesetze und deren Vollzug im Lebensmittelmarkt sind nicht so, dass irgendein Händler, irgendein Schlachtbetrieb ernsthaft um seine Existenz fürchten muss, wird sein Tun als illegal und anrüchig bekannt. Auch mit dem von Minister Seehofer als Durchbruch und Meilenstein gelobten neuen Verbraucherinformationsgesetz wird es – anders als in Großbritannien oder Dänemark – nicht möglich sein, sich darüber zu informieren, welcher Betrieb bei Kontrollen beanstandet wurde (vgl.

68

Gammelfleisch: Der Skandal als Normalfall

auch Kapitel 9). Damit werden alle Täter geschützt. Sie würden, so die offizielle Begründung für dieses Defizit, in ihrer unternehmerischen Existenz gefährdet werden. Ein fadenscheiniges Argument. Denn in Mitleidenschaft gezogen werden auf der anderen Seite all jene Betriebe, die sauber und korrekt arbeiten, jene Einzelhandelsgeschäfte, deren Angestellte und Leiter niemals Hackfleisch umetikettieren oder Gammelfleisch verkaufen würden, jene Restaurants und Imbissbuden, die nach wie vor anständige Ware verarbeiten. Geschützt dagegen werden in Deutschland die Branchenakteure, die die Verbraucher betrügen und gefährden. Die Verantwortung trägt der Verbraucher, heißt es – der setzt ja nur auf Billiges. Doch was soll er auch tun, wenn er keine Kriterien hat, die ihm die verlässliche Wahl zwischen guter und weniger guter (doch immer noch risikoloser) Qualität ermöglichen?

So wenig es Transparenz im Fleischmarkt gibt, so sehr mangelt es an abschreckenden Strafandrohungen. An Geldbußen, die wirklich jeden möglichen Täter zweimal überlegen lassen, ob er ein Delikt riskiert oder doch lieber lässt. Deutschland ist ein Paradies für Fleischbetrüger – die Strafen für die betrügerischen Fleischhändler sind Kavaliersündern angemessen, nicht Tätern, die Leib und Leben anderer Menschen in Gefahr bringen. Sieht man von notorischen Wiederholungstätern ab, so sind die Strafen für die so genannten »schwarzen Schafe« meistens symbolischer Natur – gemessen am Umsatz, den die Fleischbranche auch noch mit Waren zweifelhafter Provenienz machen kann. Die Verfahren ziehen sich oftmals über Jahre hinweg, wie auch Betrug oder Gesundheitsgefährdung häufig schwierig zu beweisen sind. Der Fleischmarkt ist ein Milliardengeschäft. Das Geschäft mit schlechter, riskanter Ware – das lohnt offenbar, das macht ökonomisch aus jedem Delikt eine sinnstiftende Angelegenheit. In den meisten Fällen werden nach langen Verfahren lächerliche Bußgelder verhängt,

Gammelfleisch: Der Skandal als Normalfall

die die im Unternehmen tätigen Einzelpersonen zu bezahlen haben. Und die dann von ihren Unternehmen entschädigt werden. Das deutsche Strafrecht scheitert am Gammelfleisch, denn wirksam wäre nur eine Bestrafung des Unternehmens, und zwar in Relation zum Umsatz des betreffenden Unternehmens. Das deutsche Strafrecht muss jedoch individuellen Tätern die Schuld nachweisen, und das ist regelmäßig nur sehr schwierig im komplexen, undurchsichtigen System des Fleischmarktes. Deshalb ist Transparenz so wichtig, deshalb müssen die Namen von Gammelfleischhändlern genannt werden dürfen. Erst dann entsteht der notwendige präventive Druck auf die Akteure im Fleischmarkt, überhaupt erst gar nicht zu betrügen.

Die Verbraucher suchen nach Auswegen. So brach nach der BSE-Krise der Verkauf von Rindfleisch in Supermärkten fast gänzlich zusammen – in Fachgeschäften wie Metzgereien war der Einbruch der Verkaufszahlen nicht so krass. Der Grund: Man hoffte, dass bei der Metzgerei in der Nachbarschaft das Fleisch schon in Ordnung sei. Zum Fachpersonal, zumal zum Fleischermeister, kann man Vertrauen haben. Ein Trugschluss, der nur begrenzte Sicherheit bietet. Zwar arbeitet in Metzgereien, die nicht zu einer Einzelhandelskette gehören, weiterhin Fachpersonal, auch ein Metzgermeister. Das Problem ist allein: Immer weniger Metzgereien schlachten noch selbst – die meisten Fachgeschäfte bekommen das gleiche Fleisch von Rindern, Schweinen oder Lämmern geliefert wie Supermarktketten oder Handelsriesen. Der Preisunterschied zwischen einem Steak, das in einem Supermarkt erworben wird, und einem Stück Fleisch von der gleichen Sorte, gekauft in einer Metzgerei, erklärt sich nicht zwingend aus der besseren Behandlung der Ware, sondern in erster Linie aus den höheren Arbeitskosten: Für Fachverkäufer und Metzger fallen gemessen am Umsatz

Gammelfleisch: Der Skandal als Normalfall

höhere Kosten an, hinzu kommen die Kosten für die Metzgerläden – Miete, Abschreibungen, Strom. Im Vergleich sind sie höher als in den Riesenmärkten. Beliefert werden Supermärkte wie Metzgereien – potenziell von den gleichen Lieferanten: Discountmärkte können größere Mengen abnehmen und erhalten dafür Rabatte. Über eigene Schlachtereien verfügen nur noch wenige Metzgereien. Aber auch wenn sie an der Ladenfassade mit dem Zusatz »Fleisch aus eigener Schlachterei« werben, muss dies täuschenderweise nicht immer stimmen. Stellen Sie doch einfach, wird dies versprochen, einmal die Frage, ob es auch stimmt, dass die gesamte Schlachtung im Hause stattfindet!

Ein realer Preisunterschied in den Fleischqualitäten ist ohnehin nicht zu begründen. Europas Rinder- und Schweinemärkte leben, salopp formuliert, von den wenigen gleichen Hochleistungsrassen, die wenig Fett, dafür viel Muskelfleisch während der Mast ansetzen. Differenzen gibt es natürlich dennoch – aber nicht im Hinblick auf den Geschmack. Nur Eingeweihte glauben, gut abgehangenes Fleisch nach Fleischrassen herausschmecken zu können. Meist jedoch ergeben sich die unterschiedlichen Wahrnehmungen aus der Zubereitung – nicht aus der Produktbeschaffenheit.

Alternativen sind selbstverständlich denkbar. Lohnenswert wäre, beim Fleisch nach Gold-, Silber- und Bronzeklassen zu differenzieren – und dies auch preislich zur Geltung zu bringen. Aufzucht, Fütterung, Haltung und Rasse wären die Kategorien, auf die es ankäme. Auch müsste erkennbar sein, ob ein Rindersteak beispielsweise wirklich von einem männlichen Rind stammt und nicht, wie in Deutschland üblich, von der Milchkuh. Bronze verdiente ein Fleisch, das von Tieren stammt, welche nicht auf der Wiese ihr Futter suchen, in industrieähnlichen Ställen aufwachsen und nichts als – natürlich pflanzliches – Kraftfutter zur Nahrung bekommen. Bronze

Gammelfleisch: Der Skandal als Normalfall

wäre die Klasse, die lediglich den gesetzlichen Bestimmungen folgt, aber im Unterschied zum heute üblichen, alle Informationen transparent mitliefert. Silber verdiente dann ein Fleisch, dessen Tiere an der frischen Luft aufwachsen, deren Nahrung kein gentechnologisch verändertes Futter und keine importierten Pfanzenöle enthält. Die Goldklasse wäre schließlich für besonders schmackhafte Rassen, die in langer, geduldiger Aufzucht unter besten Haltungsbedingungen mit dem besten Futter heranwachsen. Die preislichen Unterschiede zwischen diesen Alternativen würden somit für den Verbraucher nachvollziebar – er hätte eine echte Wahl.

Die deutschen Verhältnisse sind jedoch zurzeit so eingerichtet, dass der nächste Gammelfleischskandal vorgezeichnet ist. Nach dem Ekelfleischverdacht ist vor dem Ekelfleischverdacht: Niemand kann nach heutiger Rechtslage erkennen, welches Fleisch ungefährlich ist. Wie soll der Verbraucher überprüfen, welches Fleisch nur deshalb mariniert wird, um die Unappetitlichkeit der Fleischgrundlage zu überdecken. Der deutsche wie europäische Fleischmarkt lebt von der Ohnmacht der Verbraucher – und er lebt sehr gut davon. Qualitätsunterschiede kann der Konsument nicht prüfen, schon gar nicht auf Anhieb, da das Fleisch ja meist nur unter Folie versiegelt in den Supermarktkühlbereichen ausliegt. Selbst auf das untaugliche Mittel des Produktboykotts kann der Verbraucher nicht zurückgreifen: Auf den Fleischpackungen steht nie verzeichnet, woher genau die Produkte stammen, von welchem Hof, aus welcher Herde, mit was gefüttert – sowie von wem und wann geschlachtet.

Kein Fleischhändler und kein Viehzüchter muss mit der Angst leben, vom Konsumenten mit Produktverzicht bestraft zu werden – von mangelnder Furcht vor Regress- und Schadensersatzforderungen nach Verzehr von bereits kontaminierter

Gammelfleisch: Der Skandal als Normalfall

Nahrung und ihren gesundheitsschädlichen Folgen ganz abgesehen. Möglicherweise denken Sie, nun sei es leider Zeit, Vegetarier zu werden. Nur noch Ekel und Gammel, wo alles doch Fleisch sein soll. Stattdessen Gemüse und Obst, kein Fleisch mehr. Bloß kein Risiko eingehen, kein Döner mehr, keine fertig marinierten Nackenkoteletts oder Putenspieße. Das ist schon einmal ein guter Anfang.

Doch das heißt nicht, auf Fleisch verzichten zu müssen. Wer Fleisch mag, wer darauf vertrauen möchte, dass ihm kein gammeliges Rind in den Magen gelangt, muss auf eine Imbisskette zu sprechen kommen, deren Leumund extrem, ja existentiell von der Sauberkeit ihrer Filialen, Akkuratesse in der Zubereitung sowie Frische ihrer Produkte lebt. Ein Konzern, auf den das öffentliche Auge sich richtet, weil er eine Produktpalette anbietet, die unter Gourmets und anderen Menschen, die auf gutes Essen setzen, als Teufelszeug schlechthin gilt: die Rede ist von der Fastfood-Kette McDonald's. Würde auch nur hinter vorgehaltener Hand geraunt, ja sogar öffentlich ruchbar, dass deren Fleischfabrik gammelige Produkte aufkauft und verarbeitet, wären massive Umsatzeinbrüche die Folge. Im Gegensatz zur undurchsichtigen Fleischwirtschaft, die uns alle über Supermärkte und Discounter beliefert, ist dieser Fastfood-Konzern gezwungen, sich mehr Selbstkontrollen aufzuerlegen als alle anderen fleischverarbeitenden oder -verkaufenden Betriebe. McDonald's hat immer im Auge zu behalten, dass man Marktanteile einbüßen würde, wäre der Ruf beschädigt. Dieses Unternehmen hat deshalb die stufenlose Rückverfolgbarkeit, wie von der Europäischen Union in ihren Leitlinien zu Lebensmitteln unter dem Kürzel 178/2002 formuliert, tatsächlich vom Acker zum Teller realisiert. Die Fleischindustrie hingegen kann bisher noch sagen, das sei nicht zu bewerkstelligen – und selbst wenn das der Fall sein könnte, würde zuviel Öffentlichkeit nur die Geschäfte stören. Tatsächlich wird sie geschützt – durch Geset-

Gammelfleisch: Der Skandal als Normalfall

ze, die Öffentlichkeit verhindern. Insofern muss kein Fleischereibetrieb ein Desaster des eigenen Images wie McDonald's einkalkulieren.

Auch japanische Bauern, die Koberinder aufziehen, müssen um ihren Ruf besorgt sein. Sie widmen sich der Aufzucht ihrer kostbaren Tiere mit Hingabe aus eigenem, sehr wohl ökonomischem Interesse. Jedes Exemplar eines Koberindes, dessen Fleisch nicht den Ansprüchen der Edelverbraucher genügt, ist wieder zu erkennen. Daraus entsteht Vertrauen, welches deutsche Verbraucher nicht haben können. Denn Gammelfleisch ist kein Produkt gedungener Krimineller, kein unwahrscheinliches Vorkommnis in einem ökonomischen Feld, dem der Verbraucher ohnmächtig ausgesetzt ist. Sondern der wahrscheinliche Regelfall in einem Markt, der sich seiner Pfründen sicher weiß – weil Fleisch irgendwie immer gekauft wird. Der Dreck an den Stecken einer keineswegs mehr zünftig organisierten Branche, sondern eines industriellen Komplexes, wird durch noch so viele Kontrollen nicht getilgt. Ohne Öffentlichkeit und den damit verbundenen Druck auf Unternehmen wie Kontrolleure wird der Fleischbetrug systematisch weitergehen.

Kapitel 4

Legale Vergiftung

Unsere alltäglichen Lebensmittel sind vergiftet: Pestizide,
Dioxin, Acrylamid, Uran, Cumarin – diese Praxis ist fast
immer legal, und wir können uns nicht wehren.

Gammelfleisch im Döner, zu viel Pestizide in Obst, Gemüse und
Küchenkräutern – die Nachrichten erscheinen uns mittlerweile
so normal wie der Wetterbericht. Aber wie kann das sein – haben wir keine Rechte? Im »Handbuch des Lebensmittelrechts«,
einem Praxisleitfaden zu den über zehn Kilogramm schweren
nahrungsmittelbezogenen Gesetzestexten, steht dieser Kern-
satz: »Zweck des Lebensmittelrechts ist seit jeher und in allen
Staaten der Schutz des Verbrauchers vor Gesundheitsschäden
und vor Täuschung.« Gegen diesen Satz ist nichts einzuwenden
– im Gegenteil: Eindeutiger kann man das Ziel eines Gesetzes
nicht formulieren. Weiter heißt es dort: »Das Lebensmittelrecht
ist insoweit ein Teil des besonderen Sicherheits- bzw. Ordnungs-
bzw. Polizeirechts.« Wir stellen uns vor: Gibt es ein Lebensmittel, das geeignet ist, uns gesundheitlich zu schädigen oder über
seine tatsächliche Beschaffenheit zu täuschen, dürfen wir mit
polizeilicher Hilfe darauf rechnen, dass es entfernt und die Verantwortlichen, also die Personen oder Unternehmen, die etwa
ein vergiftetes Nahrungsmittel in den Handel brachten, zur Rechenschaft gezogen werden.

Lebensmittelhersteller und -händler dürfen also keineswegs
tun, was sie wollen – vor allem dürfen sie keine Lebensmittel in
Umlauf bringen, die nicht sicher, das heißt gesundheitsschädlich sind. Die Eignung zur Gesundheitsschädigung reicht aus:
Es muss keine tatsächliche, konkrete Schädigung durch ein

Legale Vergiftung

Nahrungsmittel eingetreten sein. All jene Nahrungsmittelproduzenten, die es mit den Schutzrechten nicht so genau nehmen, die sich durch Paragraphen, Grenzwerte und Risikoabschätzungen behindert sehen, sie können sich darauf verlassen, dass sich die Verwaltung beim Vollzug der Gesetze vorwiegend an folgender Maxime orientiert: »Wie allgemein müssen aber auch im Lebensmittelrecht beschränkende Maßnahmen dem Grundsatz der Verhältnismäßigkeit entsprechen.«

Die Normen des Lebensmittelrechts versprechen ein hohes Schutzniveau. Dem vorsorgenden Gesundheitsschutz wird ausdrücklich Priorität eingeräumt. Doch die Gesetzespraxis ist meilenweit von diesen hehren Grundsätzen entfernt. Die Behörden nutzen ihren Ermessensspielraum aus – vorwiegend zu Gunsten der Wirtschaft. Gesundheitsschädliche Lebensmittel in den Verkehr zu bringen wird so ganz legal. Und wer die größte Lobby hat, wer mit dem Argument von Arbeitsplätzen, die verlustig gehen können, den Behörden und Ämtern gegenübertritt, darf quasi unter staatlicher Aufsicht Lebensmittel in den Handel bringen, die gegen das Gesetz verstoßen. Lebensmittel, die uns Verbraucher schädigen, ja, vergiften und die körperliche Unversehrtheit beeinträchtigen können – ob mit Dioxin, Acrylamid, Uran oder Cumarin.

Dioxin ist ein Wort, das für Krankheit, für Tod steht. Es bewirkt Erbgutveränderungen, Zerstörung des Nerven-, Immunsystems, Leberschäden; es steht im Verdacht, Krebs auszulösen. Es wird auch Seveso-Gift genannt, weil in der italienischen Stadt ein Chemiebetrieb durch diese Substanz die Landschaft und seine Bevölkerung verseucht hatte.

Dioxine entstehen als unerwünschtes Nebenprodukt bei der Herstellung oder Verbrennung chlorhaltiger Stoffgemische. Hier reicht es zu sagen: Chemische Herstellungsprozesse müssen so ablaufen, dass keine Dioxine freigesetzt werden. Ähnlich

Legale Vergiftung

giftig sind die mit den Dioxinen verwandten polychlorierten Biphenyle (PCBs), die früher hauptsächlich als nicht brennende und nicht stromleitende zähe Flüssigkeiten in Transformatoren und in der Hydraulik eingesetzt wurden. PCBs herzustellen und zu verwenden ist in Deutschland seit 1989 verboten.

Waren einst Chemiewerke reine Dioxinschleudern, sind es heute die Rückstände dieser Produktion, die uns zu schaffen machen. Sie haben sich abgesenkt, auf Meeresböden, auf Felder, auf Wiesen. 90 Prozent aller Dioxine nimmt ein Mensch heute über seine Nahrung auf – 80 Prozent davon über Eier, Milch, Meeresfrüchte, Fleisch und andere tierische Lebensmittel. Die Tiere wiederum werden überwiegend durch mit Dioxin belastete Futtermittel verseucht. Wie überhaupt Futtermittel Ursache der bedeutendsten Lebensmittelskandale sind: BSE-Rindfleisch, Nitrofen-Putenfleisch und Dioxin-Eier sind uns in Erinnerung. Futtermittel haben so gesehen heutzutage die Funktion der Chemiedreckschleudern übernommen: Man ahnt es nicht, schmeckt es nicht heraus – und so gelangen Dioxine und PCBs über unsere Nahrung in unseren Körper. Ein Fall von Vergiftung, der durch die Gesetze gedeckt wird. Schon die Ausgangslage ist ein Skandal: Die durchschnittliche Belastung von Erwachsenen in Deutschland und in ganz Europa mit Dioxin und PCB liegt bei der von der Weltgesundheitsorganisation empfohlenen maximal zulässigen Gesamtbelastung von zwei Pikogramm pro Kilogramm Körpergewicht pro Tag. Da es sich hierbei aber um einen Durchschnitt handelt, nimmt etwa die Hälfte der Bevölkerung erheblich höhere Dioxinmengen als vertretbar auf. Die Dioxinbelastung ist vom Standpunkt eines vorsorgenden Gesundheitsschutzes definitiv zu hoch.

Die von der EU festgelegten Grenzwerte für die Dioxinbelastung orientieren sich nicht am Ziel eines vorsorgenden Gesundheitsschutzes, sondern an der tatsächlichen Dioxin- und PCB-

77

Legale Vergiftung

Belastung unserer Lebensmittel. Das heißt aber auch, jede Überschreitung dieser Grenzwerte ist gravierend für die menschliche Gesundheit. Schon der Verzehr eines grenzwertig belasteten Frühstückseis kann die tägliche Höchstmenge enthalten. 300 Gramm grenzwertig belastetes, gut durchwachsenes Muskelfleisches entsprechen 100 Prozent der täglich zulässigen Höchstmenge. Besonders hoch dioxinbelastet ist Fisch aus der Ostsee. Um die Vermarktung der Fische zu gewährleisten, hat die EU in Finnland, Schweden und Estland die Grenzwerte ausgesetzt und den Verkauf mit besonders gekennzeichneten Verzehrempfehlungen erlaubt! Das macht auch für die Behörden Sinn, denn der Verzehr von 100 Gramm Fethering ergeben eine Belastung von 800 Pikogramm Dioxin und PCBs. Etwa sechsmal so viel, wie jemand, der 70 Kilogramm wiegt, täglich aufnehmen darf.

Besonders die von der EU festgelegten Dioxin-Höchstgehalte für Futtermittel sind so hoch angesetzt, dass sie weniger die Gesundheit der Verbraucher als die Vermarktungsmöglichkeiten der Hersteller schützen. Das gestehen die Lebensmittelwächter in Brüssel auch unverhohlen ein: Solche Höchstwerte für Dioxine würden nicht ausreichen, um die Belastung zu reduzieren, es sei denn, die Werte würden so niedrig angesetzt, dass ein großer Teil des Futter- und Lebensmittelangebotes als ungeeignet für die Verfütterung an Tiere bzw. für den menschlichen Verzehr zu gelten hätte. So beträgt der Höchstwert für Fischöl 6 Pikogramm pro Gramm Öl und ist damit achtmal so hoch wie für andere Futtermittelöle. Der Grund: Fischöl von Fischen aus der Ostsee ist hoch belastet. Ein niedrigerer Höchstwert würde dazu führen, dass Fischöl von Ostseefischen nicht mehr vermarktet werden könnte. Doch das Fischöl wird bei der Mischfutterherstellung derart verdünnt, dass das Endprodukt, das fertige Futtermittel, wieder unter den zulässigen Dioxin Höchstgehalten liegt. Eine derartige Ver-

Legale Vergiftung

dünnung ist zwar laut Futtermittelrecht strengstens – und mit Recht – verboten. Denn dioxinbelastete Rohstoffe verlieren durch die »Verdünnung« nicht an Giftigkeit. Dioxin ist ein so genanntes bioakkumulatives Gift, das heißt, es reichert sich in unseren Körpern an – und verschwindet nicht. Aber bei Futter- und Lebensmitteln findet diese Verdünnung trotz grundsätzlichen Verbotes in der Praxis statt. Ohnehin ist der gesamte Futtermittelsektor ein Einfallstor für Dioxine, da immer wieder dioxinbelastete Öle als Zutaten für die Mischfuttermittelherstellung eingesetzt werden. Sind diese Öle erst einmal verarbeitet, ist das Dioxin verdünnt und landet in den Lebensmitteln. Verdünnt heißt aber dann für die Behörden: legal, weil das verarbeitete Endprodukt keine Grenzwertüberschreitungen und damit auf dem Papier keine Gesundheitsgefährdung mehr aufweist – und demzufolge auch keine juristischen Konsequenzen nach sich zieht. Falls doch einmal behördlich angeordnete Rückrufaktionen gestartet werden, so kommen sie regelmäßig zu spät. Fleisch, Eier und Milch, die mit diesen Futtermitteln hergestellt wurden, sind dann in den meisten Fällen verzehrt.

Wir alle nehmen an, dass der Staat als wichtigste Institution, die uns vor Krankheit, Gesundheit und heimtückischer Vergiftung zu schützen hat, alles daran setzt, Dioxine vom Menschen fernzuhalten. Doch es gibt kaum Kontrollen, und die wenigen Kontrollen greifen wie gesagt oft zu spät: 2004 wurden in Sachsen dioxinähnliche Substanzen im Tierfutter entdeckt – jedoch nur in so genannten Rückstellproben – nachdem fast das gesamte Futter schon an Tiere verfüttert war. So gelangt dieses Gift trotz ausdrücklichen Verbots in tierische Lebensmittel und unsere Körper. Ebenso über dioxinhaltige Futteröle, die im Jahre 2004 in einer chemischen Fabrik in Hessen aufgefunden wurden – bestimmt für Mischfutterbetriebe in Bayern, Baden-

Legale Vergiftung

Württemberg, Hamburg und Mecklenburg-Vorpommern. Oder Anfang 2005, als Verbraucher erfahren mussten, dass ihnen mit Dioxin belastete Frühstückseier, Freilandeier noch dazu, serviert wurden.

Abhilfe ließe sich in der Praxis ganz einfach schaffen: Für jede Charge einer Futtermittel-Zutat sollte eine Dioxinverprobung vor der weiteren Verwendung verpflichtend sein. Im Abfallrecht ist übrigens die Praxis der Verdünnung ebenfalls strengstens verboten, und dort wird dieses Verbot auch strikt umgesetzt. Aber für unsere Lebensmittel lässt man offensichtlich weniger Vorsicht walten als bei der Abfallbeseitigung. Eine Praxis, die ein zentrales Ziel des Lebensmittelrechts, den Gesundheitsschutz, ad absurdum führt.

Der Gesundheitsschutz steht nur auf dem Papier des Gesetzes. Am Vollzug dieses Schutzes mangelt es allenthalben. Schwedische Behörden fanden im Frühjahr 2002 heraus, dass stärkehaltige Lebensmittel, die hoch erhitzt wurden, Acrylamid enthalten. Acrylamid? Ein Wort, das niemand auf Anhieb als Anzeichen für eine Gefährdung erkennt. Doch Acrylamid kann in einer Fülle von Lebensmitteln enthalten sein, die für die meisten von uns zum alltäglichen Verzehr zählen. Knäckebrot, Toastbrot, Knabberartikel, Cracker, auch Kaffee, Frühstücksflocken, Butterkekse wie auch Kartoffelprodukte, beispielsweise Pommes frites, Kartoffelpuffer, Röstis oder Bratkartoffeln. Acrylamid kann Krebs auslösen, das Erbgut verändern wie auch das Nervensystem schädigen.

Acrylamid, das muss hier erklärt werden, wird Lebensmitteln nicht zugesetzt – sondern entsteht beim Erhitzen über 120 Grad: Immer dann, wenn, beispielsweise, eine Kartoffel in der Pfanne bräunlich wird. Im Gegensatz aber zum Trinkwasser oder zu Kosmetika gibt es für Acrylamid in Lebensmitteln keinen Grenzwert. Befragt, was sie gegen die Acrylamidbelastung ihrer Produkte zu tun gedenkt, antwortete die Industrie mit – vielsagendem Schweigen.

Immerhin setzte die Bundesregierung nach Bekanntwerden der vergiftenden Wirkung dieses Stoffes so genannte Signalwerte durch. Die Industrie blieb dennoch verschont: Die Signalwerte sind rechtlich nicht verbindlich. Auch orientieren sie sich nicht an den untersten Messwerten, an der bestmöglichen Praxis, sondern daran, was jeder Hersteller ohne Mühen erreichen kann. Diese Verwaltungspraxis ist bezeichnend für den Vollzug der Gesetze des Lebensmittelrechts: Man mutet den Herstellern von Lebensmitteln genau das zu, was auch noch von den Anbietern der schlechtesten Qualität erreicht werden kann. Anders ausgedrückt: Die Zumutung ist nur eine scheinbare, eine, die ein Eintreten für die Verbraucher nur vortäuscht!

Die angebliche Ratlosigkeit der Lebensmittelproduzenten, wie die Acrylamidwerte zu minimieren seien, ließ die Regierung durchgehen. Der Sachverständigenrat für Umweltfragen (SRU) schätzt, dass durch den Verzehr von Acrylamid jährlich in Deutschland mit 10 000 Krebserkrankungen gerechnet werden muss. Andere Studien glauben, dass der Mensch Acrylamid besser abbauen kann als die Nager im Tierversuch. Das Bundesinstitut für Risikobewertung (BfR), nicht bekannt für hysterische Lageeinschätzungen, fordert, dass die Belastung durch Acrylamid »schnellstmöglich drastisch gesenkt wird«.

Erst kommt die Vermarktung, dann der gesundheitliche Schutz der Verbraucher. Dass es so und leider nicht anders herum ist, zeigen die regelmäßigen Nachrichten von zu hohen Pestzidbelastungen von Obst und Gemüse. Als die Medien im Januar 2006 erneut von Pflanzenschutzmittelrückständen im Obst und Gemüse berichteten, wurde wieder einmal offensichtlich, dass wir Verbraucher nicht allein für dumm verkauft, sondern auch noch offen – quasi auf deutsch-europäischer Ebene – belo-

Legale Vergiftung

gen werden. Wie sich herausstellte, waren die hohen Belastungen nicht nur auf die üblichen Überschreitungen der Rückstandshöchstmengen zurückzuführen, sondern das Landwirtschaftsministerium hatte, an der Öffentlichkeit vorbei, die Höchstwerte für Pestizide in Lebensmitteln angehoben. Christian Grugel, Präsident des Bundesamtes für Verbraucherschutz und Lebensmittelsicherheit, verteidigte die Festlegung der neuen Grenzwerte: »Ein Hochsetzen von Stoffen ist das Ergebnis einer Diskussion auf europäischer Ebene, wo eben abgewogen wird, ob man auch mit den dann neuen Höchstmengen gesundheitlich noch in einem vertretbaren Bereich liegt.« Wer aber definiert, was angeblich vertretbar ist, wer wiegt ab – und lässt Faules und Unappetitliches quasi auf der Waage liegen? Und zu wessen Lasten?

Zu wessen Gunsten ist klar: Wir Verbraucher haben gar kein Interesse an Pestizidrückständen in Lebensmitteln – und wüssten schon gern, dass der heutzutage legale Wert von Chlorthalonil in Äpfeln das Fünffache dessen ausmacht, was das Bundesinstitut für Risikobewertung noch vor wenigen Jahren festgelegt hat. Und selbst, wenn wir nichts gegen Pestizide in minimalen Dosen hätten, weil sie sich innerhalb gewisser Grenzen bewegen, wüssten wir doch gern, dass diese Rückstände eben vorhanden sind. Eine derartige Politik der Verschleierung, ohne öffentliche Kontrollen, steht ausschließlich im Interesse der Pestizidhersteller, Landwirte und der Nahrungsmittelindustrie. Ohnehin kommt es, jährlich durch das BVL bestätigt, zu ungesetzlichen Überschreitungen der Rückstandshöchstmengen. Bei einzelnen Produkten, wie Frühjahrserdbeeren, sind schon mal über ein Viertel der Proben hoch belastet. Bekannt gegeben werden diese Informationen regelmäßig im Verbund mit dem Hinweis: Ein gesundheitliches Risiko für den Verbraucher bestehe aber nicht. Wie denn? Warum gibt es eigentlich vorgeschriebene Rückstandshöchstmengen, wenn die Über-

Legale Vergiftung

schreitungen überhaupt kein Risiko darstellen. Gar nicht zu reden davon, dass die Kreuzwirkungen der verschiedensten Pestizide miteinander bis heute noch völlig unbekannt sind.

Zivilrechtlich haften müssen die Handelsketten für diese regelmäßigen Attacken auf die Verbraucher jedoch nicht. Es haftet jeder Hersteller/Händler nur für seine Stufe in der Liefer- und Produktionskette, nicht der so genannte Inverkehrbringer der Ware. Die Handelsketten lehnen sich also zurück: »Wir waren es nicht, es war der Großhändler in Marokko«. Und der wiederum lehnt sich zurück und argumentiert: »Das war der Bauer im mittleren Atlas«. Dass es bei dieser juristischen Konstruktion zu keinem besseren Gesundheitsschutz für die Verbraucher kommen kann, ist offensichtlich. Effektiv wäre nur eines: Es haftet der Inverkehrbringer. Dann würde die Einkaufsmacht der Handelskonzerne ganz schnell dafür sorgen, dass nur noch einwandfreie Ware in die Regale kommt.

Vielleicht nicht Obst und Gemüse, aber Wasser, reines Wasser, zumindest Mineralwasser, so meint sicherlich die Mehrzahl der Verbraucher, enthält gewiss keine versteckten Gefahren. Ein unverdächtiges Lebensmittel. Nur schwer unterscheidbar im Geschmack, aber das Getränk moderner Menschen. Zuckerfrei – und gewiss auch bar aller Schadstoffe. Ein typischer Durstlöscher, der das Vertrauen aller Verbraucher genießen kann: Wasser ist doch eben Wasser – ohne gibt es kein Leben. Weit gefehlt! In Wahrheit sind Mineralwässer häufig belastet – mit dem Schwermetall Uran. Wir als Verbraucher erfahren darüber nichts, denn es gibt keine Grenzwerte, keine Warnhinweise. In einer Stellungnahme des Bundesinstituts für Risikobewertung (BfR) heißt es, »Uranverbindungen können natürlicher Bestandteil von Gesteinen und Mineralien sowie von Wasser, Boden und Luft sein.« Uran sollte »wegen seiner toxischen Eigenschaften (Radioaktivität, Giftigkeit)« jedoch

Legale Vergiftung

»grundsätzlich« so gering »wie möglich« in Lebensmitteln enthalten sein.

Wegen der vermehrten Nutzung von stillen Mineralwässern für die Zubereitung von Säuglingsnahrung fordert das BfR im Jahr 2005 zunächst, in Wässern, die explizit für diesen Nutzungszweck ausgewiesen sind, sollte »kein Uran bestimmbar sein«. Der von der Weltgesundheitsorganisation WHO festgelegte Richtwert beträgt 0,5 μg pro Kilogramm Körpergewicht – doch dieser Wert bezieht sich auf Erwachsene, nicht auf Säuglinge. In einer weiteren Stellungnahme aus dem Jahr 2006 fordert das Bundesinstitut für Risikobewertung dann, dass für die Zubereitung von Säuglingsnahrung ein Mineralwasser nicht mehr als 2 μg Uran pro Liter enthalten sollte: Auch solch eine Warnung fehlt auf allen Flaschen. Im Jahr 2005 veröffentlichte das BfR die Untersuchungsergebnisse von 1530 im Handel angebotenen und untersuchten Mineralwasserproben. 34 Proben waren erhöht mit Uran belastet – über dem Wert, den die Weltgesundheitsorganisation empfiehlt. Doch keine der Quellen, aus denen die knapp drei Dutzend Proben mit überhöhten Werten gezogen wurden, wurden amtlich bekannt gegeben. Recherchen ergaben, dass einige der belasteten Proben aus Sachsen-Anhalt, Nordrhein-Westfalen und Baden-Württemberg stammten. Während die Behörden der beiden westlichen Bundesländer verhältnismäßig zügig versicherten, die belasteten Brunnen zu schließen, mindestens auf die Einhaltung der Werte einen genaueren Blick zu werfen, zeigten sich die verantwortlichen Stellen in Magdeburg störrisch. Auch um einem Betrieb einen Absatzrückgang seiner Produkte zu ersparen, heißt es im Dezember 2005 aus dem dortigen Gesundheitsministerium: »Die bezüglich des Urangehalts von Mineralwässern erhobenen Werte unterfallen dem Begriff des Betriebs- und Geschäftsgeheimnisses.« Schon diese Passage verdient nähere Würdigung: Dass die Urangehalte überhöht waren, dass

84

Legale Vergiftung

sie also zur Kontamination des Verbrauchers beitrugen, steht also nicht in Frage. Zwar verstießen die betroffenen Wasserabfüllbetriebe nicht direkt gegen das Gesetz, das ausschließlich unbelastete und ungiftige Lebensmittel herzustellen und zu vertreiben erlaubt. Da die Uranhaltigkeit eines Mineralwassers nicht vom Lebensmittelrecht erfasst wird, gelten eben Wässer, die Richtwerte der Weltgesundheitsorganisation oder solche des Bundesinstituts für Risikobewertung überschreiten, nicht als rechtswidrig. Dennoch muss die Behörde das wesentliche Ziel des Lebensmittelrechtes, den Schutz der Gesundheit der Verbraucher, immer im Auge behalten. Im Falle des uranbelasteten Mineralwassers hätte eine Veröffentlichung dieser Quellen diesem Ziel gedient. Doch wie zu alten obrigkeitsstaatlichen Zeiten redete sich das Gesundheitsministerium in Sachsen-Anhalt auf ein »Betriebs- und Geschäftsgeheimnis« heraus, das offenkundig höherwertiger eingeschätzt wird als die Prinzipien des Lebensmittelrechts. Der Bürger soll keine Chance haben – und er hat sie auch nicht. Weiter heißt es: »Hinzu kommt, dass die Inhaber der betroffenen Unternehmen nach diesseitiger Sicht ein berechtigtes Interesse an einer Nichtveröffentlichung der Daten haben. Eine Veröffentlichung könnte nämlich erhebliche Umsatzrückgänge, wenn nicht gar einen Umsatzstillstand zur Folge haben.«

Das glaubt man auf Anhieb: Warum sollte ein Unternehmen einräumen, dass es sich nicht an die vorgegebenen Richtwerte hält? Weshalb sollte ein Betrieb sich und seine Produkte angeprangert sehen wollen – das kostet Marktanteile, schlimmstenfalls eine Imagehavarie. Aber ein Staat, der den Schutz von uns Bürgern zu garantieren hat: Warum schützt der die Betriebe – und nicht die Menschen, die von ihm gefährliche Produkte geliefert bekommen? Das gab das Ministerium unumwunden zu – dass es nicht für eine Aufklärung im Sinne der Gesetze handelt, sondern um Ruhe zu haben vor den Protesten der

Legale Vergiftung

Bürger. »Eine Preisgabe der durch den Kläger begehrten Daten
wäre daher allenfalls geeignet, die Bevölkerung insgesamt ohne
konkreten Anlass in Unruhe zu versetzen.« Der Ausgang der
Interessensabwägung von Bürgern und Unternehmen ist offensichtlich: Vorrang hat das Recht auf Betriebs- und Eigentums-
freiheit, nicht das Recht auf körperliche Unversehrtheit. Die
Rechtspraxis hebelt somit den theoretisch hohen Schutz des
Lebensmittelrechtes wieder aus. Die Magdeburger Landes-
behörde hätte womöglich gern einen Toten gehabt, um im Interesse der Bürger und Bürgerinnen tätig zu werden.

Hieß es seitens der sachsen-anhaltinischen Stellen noch, »das
öffentliche Interesse an einer Verweigerung der Auskunft« über-
wiege, weil es sonst Unruhe gebe, erkannte das Verwaltungs-
gericht Magdeburg aufgrund einer Klage unter Berufung auf
das Umweltinformationsgesetz (UIG) immerhin an, dass Bürgern die verlangten Informationen zustehen. Was selbstverständlich ist, muss als Recht gegen eine Behörde, die den Schutz
von uns Bürgern zu sichern hat, erst zäh erfochten werden: was
für ein grotesk undemokratisches Verständnis von Schutz,
wenn es um Lebensmittel geht. Das Land-Sachsen-Anhalt wurde zwar gezwungen, die zu hoch belasteten Quellen der Mineralwässer zu nennen, nicht jedoch die Mineralwasser-Marken.
Erst weitere Recherchen und Analysen durch ein Labor förder-
ten zu Tage: Das im sachsen-anhaltinischen Leißling abgefüllte
stille Wasser »Saskia Naturis« übertraf die WHO-Werte. Und
die anderen Bundesländer? Die meisten sahen keine Veranlas-
sung auf Anfrage Informationen zu Uranwerten von Wässern
in ihrem Hoheitsbereich zu veröffentlichen. Die Entscheidung
des Gerichtes betraf ja nur die Mineralwasserquellen in Sachsen-Anhalt!

Legale Vergiftung

Mehr als jedes Recht des Bürgers, hinter die Kulissen zu gu-
cken, wiegt die Verschwiegenheit des Amtsgeheimnisses als
höheres Gut. Der Staat, beauftragt durch den Souverän, die
Bürger, will Informationen nicht preisgeben. Die Interessen der
Industrie gelten als wichtiger als die der Konsumenten. Der
Staat agiert so, als ob Nahrung ein Gut wäre, bei dem er
zunächst die Interessen der Produzenten zu wahren habe, nicht
jene aller Bürger. Amtsgeheimnis – das meint im wahren Leben
Vertuschung und Verschleppung.

Vergleichen wir diese Konstellation noch einmal mit den Verhältnissen in der Autoindustrie und stellen uns einmal vor, ein
Automobilkonzern bringt ein Produkt auf den Markt, das in
puncto Sicherheit nur mangelhaft funktioniert, potentiell töd-
lich für die Fahrer. Stellen wir uns vor, die staatlichen Kontroll-
stellen würden sich weigern, diese Informationen an die Öffentlichkeit zu geben, weil jener Konzern sonst Schaden nähme.
Das ist beim Prestigeobjekt Auto natürlich nicht der Fall. Nicht
nur, dass die behördlichen Prüfungen strenger sind als im Lebensmittelbereich, auch würden die Konkurrenten jenes Auto-
konzerns diese Verschwiegenheit nicht dulden – jeder Fehler
des einen Konzerns ist zugleich der Vorteil eines anderen. Prozesse, Schadensersatzzahlungen und Rufschädigungen wären
die Folgen: Kein Autoproduzent würde dies riskieren. Das alles
muss die Lebensmittelbranche nicht fürchten. Kaum zu glauben, wie Anspruch des Lebensmittelrechts und Wirklichkeit
auseinanderklaffen, wie wir ganz legal täglich gezwungen werden, Gifte zu uns zu nehmen, auch wenn sie die empfohlenen
Mengen/Höchst- und Richtwerte staatlicher und europäischer
Ämter und Behörden überschreiten. Gezwungen, weil der normale Verbraucher nichts über Höchstwerte und Richtwerte erfährt, noch nicht einmal darüber, welche Produkte Schadstoffe
enthalten. Aber dies ist nur die eine Seite der ganz und gar nicht
glänzenden Medaille. Die andere ist, dass Behörden Verstöße

Legale Vergiftung

gegen die Lebensmittelgesetze, zum Beispiel das Überschreiten von Grenzwerten krebsverdächtiger Substanzen, nicht nur nicht ahnden, sondern sogar dulden, wenn es der Lebensmittelwirtschaft dient. Die Rede ist hier von der wirklich unglaublichen Geschichte, wie das giftige Cumarin in den Zimtsternen bleiben durfte.

Zimt als Gewürz oder Aroma wird einer Fülle von Produkten aus dem Süßwarenbereich hinzugesetzt – Keksen, Milchreis, Joghurtmixturen, Bratapfeldesserts, Frühstücksflocken oder auch Kaffee. Kein Dessert, das den Geschmack vom Bratapfel verspricht, ohne Zimt, ein Gewürz, das in nur sehr warmen Erdregionen wächst. Zimt ist das Lieblingsgewürz von Mitteleuropäern in kalten Jahreszeiten – ein Stimmungsaufheller, ein Glücklichmacher, ein Ruhigsteller. Gemahlenes Zimtpulver, meist gemischt mit Zucker, weckt auf den menschlichen Geschmacksknospen ein Feuerwerk guter Eindrücke. Gewonnen wird dieses Gewürz aus den Rinden des Zimtbaumes – je feiner die Rinden, desto samtiger am Ende das Aroma des Zimts. Uns Deutschen liebstes Gebäck vor Weihnachten ist neben dem Lebkuchen oder dem Christstollen der Zimtstern. Die Rezepte mögen sich von Region zu Region unterscheiden, von Fabrik zu Fabrik, aber gemeinsam ist dem Zimtstern stets, dass er stark fetthaltig wie zuckersatt ist – und neben dem Geschmack von Mandeln, Kardamom, Honig und Orangeade viel Zimt enthält. Doch Zimt ist nicht gleich Zimt. Es gibt Zimt, der enthält Cumarin. Cumarin wirkt sich zwar nicht auf das menschliche Erbgut schädigend aus, aber auf die Funktion der Leber. 1988 legte die Europäische Union fest, dass nicht mehr als zwei Milligramm Cumarin pro Kilogramm eines zimthaltigen Lebensmittels verwendet werden dürfen. Dieser Grenzwert ist in der in europaweit gültigen Aromenverordnung festgehalten. Wer gegen diese Verordnung verstößt, begeht eine Straftat.

Legale Vergiftung

Tatsächlich ist nicht in jedem Zimtbaum, sondern nur in einer bestimmten Zimtbaumsorte dieses toxische Cumarin enthalten: in der des Cassiazimtes. Er wächst überwiegend in China und auf indonesischen Plantagen. Der unverdächtige Zimt, das Gewürz, das kaum Cumarin enthält, stammt ursprünglich von der Insel Sri Lanka – und wird Ceylonzimt genannt.

Der cumarinsatte Zimt hat jedoch für die lebensmittelverarbeitende Industrie einen entscheidenden Vorteil: Er schmeckt bei gleicher Menge zimtiger – und er ist zugleich als Produkt billiger. In Deutschland ist nicht einmal auf Zimtpackungen in Gewürzregalen ersichtlich, um welche Sorte es sich handelt: Die Deklaration der Zimtsorte ist nicht vorgeschrieben.

Ende des Jahres 2005 witterten beim Chemischen Landes- und Staatlichen Veterinäruntersuchungsamt in Münster Mitarbeiter bei einer Routineuntersuchung in einem Produkt besonders starken Bittermandelgeruch. Die Probe wurde daraufhin auf Aromen analysiert – und eine hohe Konzentration von Cumarin gefunden. Nach weiteren Tests informierte das Amt im Januar 2006 alle zuständigen Ministerien. Bund und Länder vertagten auf ihre typische Weise das Problem. Sie wussten jedoch, dass die Gebäckindustrie just in dieser Jahreszeit bereits beginnt, die Produkte für das Weihnachtsgeschäft zu backen. Statt sofort einen Warnhinweis an die Industrie zu lancieren, wurde das Bundesinstitut für Risikobewertung (BfR) mit Prüfung der Ergebnisse von Münster beauftragt. Das Resultat des BfR erstaunte nicht: »Es sollte auch überlegt werden, ob gegebenenfalls durch gesetzgeberische Maßnahmen die Cumarinexposition durch den direkten Verzehr von Zimt beschränkt werden kann.« Der fast übervorsichtig formulierte Vorschlag blieb der Öffentlichkeit verborgen. Industrieintern aber wappnete man sich für eine Abwehrschlacht. Im Sommer 2006 bat die Industrie um »Informationen zu den Verwendungsmengen von Zimt, Zimtölen und anderen Zimtextrakten möglichst

Legale Vergiftung

unter Angabe der Herkunft des verwendeten Zimts«. Regelrecht panisch berichtete der Industrie-Spitzenverband Bund für Lebensmittelrecht und Lebensmittelkunde (BLL) im August 2006 seinen Verbandsmitgliedern, die Publikation der aus Industriesicht desaströsen BfR-Analyse stehe unmittelbar bevor – was aber, das Landwirtschaftsministerium von Horst Seehofer zeigte sich gnädig, noch verhindert werden konnte. Der Grund für den Aufschub schien simpel: Man müsse die Verbandspartner weiter befragen, welcher Zimt jeweils verwendet worden sei.

Ein absurder Wunsch in Zeiten, da Supermärkte kaum noch Warendisponenten beschäftigen, weil die Nachorder von Lebensmitteln elektronisch in Sekundenschnelle bewältigt werden kann. Aber das Bundesministerium machte keinen Druck, offenbar kalkulierend, dass das Problem der giftigen Mengen von Cumarin zu einer Produktlawine kontaminierter Zimtgebäck-Chargen angewachsen war. Trotz einer Krisensitzung des BLL und obwohl das Seehofer-Ministerium alles unternahm, um der Industrie eine öffentlich peinliche Rückrufaktion für das vergiftete Gebäck zu ersparen, veröffentlichte der Bundesinstitut für Risikobewertung im September 2006 sein Gutachten. Bei einem Gipfeltreffen des BLL und des Bundesverbandes der Deutschen Süßwarenindustrie (BDSI) übergaben die Wirtschaftsverbände dem BfR ein eigenes Gutachten, nach dem die Grenzwertüberschreitung von Cumarin nicht anstößig sei, denn dieser Stoff falle nicht unter die Aromenverordnung, sondern müsse als Gewürz begriffen werden – und für Gewürze würden diese Grenzwerte nicht gelten. Eine Lachnummer, dieses Gipfeltreffen: Längst war alles gebacken und verpackt und auf Halde zum Transport an die Einzelhandelsgeschäfte – und doch kam man überein, eine abschließende Bewertung der Sachlage noch nicht treffen zu wollen.

Derweil hatte das Bundeswirtschaftsministerium, unver-

Legale Vergiftung

dächtig der Wahrnehmung verbraucherpolitischer Interessen, ganz im Sinne des Schutzes der Konsumenten in einem Vermerk festgehalten: »Da derzeit von einer gesundheitlichen Gefährdung der Verbraucher, insbesondere von Kindern, ausgegangen werden muss, sollte sich das Wirtschaftsministerium (...) nicht gegen eine Rücknahme vom Markt aussprechen.« Eine weitere, sehr wohl verschleppte Woche weiter teilte das Landwirtschafts- und Verbraucherministerium mit, dass die Aromenverordnung auf das Cumarinproblem zutreffe, Ausreden der Wirtschaft, die Giftigkeit sei keine, weil Zimt ein Gewürz sei, seien nicht triftig. An die betreffenden Verbände schreibend bat das Ministerium, dass die »Lebensmittelunternehmer im Rahmen ihrer Sorgfaltspflicht den bestehenden Anforderungen nachkommen«.

Wer nun annimmt, dies sei der ministerielle Aufruf zur Entsorgung des illegalen Gebäcks, irrt. Nur ein milder Wink mit dem Zaunpfahl, war der Brief womöglich eine Geste des Gesetzestreuen, der gern mal beide Augen zudrückt: »Ihr wisst, was zu tun ist«, heißt diese Passage übersetzt. Ganz so, als ob die Polizei einem Autodieb in flagranti zuruft: »Wir gehen davon aus, dass ihr keine Autoknacker seid und macht, was zu machen ist.« Der BLL traf sich abermals zur Krisensitzung – an deren Ende eine erstaunliche Wendung zu Lasten der Verbraucher, der Gebäckesser und Frühstücksflockenkonsumenten herauskam: Denn nach Konsultationen mit den Bundesländern konnte die Keksindustrie ganz beruhigt dem fast schon gefährdeten Weihnachtsgeschäft entgegensehen. »Nach dem aktuellen Gesamteindruck wird im Kreis der Bundesländer derzeit nach Wegen gesucht, die die Schaffung von Fakten vermeiden und zu für alle Beteiligten vertretbaren Lösungen führen.«

Hatten die Lobbyisten der Wirtschaft offenbar beim Bundesverbraucherminister keinen eindeutigen Erfolg, so wussten sie ihn in den Ländern zu organisieren: In einer Telefonkonferenz

91

Legale Vergiftung

machten Vertreter der Bundesländer deutlich, sie hielten es nicht für zweckmäßig, Produkte, die mehr als die zulässigen zwei Milligramm Cumarin pro Kilogramm enthalten, vom Markt zu nehmen. Die Öffentlichkeit brauchte zu diesem Zeitpunkt nur noch konsequent in die Irre geführt zu werden, um den Gesetzesbruch zu vertuschen: »Die Bundesländer werden eine einheitliche Sprachregelung dahingehend entwickeln, dass über einen Alternativweg der Verbraucherschutz weiterhin sichergestellt bleibt.« Verbraucherpolitische Vernebelung – um die Gemüter nicht zu erregen und die Bilanzen der Industrie nicht zu belasten. Man formuliert schön, um vom Schlechten abzulenken. Um sich um die geltenden Gesetze nicht scheren zu müssen, wurde weiter argumentiert: Auf europäischer Ebene sei ohnehin eine neue Aromenverordnung geplant – in deren Sinne könne man quasi bereits handeln. Eine wahrlich giftige Posse. Die Wirtschaftsvertreter argumentierten wie ein Verbrecher, der am Tag seines Delikts der Polizei gegenüber ausruft: »Stopp! Bald ist das, was ich gemacht habe, nicht mehr strafbar.«

Jetzt gab auch das Bundesverbraucherministerium eine konsequente verbraucherpolitische Linie auf. Obwohl erhebliche Gesundheitsrisiken bestanden, verzichtete man auf eine Rückrufaktion. Obwohl eine Straftat vorlag, europäisches Recht gebrochen wurde, ließ man die Industrie unbehelligt. Was am Schluss herauskam, waren Verzehrsempfehlungen. Erwachsene, hieß es, sollten höchstens acht Zimtsterne, Kinder derer nur vier pro Tag zu sich nehmen. Der BLL, noch Wochen zuvor in Sorge, seine Mitglieder müssten tatsächlich handeln, um nicht gegen die Aromenverordnung zu verstoßen, war in diesem Sommer 2006 plötzlich ganz entspannt. Unmittelbar vor Publikation dieses Scheinkompromisses signalisierte der Verband: »Nach Vorinformationen besteht kein Anlass, zimthaltige Lebensmittel aus dem Verkehr zu ziehen.«

Legale Vergiftung

Die Verzehrsempfehlungen erschöpften sich im Übrigen in einer nur ungenauen Skizze dessen, was Verbraucher an Zimt Tag für Tag aufnehmen: Nicht in Zimtsternen allein, sondern eben auch in Milchprodukten oder über Frühstücksflocken. Das bedeutet: wenn ein Kind vier Zimtsterne gegessen hat, darf es kein Zimtmüsli oder keine Lakritze mehr essen. Oder wenn es Müsli mit Zimt bekommen hat, müssen die Eltern warnen: »Jetzt darfst Du aber keine Zimtsterne mehr essen, damit du nicht krank wirst.« Welch umsichtige Verbraucherpolitik! Aber was scherte das die Industrie – ihr ging es ums Weihnachtsgeschäft. Und das Ministerium glaubte sich bei diesem vermeintlichen Kompromiss auf der sonnigen Seite des guten Regierens. In Wirklichkeit hatte dieser legalisierte Gesetzesbruch zur Folge, dass Verbraucher rechtswidrig hergestellten, gesundheitsschädlichen Nahrungsmitteln ausgesetzt wurden. Das Münsteraner Labor hatte schließlich fast ein Jahr vorher auf das Cumarinproblem hingewiesen und Alarm geschlagen.

Klar, dass alle diejenigen, die sich durch die strikte Einhaltung der Gesetze in ihren Geschäftsinteressen bedroht sahen, argumentierten: Man solle doch bitte nicht so kleinlich sein und keine Panikmache betreiben. Es ging hier aber wahrlich nicht um Panikmache, auch nicht darum, dass es schon immer Zimt und Cumarin gegeben habe. So verharmloste nämlich auch der Naturkosthandel, der traditionell Zimtprodukte vertreibt, den vorliegenden Gesetzesbruch. Es ging hier auch nicht um Einzelfälle, sondern es lag eine flächendeckende Gesundheitsgefährdung der Verbraucher durch gesetzeswidrige Ware vor. Tests aus dem Weihnachtsgeschäft 2006 haben ergeben, dass mehr als die Hälfte aller Produkte, die Zimt enthalten, eine Überdosis Cumarin bergen. Auch Markenprodukte von Bahlsen und Lambertz lagen deutlich jenseits des Zulässigen. Der Hersteller Lambertz hat freilich ein besonders bizarres Beispiel für Ignoranz im Hinblick auf die Gesetzeslage abge-

Legale Vergiftung

geben: Die als Markenprodukte erhältlichen Zimtsterne wiesen einen 36-fach erhöhten Cumaringehalt als erlaubt aus. Die Firma konnte auch anders – doch nur unter dem Namen Crux. Unter diesem Label vertrieb der Discounter Aldi-Süd Zimtsterne aus den Werkshallen von Lambertz – unbelastet von Cumarin. Offenbar können die Hersteller die Grenzwerte einhalten. Und dass die Zimtsterne vom Discounter unbelastet von toxikologischen Folgen sind, beweist auch die These, dass Firmen die Gesetze penibel einhalten, wenn sie fürchten müssen, dass man bei ihnen nicht mehr kauft, weil sie bei illegalen Handlungen erwischt werden. Diese Furcht vor öffentlicher Abstrafung ist vor allem bei Discountern ausgeprägt, weil sie besonders unter öffentlicher Beobachtung und Kritik stehen. Folglich tun sie mehr und setzen ihre Einkaufsmacht dafür ein, Imageschäden zu vermeiden – zum Vorteil der Verbraucher. Das ist ein trauriger Tatbestand: Dass die Konsumenten durch einen Discounter besser geschützt werden als durch den Staat.

Bemerkenswert an dem Argument der Wirtschaftslobbyisten war auch jenes, demzufolge es Arbeitsplätze koste, müsse man eine Rückrufaktion starten, da doch dass Gebäck längst handelsbereit auf Lager liege. Stellen Sie sich vor, ein Automobilkonzern produziert trotz entsprechender Warnhinweise Produkte, die Leben gefährden können. Autos beispielsweise, in denen der Airbag nicht funktioniert, die Bremsschläuche porös oder die Spiegel blind sind – und die trotzdem als fabrikneu ausgegeben werden. Die der Autokonzern dann mit der Gebrauchsanweisung »bitte nicht über 60 Stundenkilometer beschleunigen« zum Verkauf anböte. Die zimtverarbeitende Nahrungsindustrie konnte sich die Vertuschung und Irreführung um die cumarinkontaminierten Zimtprodukte nur leisten, weil ihr kein Ministerium in die Parade fuhr und davon ausging, geschützt von den Behörden, keine Strafen befürchten zu müs-

Legale Vergiftung

sen. Eine Verzehrsempfehlung dieser Art, wie wir Verbraucher sie in diesem Fall erhielten, ließe sich in dem Satz bündeln: Vergiften Sie sich nach unserem Geschmack – aber in Maßen! Bestraft werden in diesen Strukturen die Firmen, die es mit der Ethik des Lebensmittelrechts ernst nehmen und nur Produkte herstellen und vertreiben, die die Gesundheit nicht gefährden und die Vorsorge für eine risikolose Ernährung nicht hintertreiben.

Tatsächlich müssen wir uns auf die Produkte verlassen, die die Lebensmittelbranche für uns parat hält. Wir können es nie ganz genau wissen, ob die Lebensmittel vergiftet sind. Ob beim Zimt, der in fast allen Süßigkeiten und Frühstücksprodukten steckt, oder bei Bratkartoffeln oder Kartoffelpuffern. Ob beim Wasser oder bei Lebensmitteln, die mit Dioxinen oder PCBs kontaminiert sind. Ob bei Obst und Gemüse, die überhöhte Rückstände von Pflanzenschutzmitteln enthalten. Tatsächlich können wir nicht darauf vertrauen, dass die Behörden unser Grundrecht auf körperliche Unversehrtheit schützen, dass sie zumindest die Gesetze so vollziehen und auslegen. Mit lebensfremden Verzehrsempfehlungen, wie z. B. beim cumarinbelasteten Zimt, wird uns Verbrauchern die Verantwortung dafür zugeschoben, dass andere die Gesetze brechen. In dieser Logik tragen wir Verbraucher also selbst Schuld, wenn wir zuviel von dem giftigen Lebensmittel essen.

Wenn wir wenigstens die Möglichkeit hätten, gesundheitsschädliche Produkte zu meiden! Aber die Behörden geben uns nicht einmal die Chance, uns effektiv zu schützen – indem sie etwa diejenigen Firmen laut und deutlich nennen, die zu hoch mit Cumarin belastete Zimtsterne in den Verkehr gebracht haben oder die Belastungswerte von mit Acrylamid belasteten Nahrungsmitteln jedem leicht zugänglich zu machen. Dann bräuchte es keine absurden Verzehrsempfehlungen mehr, denn Verbraucher könnten die am niedrigsten belasteten Produkte,

Legale Vergiftung

Kekse, Kartoffelchips oder Zimtsterne auswählen. Es fände ein Wettbewerb um die niedrigste Belastung statt und keine Vertuschung von Informationen. Auch zu Warnhinweisen z. B. für uranbelastete Mineralwässer können sich die Ministerien nicht durchringen.

Verbraucherschutz ist Schutz der Wirtschaft. Diese Einstellung ist noch tief verwurzelt in den Gehirnwindungen der Ministerialbürokraten. Dies müsste aber nicht so sein – auch wenn das Lebensmittelrecht selbst Grenzen setzt, z. B. im Hinblick auf die Informationspolitik der Behörden (vgl. Kapitel 9). Aber der Ermessensspielraum der Behörden, den Staatsanwälte haben, wird regelmäßig nicht zu Gunsten der Verbraucher genutzt. Dies hat einen wichtigen Grund. Rechtsbrecher wie Bahlsen und Lambertz und auch die Behörden, sie alle brauchen den Aufschrei der Öffentlichkeit nicht zu fürchten. Denn (noch) glauben die meisten Verbraucher, dass diese Missachtung ihrer Rechte ganz normal sei.

Beamte, in den Ländern wie im Bund, beteuern oft, dass ihnen die gesetzliche Handhabe fehle, belastete Produkte und die Namen von deren Hersteller zu nennen. Die Unternehmen drohten mit Klagen, wenn sie, trotz nachweislich schlechter, das heißt riskanter Qualität ihrer Waren, auch noch öffentlich genannt werden. Doch was ist das für ein Staat, der aus Furcht vor Klagen den Schutz des Grundrechts auf körperliche Unversehrtheit im vorauseilenden Gehorsam dem Unternehmensprofit unterordnet? Ohne Zweifel brauchen wir effektivere gesetzliche Regelungen, die es der Verwaltung besser ermöglichen, ihren Informationspflichten nachzukommen. Dennoch sind Behörden auch heute nicht derart die Hände gebunden, wie sie vorgeben. Unsere Behörden verhalten sich zu oft wie zahnlose Tiger. Ihr duckmäusiges Verhalten ist nicht Notwendigkeit, sondern unanständige Opportunität.

96

Legale Vergiftung

Wie es anders gehen kann, hat der so genannte Glykol-Skandal aus dem Jahre 1985 gezeigt. Glykol war eine Horrorvokabel. In österreichischen Weinen wurde eine Substanz nachgewiesen, die gewöhnlich als Frostschutzmittel Verwendung findet: Glykol, ein billig zu erwerbendes Zeug, mit dem Wein gestreckt wird. Die betroffenen Winzer hofften damals darauf, dass die deutschen Behörden schon tun würden, was sie sonst auch tun, nämlich schweigen. Und eben das taten die Behörden dieses eine Mal nicht. Staatliche Stellen veröffentlichten damals in Deutschland eine Liste aller weinpanschenden Güter und Firmen, die auch die Namen betroffener Handelsfirmen in Deutschland enthielt, zum Beispiel die Firma des Weinhändlers und FDP-Politikers Pieroth. Ein Sturm der Entrüstung brach daraufhin seitens der Österreicher und involvierten deutschen Firmen aus. Bis zum Bundesverfassungsgericht beschwerten sich die Klageführer. Freilich nicht so sehr über die üble Produkttäuschung, über die Vergiftung des Weins, sondern über die Publikationspolitik der Regierung. Im Jahre 2002, 17 Jahre später (!), kam das Verfassungsgericht in Karlsruhe zu einem bemerkenswerten Urteil. Es entschied, dass der Staat nicht gegen die Rechte unternehmerischer Tätigkeit verstoßen habe, sondern dass er seiner gesamtstaatlichen Verantwortung nachgekommen sei. Voraussetzung einer derartigen Informationspolitik sei, dass die Informationen richtig seien und es nicht zu einer Verzerrung der Marktverhältnisse komme. Die Klarheit des Urteils lässt nichts zu wünschen übrig: »Die Bundesregierung ist auf Grund ihrer Aufgabe der Staatsleitung überall dort zur Informationsarbeit berechtigt, wo ihr eine gesamtstaatliche Verantwortung zukommt, die mit Hilfe von Informationen wahrgenommen werden kann.« Der Staat agierte damals entschiedener im Sinne von uns Verbrauchern, stellte den Schutz der Verbraucherinteressen als Priorität fest. Das (wesentlich später) erfolgte Urteil bestätigt, dass eine im Zweifel gegen die

Unternehmen gerichtete Informationspolitik des Staates notwendig ist. Dies scheint in Vergessenheit geraten zu sein, beschäftigt man sich mit dem Verhalten der staatlichen Behörden in der Gegenwart.

Das höchste Gericht erinnerte also daran, dass der Staat tun muss, was des Staates Sache ist – vor allem für die Gesundheit und körperliche Integrität seiner Bürger und Bürgerinnen zu sorgen, auch bei Lebensmitteln. Nur zutreffend müssen die Informationen des Staates sein – er darf nicht öffentlich anprangern, was Kritik nicht verdient. Dass aber der Wein gepanscht war, wurde von den Klägern damals ohnehin nicht bestritten – ihr Missmut regte sich nur über die staatliche Aktion, die Panscher auch zu benennen.

Wir sollten den Staat daran erinnern, dass der Glykolskandal nicht etwa zur Vernichtung von Arbeitsplätzen führte. Sondern dazu beigetragen hat, den österreichischen Wein auf ein besseres Niveau denn je zu heben. Das Arbeitsplatzargument zieht gesamtgesellschaftlich schon deshalb nicht, weil die Menschen nicht aufhören können zu essen. Verliert ein Betrieb an Marktanteilen, muss er sogar Bankrott anmelden, entstehen anderswo andere Arbeitsplätze bei besseren Herstellern oder in besseren Supermärkten. Wir kaufen doch keine Waren in einem bestimmten Supermarkt, um dort Jobs zu erhalten. Wir kaufen Produkte, die uns schmecken und zugleich nicht gefährden oder vergiften.

Transparenz schützt – vor allem uns, die Verbraucher, die wir selbstverständlich erwarten dürfen, dass der Staat unsere Belange im Sinne des Grundgesetzes und des Lebensmittelrechts wahrnimmt. Transparenz führt auch zu besserer Qualität – siehe heutige österreichische Weine. Und Transparenz sorgt dafür, dass der Staat – gerade bei Lebensmitteln – das Wohl aller Bürger über die Gewinninteressen der Ernährungswirt-

Legale Vergiftung

schaft stellt. Der Glykol-Wein zeigt aber auch: Diese Transparenz gibt es nicht zum Nulltarif. Ohne Druck agieren Behörden nicht transparent, ohne Druck wird sich der Vollzug der Gesetze, des Lebensmittelrechts für uns Verbraucher nicht verbessern. Dieser Druck ist notwendig, damit sich unser Staat nicht mehr herausreden kann, wenn er in schöner Regelmäßigkeit – gerne ungesetzlich handelnden – Nahrungsmittelproduzenten zu Diensten ist.

Kapitel 5

Die Lebensmittel-Lobby

Die Macht der undurchsichtigen Lobby der
Landwirtschaft, Nahrungsmittelindustrie und
Handelskonzerne ist riesig. Sie arbeitet vereint gegen die
Interessen der Verbraucher – und hat sogar ein eigenes
Ministerium.

Georg Heitlinger hatte es einfach satt. Die Schnauze voll. Genug von den Zwangsabgaben. Vor ein Gericht zu ziehen, in Interviews gar Stellung gegen Funktionäre seiner Branche zu beziehen, war ihm neu. Doch der Geflügelhersteller aus Eppingen im Kraichgau wollte einfach keine Zwangsabgabe mehr an eine Institution zahlen, die er für überflüssig hält. An die CMA nämlich, die Centrale Marketing Gesellschaft der deutschen Agrarwirtschaft mbH mit Sitz in Bonn. 3000 Euro pro Jahr hatte der Mann als Jahresbeitrag abzuführen – allein: Er wusste nicht, wofür er diese Summe zu berappen hat. Heitlinger jedenfalls, wie auch andere Kläger, sagte zur CMA und zum Absatzfonds der deutschen Land- und Ernährungswirtschaft, einer Anstalt des öffentlichen Rechts, das Folgende: »Es scheint den Verbandsvertretern in den Absatzfondsgremien vor allem um die Erhaltung ihrer Privilegien zu gehen.« Ein Sprengsatz. Doch was er bedeutet, weshalb bei den Funktionären dieser CMA und des Absatzfonds alle Alarmsignale durch die juristischen Mühen eines einzelnen Bürgers aufleuchteten, erschließt sich nicht auf Anhieb.

Denn was ist bloß ein Absatzfonds, was verbirgt sich hinter dieser rätselhaften Buchstabenkombination CMA? Was hat sie zu verantworten? Wofür steht sie? Müssen wir diese Organisation kennen? Was nützt es uns, sie mit Argwohn zu beäugen?

Die Lebensmittel-Lobby

Ja, der Argwohn, ein gewisses Misstrauen ist angebracht, mehr noch: Sie sind nötig, um diesen Felsen des agrarwirtschaftlichen Lobbyismus zu schleifen. Die CMA steht beispielhaft für den Protektionismus der Landwirtschafts- und Lebensmittelbranche. Für ein Kartell der Mittelmäßigkeit und der Geheimnistuerei – eine Megalobby, die alles dafür tut, uns Verbraucher, unsere Anliegen, unsere Kritik und unsere Mitsprache außen vorzuhalten. Die CMA ist das öffentliche Flaggschiff des agroindustriellen Komplexes. Vor fast vier Jahrzehnten wurde die Institution aus der Taufe gehoben. Damals, im Jahre 1969, wurde sie als Agentur des Absatzfonds, einer Anstalt öffentlichen Rechts, geschaffen. Angesiedelt in Bonn, unter der Aufsicht des Bundesministeriums für Landwirtschaft und Ernährung. Einziger Grund ihrer Existenz: die Förderung der deutschen Landwirtschaft und des Verkaufs ihrer Produkte.

Wir kennen diese Einrichtung sehr wohl – auch wenn sie nicht so marktschreierisch daherkommt wie die Aktionen anderer Unternehmen und Wirtschaftszweige. »Eier haben's drauf. Power-Snacks für Champions« heißt es in Zeitungsannoncen, die die CMA lanciert. Oder »Ich liebe schöne Schenkel«, eine Werbung, die den Absatz deutschen Geflügels fördern möchte, und »Das Beste aus der Hüfte« zusammen mit einem halbnackten Paar als Imagekampagne für Fleisch. »Und nach dem Essen ein Bäuerchen«, »Anmachtipps rund ums Grillen«, »Einfach zum Anmachen«, ganz zu schweigen von einer kostspieligen Anzeige unter dem Motto »Bestes vom Bauern«, auf der ein lächelnder junger Mann eine Schürze trägt, auf der »Ein echtes Allround-Talent« zu lesen steht. Untertitelt ist das leicht frivole Motiv mit dem Satz »Deutsche Kartoffeln. Vielseitigkeit ist ihre Stärke«. Ein rätselhaftes Motto, gelten doch die in Massenproduktion auf deutschen Äckern gewonnenen Erdäpfel als extrafade. Vielfalt? Nicht das erste Prädikat, mit dem Köche deutsche Kartoffelbauern auszeichnen würden. Nichts als Ei-

Die Lebensmittel-Lobby

nerlei wird reklamiert – und das soll auch so bleiben, geht es nach den mächtigsten Mitgliedern der CMA.

Das landwirtschaftliche Einerlei zu fördern, ist der einzige Effekt der CMA-Arbeit. Da kann und will keine Rücksicht genommen werden auf unterschiedliche Qualitäten – von Schweinefleisch, Kartoffeln oder Butter. Die CMA ist die Speerspitze der großen Gleichmacherei von Lebensmitteln, verantwortlich dafür, dass Verbraucher nicht erfahren, warum die eine Butter teurer als die andere ist. Wer im Supermarkt verzweifelt herausfinden will, welche Unterschiede an Qualität die unterschiedlichsten Preise beschreiben, ist bei der CMA genau an der falschen Adresse. Denn die CMA hat mit ihrem Werbungseinerlei erst den Boden für Schnäppchenmentalität und Billigwahn bereitet. Dass es vernünftig ist, geizig zu sein, wenn die Produkte ohnehin alle gleich toll sind, ist die Saat der von den Funktionären des Bauernverbandes gesteuerten CMA-Kampagnen. Diese Art der »Förderung« der deutschen Landwirtschaft trägt den Niedergang von Qualität und Vielfalt fast zwangsläufig in sich. Wohlgemerkt: der deutschen Agrarwirtschaft, nicht der europäischen, schon gar nicht der landwirtschaftlichen Erzeugnisse aus nichteuropäischen Ländern. Der Wahnsinn aber ist: Die CMA braucht hierfür gigantische 113 Millionen Euro jährlich. Eingetrieben zu 90 Prozent von Landwirten, aus der Forstwirtschaft und Gärtnereien – generell von allen Betrieben, die in irgendeiner Form ihren ökonomischen Nutzen aus der Herstellung oder dem Verkauf von Lebensmitteln ziehen. Ob sie wollen oder nicht, konventionell oder bio: Sie müssen die Mittel als Zwangsabgabe leisten, als gesetzlich fixiertes Muss. Im Durchschnitt etwa 0,4 Prozent des eigenen Umsatzes. Gegen dieses Korsett haben Bauern wie der Eierhändler Georg Heitlinger protestiert. Jetzt liegt der Fall beim Bundesverfassungsgericht. »Das CMA-Marketing zielt an den Interessen der Bauern vorbei«, teilte er am Rande des juristi-

Die Lebensmittel-Lobby

schen Verfahrens mit. Auch die Europäische Union hat die Existenz der CMA moniert. Eine einseitige Privilegierung von landwirtschaftlichen Waren aus nur einem Land der EU sei unzulässig.

113 Millionen Euro nach den Zahlen des Jahres 2006 für eine Zwangsorganisation. So viel Geld für Aktivitäten, die wir, als Öffentlichkeit, allenfalls über müde Reklamescherze wie »Deutschland hat GesCMAck« wahrnehmen: 33 Millionen Euro gehen von diesem Budget in das Exportmarketing, in Messen und Auslandswerbung, 22 Millionen in die Etablierung von CMA-Gütezeichen und das QS-Prüfzeichen, 58 Millionen Euro verschlingen Werbekampagnen in Fernsehen, Zeitungen und weitere Verkaufsfördermaßnahmen wie von der CMA selber so tituliertes »Eventmarketing«. Darin ist auch die Finanzierung des offenkundig notwendigen Tages des deutschen Butterbrotes eingerechnet, 1999 von den genialen Werbestrategen der CMA zur Welt gebracht: »Deutschland macht den Buttertest – weil Geschmack überzeugt« hieß es, als ob irgendein Flöckchen deutscher Butter besser sei als all die Butterflocken, die andere Länder hervorbringen. Vor allem ein Beleg für den langweiligen Aktionismus der CMA, die, fällt ihr gar nichts mehr ein, um die fehlende Notwendigkeit ihrer Existenz zu verschleiern, einfach das Butterbrot aus deutschen Landen als solches preist. Hat überhaupt jemand bemerkt, dass die ominöse CMA im September 2006 auf deutschen Bahnhöfen mit Gratisbrotstückchen für deutsche Butter geworben hat? Slogan der CMA: »Streichen was die Brote halten!«

Was als wenig aufregende, meistens geschmacklose Werbung für Lebensmittel daherkommt, ist in Wirklichkeit eine durchorganisierte Geldvernichtungsmaschine zu Lasten der Verbraucher, aber auch der in Deutschland ansässigen Landwirtschaftsbetriebe. Finanziert wird mit diesem Geld auch ein so genanntes Kontrollsystem. Wofür das CMA-Gütezeichen »Ge-

Die Lebensmittel-Lobby

prüfte Markenqualität« steht und was für eine erfolgreiche Prüfung nötig ist, wissen wir nicht. Marlene Mortler, CSU, Mitglied des Landwirtschaftsausschusses im Bundestag, eine Parlamentariern, die bekennenderweise ein offenes Ohr für die Anliegen der Bauernschaft hat, erklärte, »das CMA-Gütezeichen« werde »bei Vorliegen objektiver, innerer Merkmale der Erzeugnisse vergeben«. Was »innere Merkmale« sein könnten, bleibt nebulös. Die CMA ist, so lässt sich zusammenfassen, vor allem ein Personalapparat, der in den USA oder auf Agrarmessen wie der Grünen Woche in Berlin mit sich selbst wirbt.

Eierproduzent Heitlinger hat eine überzeugende Begründung für seine Weigerung, weiter die Zwangsabgabe zu überweisen: »Andere Wirtschaftsbereiche werden ja auch nicht zu Zwangsabgaben für Reklamezwecke verpflichtet.« Was die CMA leistet, ist ungefähr so, als ob Mercedes, Volkswagen und BMW dafür bezahlen müssten, dass eine per Gesetz ermächtigte Werbeagentur bekannt geben lässt: »Kauft deutsche Autos« oder »Deutsche Kraftfahrzeuge – immer im grünen Bereich«. Eine abstruse Vorstellung, die aber im agrarwirtschaftlichen Bereich Realität ist.

Jahrzehntelang war der Absatzfonds und seine CMA unstrittig – in Zeiten der krassen Überproduktion, in der Ära der Milchseen, der Fleischberge und Zuckervulkane. Ohne Sinn und Verstand ging es um deutsche Produkte, derer sich der deutsche Verbraucher am ehesten zu bedienen habe, wenn er sich ernährt. Anrüchig wurde dieses finanziell gut geschmierte Kartell erst mit der Kritik der Europäischen Union und der Unzufriedenheit von einzelnen Bauern und Unternehmern aus der Agrarwirtschaft. Die einen wollten die CMA nicht europäisch neu justieren, weil sie selbst den europäischen Wettbewerb fürchteten, andere fanden sich durch das Marketing selbst um jegliche Arbeit gebracht: Denn wer alles als gleich gut bewirbt,

Die Lebensmittel-Lobby

macht alle Unterschiede und damit jede marktwirtschaftlich gebotene Rivalität zunichte.

Die CMA, ein Konstrukt mit 41 Gesellschaftern, bei der 175 Menschen Lohn und Brot finden, vertritt jedenfalls überwiegend die Interessen der großen Betriebe und Unternehmen, in ihren Gremien sitzen der Zentralausschuss der deutschen Landwirtschaft, die Bundesvereinigung der deutschen Ernährungsindustrie, das Handwerk, der Groß- und Außenhandel, der Lebensmittelhandel, einige Ministerien, aber auch Vereine aus dem Tier- wie dem Umweltschutz. Auch die Ökobetriebe sind in den Aufsichtsgremien vertreten. Sie profitieren von den von der CMA finanzierten »Verkostungsaktionen«. Ein Danaer-Geschenk an die Ökobetriebe, deren Interesse es eigentlich sein müsste, Qualitätsunterschiede zu betonen, anstatt sie zu vernebeln! Auf dass die Bürger, um derentwillen Lebensmittel hergestellt, beworben und verkauft werden, nicht erkennen, dass sie in diesem Konzert nur die allerkleinste Geige zu spielen haben.

Kein Wunder, dass Gerd Sonnleitner, Präsident des einflussreichen Deutschen Bauernverbandes, auf den Konflikt um die CMA nur zu sagen weiß, die Verweigerer der Zwangsabgabe seien unsolidarisch. Der Mann ist Vorsitzender des Verwaltungsrates des Absatzfonds und daher oberster Kontrolleur der CMA. Ernährungs- und Landwirtschaft sind so gut organisiert, dass Sitz und Stimme der Verbraucherzentralen bedenkenlos in Kauf genommen werden können. Die Verbraucherzentralen sind das politische Feigenblatt in einem Markt, der nicht für die Verbraucher da ist, sondern für die Wirtschaft. Hervorgegangen aus der Arbeiterbewegung, organisiert als gemeinnützige Vereine, besteht ihre Aufgabe darin, Verbraucher zu beraten. Diese können sich direkt an die Verbraucherzentralen in den Bundesländern wenden, zum Beispiel, wenn sie wissen

105

Die Lebensmittel-Lobby

wollen, welche Auswirkungen ein bestimmter Zusatzstoff in Lebensmitteln hat. Die Verbraucherzentralen ziehen auch vor Gericht, um gegen Verbrauchertäuschung vorzugehen. Doch ihr politischer Aktionsradius ist begrenzt, denn sie werden vom Staat finanziert, genauer, von den Verbraucherministerien der Bundesländer. Auch wenn sie es wollten, sie können nicht aktiv gegen die Verbraucherpolitik der Regierung agieren. Denn das hieße, die Hand zu beißen, die sie am Leben erhält. Es bleibt somit bei (durchaus kritischen) Stellungnahmen. Und vermittelt den Eindruck, auch die Verbraucher hätten etwas zu sagen. Der Eindruck könnte falscher nicht sein. Denn die Wirtschaftsmacht der Interessenverbände der Landwirtschaft, der Nahrungsmittelindustrie und des Lebensmittelhandels nimmt sich gegen die der Verbraucherverbände aus wie ein Supergoliath gegenüber einem Mikrodavid. Nur Romantiker glauben, dass 80 Millionen einzelne Verbraucher in Deutschland eine reale Gegenmacht seien. Nur Narren oder Rattenfänger sind so vermessen, den einzelnen Bürgern einzureden, ihr Einkaufskorb sei angesichts der Zustände im Nahrungssektor eine Waffe mit politischer Durchschlagskraft.

In der volkswirtschaftlichen Theorie liegen die Dinge einfach. Der Verbraucher verhält sich auf einem idealen Markt wohlinformiert, er weiß umfassend Bescheid. Über die Produkte, die Anbieter. Er kann einschätzen, welche Ware wo und wann günstig angeboten wird. Kann sich ein Bild machen von der Güte der Waren, denn sie erschließt sich ihm über die Preise. Theoretisch. Praktisch aber funktioniert diese Idee nicht. Sie kann gar nicht funktionieren, weil in der deutschen Wirklichkeit die Anbieter sich im Schutz gesetzlichen Dickichts ein Schlaraffenland zur Durchsetzung ihrer Gewinninteressen geschaffen haben. Die Nachfrager, die essenden Bürger jedenfalls können darin keinen Überblick behalten – sie müssten für jedes Produkt langwierige Recherchen auf sich nehmen, die endlosen

Die Lebensmittel-Lobby

Irrgärten aus Werbeversprechen und unverständlichen Deklarationen durchwandern, ehe es zu einer Kaufentscheidung käme. Tatsächlich macht das niemand, selbst die akkuratesten Markterkunder nicht. Schon sich diese Übung vorzustellen, wie da jeder sich im Dickicht des Angebots zurechtzufinden versucht, macht diese Theorie grau und damit wertlos.

Eigentlich ist es verblüffend: Im Lebensmittelmarkt haben nur die Verbraucher keine unabhängige Interessenvertretung. Der Streitwert, um den es gehen könnte, ist zu gering. Warum so viel Aufhebens machen um einen Döner, eine Currywurst oder eine Packung Bratwürstchen, die womöglich aus Gammelfleisch gewonnen wurden? Weshalb vor Gericht ziehen, einen Anwalt beauftragen, wo es doch schwierig ist, kontaminierte Lebensmittel dem Richter vorzuführen? Entweder sind sie bereits verzehrt, dann fehlt es am Beweisstück – oder sie sind noch unverbraucht, dann liegt kein erhebliches Delikt vor. Diese Fragen zu thematisieren, mit ihnen öffentlichen Druck auszuüben, läge im Interesse der Verbraucher – und ihrer Gesundheit. Aber darüber hinaus glauben die meisten Menschen, dass Lebensmittelsicherheit schon gewährt, dass schlechte, verdorbene und vergiftete Nahrung wohl aus dem Verkehr gezogen wird. Wohl? Ja, dieses kleine Wörtchen, das ein Misstrauen andeutet, ist angebracht: Wird wohl, heißt es dann. Hat man auch vor den BSE-Kontaminierungen gesagt, vor den Funden von Acrylamid in Kartoffelchips und vor aufgespürtem Dioxin in Fischen. Ja, wissen kann ein Verbraucher nicht, ob das, was er im Supermarkt einkauft, ihm wenigstens nicht schadet. Eine Frage der Information – aber im Nahrungsmittelbereich dominiert Desinformation. Essen als Nebensache. In der Summe ergibt das: Wir Verbraucher müssen resignieren – oder uns organisieren.

Eine Position der Einflusslosigkeit, die aus dem Umwelt-

Die Lebensmittel-Lobby

bereich hinlänglich bekannt war. In den sechziger und siebziger Jahren standen die Industrie und ihre nachgeordneten Betriebe auch auf weiter Flur unangefochten – und verdreckten Flüsse, Bäche, die Meere, die Luft, die Böden. Und auch damals gab es Unmut in der Bevölkerung über diese Zerstörung unserer Lebensgrundlagen. Dass aber heutzutage die Bewahrung der Umwelt zu den wichtigsten Anliegen der Menschen zählt, dass keine Regierung ohne ein Umweltressort gebildet wird, hängt mit der Organisation der Interessen zusammen – ausgelöst durch öffentlichkeitswirksame Aktionen der Umweltbewegung. Die Umwelt nicht mehr als bloße Verfügungsmasse der Industrie anzusehen – das war und ist der Kern der Ökologiebewegung. Im Verbraucherbereich gibt es diese Haltung von Empörung nicht, noch nicht! Erst politischer Druck macht den Verhältnissen Beine.

Leidtragende dieser Einflusslosigkeit sind wir alle. Aber auch die Landwirte und Betriebe, die wie der Geflügelhändler Georg Heitlinger nicht länger bereit sind, ihre Interessen von dem alles beherrschenden Orchester der Verbandsinteressen übertönen zu lassen. Denn deutsche Produkte, um auf den sichtbarsten Missstand der Lebensmittelbranche zurückzukommen, als solche zu bewerben, verhindert nicht nur den Wettbewerb auf dem gemeinsamen europäischen Markt. Darüber hinaus wird auf diese Weise jede Differenzierung in der Angebotsstruktur selbst unmöglich gemacht: Betriebe, die zum Beispiel in der Erzeugergemeinschaft »Neuland« nach überprüfbaren Kriterien Qualitätsfleisch anbieten, kommen gegen die tumbe Reklamemacht der CMA und die Gleichmacherstrategie von Agrar- und Lebensmittelindustrie nicht mehr an. Sie sind – wie zu alten, vorindustriellen Zeiten – auf Mund-zu-Ohr-Geflüster angewiesen. Genauso wie den Neuland-Metzgern geht es Bäckereien, die auf traditionelles Backwerk setzen, Obst- und Gemüseläden, welche gern mit Qualitätsunterschie-

108

Die Lebensmittel-Lobby

den zu ihren Konkurrenten arbeiten: Ihnen nutzt die Einebnung aller Differenzen durch die CMA nichts – sie schadet ihnen.

Die CMA, dieses mehr als 100 Millionen Euro starke Kartell, wird vielleicht, zumal nach der inzwischen anhängigen Klage vor dem Bundesverfassungsgericht gegen diese Institution, nicht mehr lange Bestand haben. Die CMA jedoch, unabhängig davon, ob sie überleben wird, ist die sichtbare Perversion einer organisierten Landwirtschaft, die vor allem eines ist: Verbraucherfeindlich. Eine Organisation wie die CMA wäre gar nicht möglich, wenn sie nicht von den Funktionären der organisierten Landwirtschaft gestützt würde, allen voran vom Deutschen Bauernverband. Der Deutsche Bauernverband beansprucht für sich, das Gros der 360 000 landwirtschaftlichen Betriebe zu vertreten. In Wahrheit trägt er in erster Linie die Interessen der großen Agrarbetriebe vor: Und diese sind an Masse, an schierem Ausstoß, nicht an Qualität und Angebotsdifferenzierung interessiert. Welches Interesse hat ein Landwirt, der Kartoffeln oder Milch erzeugt, an einer Organisation wie dem Absatzfonds oder der Werbung der CMA, wenn er auf besonders gute Qualität setzt? Nur ein begrenztes. Die dicksten Bauern haben die größten Kartoffeln? Das lässt sich auf die Verhältnisse in den landwirtschaftlichen Verbandsstrukturen nur so übersetzen: Die größten Betriebe möchten nicht, dass ihre Massenproduktion einer Differenzierung am Markt unterzogen wird. Und die mächtigen Abnehmer, die Supermarktketten und Discounter, möchten vor allen Dingen eines: viel Ware in standardisierter Qualität zu möglichst niedrigem Einkaufspreis. Deshalb wird der Zwang zur Organisation und zur Zwangsabgabe an die CMA von allen einflussreichen Lobbygruppen der Ernährungswirtschaft befördert. Deshalb werden Bundestagsabgeordnete in Einzelgesprächen oder bei Ausschussanhörungen

Die Lebensmittel-Lobby

unisono beschallt: Der Absatzfonds muss bleiben. Die Arbeit
der CMA sei segensreich für Bauern und Bürger.

Der Deutsche Bauernverband ist in Wirklichkeit eine Jobver-
nichtungsmaschine in der Landwirtschaft. Die von ihm pro-
pagierte Förderpolitik setzte von Anfang an auf Masse, auf
Steigerung der Produktion. Arbeiteten im Jahr 1955 noch
knapp 24 Arbeitskräfte, um 100 Hektar zu bewirtschaften, so
waren es 2005 nur noch gut drei auf derselben Fläche. Allein
von 1991 bis 2005 sank die Zahl der Betriebe um gut 175 000,
über 12 000 pro Jahr, mehr als 30 täglich, verbunden mit dem
Verlust von rund 900 000 Arbeitsplätzen. Das muss man sich
einmal vorstellen: Der Verlust von fast einer Million Arbeitsplätzen einer einzigen Branche in nur 14 Jahren – und das ohne
internationale Konkurrenz.

Gedient hat diese Politik weniger Landwirten und Verbrauchern, sondern der Kaste der Funktionäre. Die kleinen und
mittleren Landwirtschaftsbetriebe sind dagegen in einer Sub-
ventionsfalle gefangen, hoch verschuldet und früher oder später zum Aufgeben gezwungen. Weil es dem Bauernverband,
gestützt von der Politik, gelang, den Leuten weis zu machen,
dass diese Landwirtschaft der Umwelt dient und Qualität anbietet, kann der Präsident des Deutschen Bauernverbandes,
Gerd Sonnleitner, auch heute noch ohne öffentlichen Aufschrei
verkünden: »Wir sind Leistungsträger und in vielen Bereichen
subventionieren wir die Gesellschaft und nicht umgekehrt«,
oder nicht weniger dreist: »Wir bekommen keine Subventionen, sondern wir bekommen Ausgleichszahlungen für Leistungen, die wir für die Gesellschaft erbringen.« Welche denn, fragt
man sich? Ginge es danach, könnten alle Wirtschaftszweige
wegen ihrer Dienste an der Gesellschaft Subventionen fordern.

In der täglichen Politik ist eine Organisation wie der Deutsche Bauernverband für die Landwirte trotzdem nützlich – wie

Die Lebensmittel-Lobby

die Verbände der Automobil-, der Textil- oder der Papierindustrie für die Hersteller in diesen Branchen wichtig sind. Man muss ja nicht gleich so selbstgerecht die Trommel der öffentlichen Aufmerksamkeit bedienen wie deren Verbandschef Gerd Sonnleitner. Ein Bauernverband ist nicht deshalb von Makel, weil er lobbyiert. Ein Interessenverband hat das verfassungsgemäße Recht, Lobbyarbeit zu betreiben, um in den Schaltzentralen der Macht Gehör zu finden. Lobbyarbeit ist per se nichts Schlechtes – nur wenn Lobbyarbeit zur Regierungspolitik mutiert, dann ist etwas faul.

Somit drängt sich eine Frage auf: Weshalb eigentlich haben die Landwirtschaft und die Ernährungsindustrie ein eigenes Ministerium? Aus welchem Grund wird ein Bundesministerium am Leben erhalten, das nur einem einzigen Wirtschaftsbereich dient? Rund 1,8 Millionen Beschäftigte stehen auf den Lohnlisten von Landwirtschaft und Ernährungsgewerbe – weniger als in anderen Industrien. Ein eigenes Autoministerium oder ein Schwerindustrieministerium, gar ein Computerministerium gibt es jedoch nicht. Das Gros der agrarwirtschaftlichen Entscheidungen wird ohnehin in Brüssel, im Zentrum der Europäischen Union getroffen. Das Haus von Horst Seehofer, CSU, hat sich nach der fast fünfjährigen Episode mit der grünen Ministerin Renate Künast per Kanzlerinnenerlass umbenennen lassen: Seit November 2005 heißt das Ministerium wieder »Ministerium für Ernährung, Landwirtschaft und Verbraucher«.

Bei Seehofers Vorgängerin wurden die Verbraucher im Titel zuerst genannt – als öffentliches Pflaster nach all dem Kummer mit dem Rinderwahnsinn in Folge der BSE-Krise. Nun sind die Verhältnisse wieder gerade gerückt: Ernährung und Landwirtschaft haben wieder Priorität. Im Budgetentwurf für das Jahr 2007 ist der niedere Rang des Verbrauchers in diesem Ministerium gut ablesbar: Nur 84,1 Millionen Euro sind für den offiziellen Titel »Verbraucherpolitik« veranschlagt, weitere 32,1 Mil-

111

Die Lebensmittel-Lobby

lionen Euro für das Bundesamt für Verbraucherschutz. Das sind Peanuts bei einem Gesamtvolumen von knapp 5,2 Milliarden Euro. Insofern war es auch ehrlich, den Verbraucher in der Bedeutung herab zu setzen. Der Verbraucher hatte nicht erst beim amtierenden Horst Seehofer nachgeordnete Bedeutung, auch bei der grünen Ministerin – wie bei all ihren Vorgängern – galt der Verbraucher als fünftes Rad am Wagen. Ein Bundesministerium für das Landwirtschaftliche, nur kurz in der Hand eines Sozialdemokraten oder einer Grünen, jahrzehntelang aber unter dem Dirigat eines Liberalen oder einer Unionspolitikers, allesamt Landwirte von Beruf,– das sichert Einfluss der privilegierten Art.

Wenn es aus diesem Ministerium heißt, am Absatzfonds gäbe es, allen rechtlichen Einsprüchen und aller Kritik aus Brüssel zum Trotz, nichts zu deuteln – kurz: Dass diese gigantische Quelle der Selbstpreisung nicht versiegen wird, dann muss davon gesprochen werden, dass dieses Ministerium faktisch keine Institution für Bürger ist, sondern bestenfalls eine Schiedstelle, falls sich die Mächtigen des Ernährungssektors einmal nicht einigen können.

Zu diesen Mächtigen gehören zweifellos die Unternehmen der Nahrungsmittelindustrie, ein 140 Milliarden Euro Wirtschaftszweig, den ein hier schon häufiger erwähnter Verband mit dem unscheinbaren Namen »Bund für Lebensmittelrecht- und Lebensmittelkunde«, kurz BLL vertritt. Der Spitzenverband der Ernährungswirtschaft vertritt rund 300 Unternehmen. Dazu gehören Konzerne wie BASF, Monsanto oder Nestlé, aber auch viele mittelständische Betriebe. Seit 50 Jahren bestimmt der Bonner Wirtschaftsverband, was wir essen, was wir darüber wissen dürfen und was nicht. Die Fachausschüsse des BLL produzieren laufend umfangreiches Informationsmaterial – z. B. über gute Gentechnik, ungefährliche Zusatzstoffe und die Vor-

112

Die Lebensmittel-Lobby

teile von »functional food«. In der breiten Öffentlichkeit ist der BLL praktisch nicht bekannt, aber es gibt keine wichtige Entscheidung auf dem Lebensmittelmarkt, die der BLL nicht maßgeblich prägt. Wie bei den anderen großen Industrieverbänden auch, beginnt sein Wirken bereits als Mitautor der Referenten-Entwürfe für neue Gesetze. Der Rechtsausschuss des BLL wirkt bei jeder relevanten Gesetzesinitiative auf europäischer und deutscher Ebene mit. Um es einfacher für die Beamten zu machen, schreiben dann die Juristen des BLL die Gesetzestexte gleich vor. Kein Gesetz, das der BLL nicht im Sinne der Industrie widergespiegelt hätte. Zum Beispiel das Verbraucherinformationsgesetz. Unbemerkt von der Öffentlichkeit prägte der Verband den Entwurf der rot-grünen Koalition im Jahre 2002 maßgeblich mit, ebenso wie das Gesetz der großen Koalition im Jahre 2006. In Sachen Selbstdarstellung ist es mit der Informationsarbeit des BLL nicht weit her: Budget und Mitarbeiterzahlen sind nicht bekannt.

Der Interessengegensatz zwischen Rohstofflieferanten, den Landwirten, und den diese Rohstoffe verarbeitenden Lebensmittelkonzernen ist von Amts wegen nicht vorhanden. Die Politik hat dafür gesorgt, dass diese beiden Wirtschaftszweige gemeinsame Sache auf Kosten der Verbraucher machen. Die in der EU trotz der hohen Subventionen im Vergleich zu den Weltmarktpreisen hohen Rohstoffkosten, zum Beispiel für Zucker, Trockenmilch oder Rindfleisch, brauchen die Industrie nicht zu kümmern. Der Zollschutz der EU sperrt preiswerte Konkurrenzprodukte aus. Und um die Exportchancen nicht zu schmälern, zahlt die EU den Unternehmen der Lebensmittelindustrie die Kostendifferenz zwischen den EU-Rohstoff- und den niedrigeren Weltmarkt-Rohstoffpreisen in Form von Exporterstattungen. Anders ausgedrückt: Für jede Tafel Schokolade, die Nestlé exportiert, werden wir Steuerzahler zur Kasse gebeten. Nämlich für die höheren Kosten, die Nestlé entstehen, weil es

Die Lebensmittel-Lobby

Milch und Zucker nicht auf dem Weltmarkt einkaufen soll (vgl. Kapitel 6). Da ist es nicht verwunderlich, dass die Industrie stillhält und der BLL sich versöhnlich zeigt.

Er sei ein »Dialogpartner von Politik, Verwaltung, Wissenschaft, Verbraucherorganisationen und Medien im Bereich ›Verbraucherschutz‹«, schmust der BLL in seinen Verlautbarungen. So wird es auch das Landwirtschaftsministerium sehen: ein Dialogpartner, der die Verhältnisse im Sinne der Ernährungs-Unternehmer zementiert. Die so hervorragend funktionierende Zusammenarbeit zwischen Agrar- und Nahrungsmittelindustrie wünschten deren Funktionäre natürlich auch für das Verhältnis mit den Verbrauchern herbei. Sie wollen erst gar nicht den Eindruck entstehen lassen, dass wir Käufer ganz andere Interessen haben. »Verbraucherschutz und Landwirtschaft haben sich in Deutschland zu einer engen Partnerschaft entwickelt«, lässt der Deutsche Bauerverband verlauten. Auch Landwirtschaftsminister Horst Seehofer wusste schon kurz nach seinem Amtsantritt, dass Verbraucher und Landwirtschaft die gleichen Interessen hätten, wenn es um die Nahrung geht. »Landwirtschaft und Verbraucherschutz sind gleichgewichtig und kein Gegensatz. Bauern stehen im Dienste des Verbraucherschutzes«, teilte er am Ende des Jahres 2006, mitten in einem der zahllosen Gammelfleischskandale, in einem Interview mit. Nicht allein der Skandal um ungenießbares Fleisch, sondern nicht minder die Debatte um das Verbraucherinformationsgesetz straft seine Aussage Lügen. Gleichermaßen die Rechte der Verbraucher bagatellisierend, skizzierte er sein Ministeramt mit den Worten: »Ich will Anwalt der Verbraucher und der Bauern sein.« Als ob ein Strafverteidiger in der gleichen Robe auch ein Staatsanwalt sein könnte.

Die Interessen von Bauern, Handel und Industrie einerseits, Verbrauchern jedoch auf der anderen Seite waren und sind

Die Lebensmittel-Lobby

tatsächlich so unterschiedlich, wie sie unterschiedlicher nicht sein können. Wir wollen wissen, was in der Nahrung steckt, wir wollen kein Lebensmittelkundestudium absolvieren müssen, ehe wir eine Aufschrift auf einer Lebensmittelpackung entziffern können, wir möchten früh informiert werden, wenn es zu Auffälligkeiten bei den Kontrollen kommt – welche Firma im Visier steht, auf welches Lebensmittel man besser verzichtet. Wir möchten unbedingt wissen, woher das Fleisch stammt, das wir im Supermarkt kaufen können – und wir möchten auch keineswegs, dass Zimtsterne weiter verkauft werden, obwohl Hersteller wie Ministerien wissen, dass in ihnen weit über den gesetzlichen Grenzwert hinaus Cumarin steckt. Kurzum: Verbraucher wollen Nahrung ohne vergiftende Inhaltsstoffe, Essen, das nicht aus gammeligen Stoffen zusammengekocht wird, Getränke, deren Zusätze ihnen nicht verschwiegen werden. Kunden wollen von den Agrar- und Lebensmittelunternehmen nicht zu den drei Affen gemacht werden, die nichts sehen, nichts hören und auch nichts sagen.

Horst Seehofer allerdings möchte seine Bauern, seine Nahrungsmittelbetriebe zufriedenstellen. Ehrlicher Lobbyist sein, vor allem für die Großen. Wir Verbraucher aber möchten die besten Produkte für möglichst wenig Geld. Uns kann gleichgültig sein, woher diese Lebensmittel kommen – den Landwirten in Deutschland und der Europäischen Union allerdings nicht. Die vertreten ihre Interessen, wollen weiter an den Strohhalmen der Subventionstöpfe saugen, möchten, dass der Steuerzahler weiterhin für die Fördergelder aufkommt, die sie kassieren, damit es sie überhaupt weiter gibt und sie sich nicht dem globalen Markt aussetzen müssen. Und wir essenden Staatsbürger möchten, wenn es schon um Marktwirtschaft geht, am liebsten diese Subventionen streichen. Das deutsche Landwirtschaftsministerium steht jedoch dafür, dass die Ansprüche der Dritten Welt an der Grenze zur Europäischen Gemeinschaft Halt ma-

115

Die Lebensmittel-Lobby

chen. Seehofer und die Seinen sind, wie alle anderen Agrar-
minister davor auch, rührig auf internationalen Konferenzen,
wenn die Anliegen der deutschen Bauernschaft zur Geltung
gebracht werden müssen. Gemeinsame Interessen von Bauern
und Bürgern? Die gibt es im verbraucherpolitischen Sinne
nicht. Und die sollen in einem Ministerium Platz haben? Haben
sie nicht. Verbraucherinteressen rangieren faktisch unter ferner
liefen.

Das Glaubensbekenntnis von Minister Seehofer, die Interessen von Bauern und Verbrauchern seien im Grunde gleich, läuft
allenfalls als gut gemeinte, irgendwie auch dumme Predigt darauf hinaus, nun mögen sich alle mal lieb haben. In Wahrheit
können Verbraucher und Produzenten wie Anbieter von Waren
keine gemeinsamen Interessen haben. Die einen wollen möglichst gute Lebensmittel zu einem günstigen Preis – die anderen
Nahrung herstellen, vertreiben und verkaufen zu möglichst hohen Preisen. Rohstoffe plus Vertrieb plus Handel: Drei Interessen treffen sich und müssen verhandeln, auf was sie sich einigen
können. So sieht der ideale Verlauf auf dem Markt aus – dessen
Voraussetzung ist es, dass der Verbraucher, also wir, mitreden
kann. Mitbestimmen und mitentscheiden – nicht nur als »cash
cow«, als zu melkende Kuh an der Ladenkasse. Doch das System, das Nahrungsmittelindustrie wie Landwirtschaft mit Hilfe der Politik aufgebaut haben, reduziert uns genau darauf.

Wenigstens könnte das Ministerium durch den Bundestagsausschuss für Ernährung, Landwirtschaft und Verbraucherschutz
kontrolliert werden – denn das ist seine Aufgabe. Dieser Ausschuss zählt 31 Mitglieder aus den fünf Parteien und sollte
insbesondere auch uns Konsumenten gegenüber der Exekutive
vertreten. Die Tendenz in diesem Kreis jedoch ist eindeutig.
Wie im zuständigen Ministerium auch überwiegen die Interessen der Landwirtschaft, Nahrungsmittel- und chemischen In-

Die Lebensmittel-Lobby

dustrie. Seitens der Grünen gibt es einen steten Kampf um mehr ökologische Landwirtschaft und Mitsprache von Verbrauchern. Für die Sozialdemokraten wie die Linkspartei hat dieser Ausschuss freilich keine favorisierte Bedeutung. Beide Parteien, die unter Landwirten kaum Stimmen sammeln können, sind durch ihre Nähe zu den Gewerkschaften eher geneigt, Arbeitsplatzargumenten letztlich auch alle verbraucherdemokratischen Erwägungen unterzuordnen.

Die Liberalen haben in diesem Kreis ausschließlich Politiker sitzen, die sich im weitesten Sinne mit dem Thema auskennen – einen Tierarzt, einen Landwirtschaftsdirektor und einen Biologen. Für die Union sitzt der höchste Anteil an Landwirten und Agraringenieuren in dieser Runde. Der Abgeordnete Peter Bleser von der CDU unterhält wie einige andere seiner Ausschusskollegen weiterhin einen Bauernhof und ist in mehreren landwirtschaftsspezifischen Aufsichtsräten (Raiffeisenbank, Raiffeisenwarenzentrale, Wirtschaftsförderungsgesellschaft) vertreten. Sein Fraktionskollege Maximilian Lehmer von der CSU war landwirtschaftlicher Fachberater und technischer Leiter beim Chemiemulti BASF und ist ein starker Befürworter der Gentechnik, die von dem Mannheimer Unternehmer intensiv vorangetrieben wird. Franz-Josef Holzenkamp von der CDU hat sich häufiger mit seinem Einsatz für niedersächsische Bauern profiliert – besonders für die Anreicherung von Futtermitteln mit Antibiotika. Auch die teilweise nicht einmal in den offiziellen Bundestagsbiographien auftauchenden Tätigkeiten in diversen Aufsichtsräten weisen eine einseitige Nähe zur Ernährungsindustrie und Landwirtschaft auf. Gerade Abgeordnete, die hauptberuflich als Landwirte gearbeitet haben oder es nebenberuflich noch tun, stehen in einem Interessenkonflikt zwischen Verbraucherschutz und Landwirtschaftsförderung.

Bauernverband, CMA, BLL, Landwirtschaftsministerium,

117

Die Lebensmittel-Lobby

Bundestagsausschuss, alle hängen miteinander zusammen in einem verwirrenden Knäuel aus gegenseitigen Abhängigkeiten. Hinzu kommen der Raiffeisenverband, die Bundesvereinigung der Deutschen Ernährungsindustrie, der Hauptverband des Deutschen Einzelhandels und die zahlreichen Einzelverbände der Nahrungsmittelwirtschaft sowie auf der lokalen Ebene die Landwirtschaftskammern. Diese sowie Fleischkonzerne, Schlachthöfe, Tierfutterhersteller, Saatgutproduzenten, Landwirtschaftsbetriebe und ihre Finanziers: Sie alle sitzen miteinander in Aufsichtsräten, Kammern und Fonds, um gemeinsam ihre Pfründe zu sichern. Für den einzelnen Landwirt mag diese Struktur hilfreich sein, um sich eine Schneise durch das Dickicht der EU-Verordnungen zu schlagen, dieses System ist ihm dienlich, um auf der Produzentenseite den Alltag zu managen. Verbraucher haben da nichts mitzureden, sie sind als unabhängige, nicht vom Staat ausgehaltene Größen in diesem Spinnen-Netzwerk schlicht nicht existent. Der Verbraucher – das ist für die Landwirte wie für die Nahrungsmittelmultis die anonyme Konstante, die mehr oder weniger blind zu schlucken hat, was höheren Orts entschieden wird. Alle Akteure auf Seiten der Produzenten, des Vertriebs und des Handels wollen verständlicherweise nur das Eine: Möglichst unangefochten ihre Marktstellung wahren. Für Bürger, die ihr Recht als Verbraucher offensiv einfordern, ist in diesem Spiel kein Platz.

Als die ehemalige Verbraucherministerin Renate Künast in den Wirren des BSE-Skandals auf die Idee kam, ein staatliches Qualitätssiegel für konventionelle landwirtschaftliche Produkte einzuführen, gab es umgehend Proteste der Lebensmittelwirtschaft. Diese versprach, ein eigenes Siegel zu etablieren – unabhängig von staatlichem Zwang. Herausgekommen ist das so genannte QS-Siegel. Ursprünglich stand »QS« für »Qualität und Sicherheit«. Doch zahlreiche Fälle, in denen QS-zertifizier-

118

Die Lebensmittel-Lobby

te Futtermittelbetriebe Dioxin-kontaminiertes Tierfutter herstellten oder verkauften und auch die Tatsache, dass das Siegel die Frage nicht beantworten konnte, welche besondere Qualität denn durch »QS« eigentlich garantiert wurde, führte dazu, dass aus dem hehren Anspruch mittlerweile nur ein »Prüfzeichen für Lebensmittel« geworden ist. Damit sind zumindest rhetorisch die Tatsachen zurechtgerückt, denn das QS-Zeichen kann schon deshalb kein Gütesiegel sein, weil es lediglich verspricht, dass die mit ihm versehenen Produkte im Wesentlichen gesetzlichen Bestimmungen entsprechen. Die QS GmbH entscheidet die Praxis der Siegelvergabe und überwacht die Kontrollen zur Einhaltung der Siegelstandards. Im Vorstand der QS GmbH sitzen die Verbandsvertreter der Industrie, des Handels und der Landwirtschaft gemeinsam unter sich. Im so genannten Kuratorium der QS GmbH sind die Parteien, die Nahrungsmittelindustrie, die Gewerkschaften, aber auch die Verbraucherzentralen repräsentiert. Der einzige Vertreter einer unabhängigen Bürgerorganisation, der Präsident des Deutschen Tierschutzbundes, verließ 2004 frustriert dieses Gremium. Sein Petitum, dass die Qualität von Lebensmitteln auch die Art und Weise der Tierhaltung berücksichtigen müsse, fand kein Gehör. Wo wäre man denn auch hingekommen, plötzlich die Qualität von Lebensmitteln auch danach unterscheiden zu wollen, wie man mit den Tieren, die diese Lebensmittel liefern, umgeht!

Finanziert wird dieses aufwändige QS-Unterfangen von der CMA, also durch Zwangsabgaben, die von den Landwirtschaftsbetrieben erhoben werden. Das QS-Siegel reflektiert sehr klar, was die Lobbyisten der deutschen Landwirtschaft und Nahrungsmittelwirtschaft unter Qualität verstehen. Alles ist Qualität, was nicht verboten ist. Ein solches Qualitätsverständnis ist aber auch die Garantie dafür, dass es keinen Qualitätswettbewerb gibt. Und das Fehlen eines Qualitätswettbewer-

Die Lebensmittel-Lobby

bes ist ein wesentlicher Grund für den – aus Verbrauchersicht – jämmerlichen Zustand des Lebensmittelmarktes.

Nicht minder aufschlussreich ist ein Blick auf die Liste der Mitglieder der so genannten Deutschen Lebensmittelbuch-Kommission. Eine Kommission, die bezeichnenderweise kaum einem Verbraucher bekannt sein dürfte. Dabei entscheidet sie über Dinge, die für den Verbraucher unmittelbare Bedeutung haben. Sie ist beim Landwirtschaftsministerium angesiedelt – und zwar in der Abteilung für Verbraucherschutz. Die Arbeit dieses Zirkels ist im Lebensmittelgesetz geregelt. In diesem Gremium sitzen 32 Männer und Frauen einschließlich ihres Vorsitzenden Wolfgang Loscheider, Rektor der Universität Potsdam. Vertreten sind dort vom Nahrungsmulti Unilever über den Hauptverband des Deutschen Einzelhandels, des Fleischerverbandes, Nestlé und des Bundes für Lebensmittelrecht und Lebensmittelkunde – also alle wichtigen Industriebereiche – aber auch die Deutsche Gesellschaft für Ernährung, eine überwiegend staatliche Einrichtung, sowie Delegierte aus den staatlich finanzierten Verbraucherzentralen und Universitäten sowie der Lebensmittelüberwachung.

Die Lebensmittelbuch-Kommission ist einer der wichtigsten Zirkel auf staatlicher Ebene, wenn es um Nahrungsmittel geht. Ihm obliegt es zu entscheiden, welche Nahrungsmittel in den Handel gelangen können, wie sie zusammengesetzt sein müssen, wie sie sich nennen, welche Zusatzstoffe erlaubt sind, welche Informationen an die Verbraucher weitergereicht werden müssen und welche nicht. Diese Kommission erfindet beispielsweise solche irreführenden Bezeichnungen wie Formschinken. Schon aus diesem Wortungetüm erschließt sich, dass der Druck der gesamten Lebensmittelwirtschaft hier Geburtshelfer war.

Die Mitglieder der Kommission müssen grundsätzlich einstimmig entscheiden, Beschlüsse, die mit weniger als drei Vier-

Die Lebensmittel-Lobby

tel Mehrheit getroffen werden, sind unwirksam, so das betreffende Gesetz. Angesichts der Übermacht von Wirtschaftsinteressen und Bürokratie in dieser Kommission sind die wirtschaftsfreundlichen Entscheidungen nicht verwunderlich. Offensichtlich will man aber diese Wirtschaftslastigkeit nicht zu publik machen: Die Protokolle dieser Runde sind nicht öffentlich – sondern geheim. Wir Verbraucher – denn uns geht es schließlich am meisten an – sollen nicht erfahren, welche Herstellungsbeschleuniger, Rohstoff-Verbilligungen, welche Zusatzstoffe gerade für welche Rezepturen ohne Beanstandungen durchgewunken wurden.

Der Lebensmittelmarkt ist durchdrungen von der Agrar- und Nahrungsmittelindustrie, dieser Gemengelage aus eigenen Ministerien auf Bundes- und Länderebene sowie aus Verbänden, in denen die großen Hersteller und besonders die fünf größten Handelsfirmen den Takt vorgeben; dazu gehören die 22 Fachverbände – vom Deutschen Verband der Aromenindustrie bis zum Verein der Zuckerindustrie –, die allein die Bundesvereinigung der deutschen Ernährungsindustrie, BVE, unter ihrem Dach weiß. Diese Verflechtung der Abhängigkeiten bis hinunter zur kleinsten Raiffeisenbankfiliale, diese bis zu den Funktionärseliten durch und durch miteinander vernetzte Kaste von Bestandssicherern bis in die winzigste Landwirtschaftskammer hinein, diese Struktur ist es, die die Verbraucher auf dem Lebensmittelmarkt vollständig außen vor lässt. Dieses Bild ist das einer geschlossenen Gesellschaft, in der die Schmuddelkinder keinen Zutritt haben sollen. Diese sind wir – die Verbraucher. Schmuddelkinder eines Systems, das uns braucht, weil wir einkaufen müssen. Mit deren Geld die Industrie rechnet, deren finanzielle Möglichkeiten den fünf Handelsriesen zugute kommen. Aber mitreden sollen wir nicht? Grotesk in einem Land, das sich als demokratisch versteht.

121

Die Lebensmittel-Lobby

Kaum etwas an dieser unfeinen Gesellschaft der Produzenten, Vertreiber und Verkäufer hat je zugunsten der Verbraucher Auswirkung gehabt. Das Verbraucherinformationsgesetz – ein Muster ohne Wert, erfolgreich torpediert von der Allianz der Agrar- und Lebensmittelindustrie! Ein Qualitätssiegel, das diesen Namen verdient: erfolgreich torpediert von der Agrar- und Lebensmittelindustrie. Weniger unsinnige Subventionen auf Kosten der Verbraucher, zum Beispiel weniger Subventionen für die Zuckerindustrie: erfolgreich torpediert von der Nahrungsmittel- und Agrarindustrie. Informationen über die gesundheitliche Bewertung von Nahrungsmitteln (z. B. bezüglich des Gehaltes an Fett und Zucker) in Form einer Ampel, wie sie Großbritannien eingeführt hat: erfolgreich torpediert von der gemeinsamen Lobby von Nahrungsmittel- und Agrarindustrie. Am Ende eint die gemeinsame Lobby vor allem eines: der glühende Wunsch, dass die Europäische Union sie vor Subventionskürzungen schützt – zu Lasten der Dritten Welt und auf Kosten einer Produktionsweise, die auf Vielfalt setzt.

Ann Mettler, Leitende Direktorin des Lisbon Councils for Economic Competitiveness, einer nicht-staatlichen Organisation, prophezeite in einem Beitrag für das *Wall Street Journal*, dass der alte Gegensatz zwischen Arbeit und Kapital passé sei – auf der Bühne habe ein anderer Held Aufstellung genommen. Sein Name: Verbraucher. Die politische Agenda, so Mettler, verlange in den kommenden Jahrzehnten, dass der gemeinsame Markt der Europäischen Union mehr werde als eben ein Markt, auf dem die Verbraucher nur am Katzentisch sitzen dürften. Die pro-wirtschaftlichen Politiken auf dem alten Kontinent müssten ergänzt werden durch eine »Bürgeragenda« – ein Programm, in dem wir Bürger mindestens den gleichen Rang einnehmen wie die Wirtschaft und ihre Interessen. Ihr Argument: Erst diese Gleichrangigkeit mache ökonomischen

Die Lebensmittel-Lobby

Erfolg möglich. »Für Europas Gesellschaft im Ganzen ist die Entdeckung des Verbrauchers die beste wirtschaftliche Nachricht der jüngsten Geschichte.« Man mag der Prognose gern glauben. Dass das nicht ohne Hauen und Stechen, nicht ohne Drohungen und Erpressungen abgehen wird, erschließt sich aus der Geschichte der europäischen Markt- und Einflusskartelle wie von selbst. Wir Verbraucher müssten diesen keine Tränen nachweinen. Würden wir endlich durch Bürgerrechte mitbestimmen können, wir würden einen Lebensmittelmarkt schaffen, der nicht durch die Lobby-Übermacht der Industrie, des Handels und der Agrarwirtschaft monopolisiert wird. Wir hätten mehr von unserem Leben. Und von unserem Geld: Wir wüssten besser, was wir von wem einkaufen.

Kapitel 6

EU: Milliardengrab und Sicherheitsrisiko

Das EU-Agrarsystem plündert die Verbraucher aus,
verschmutzt die Umwelt und vernichtet Existenzen in der
Dritten Welt – und ist damit auch ein Sicherheitsrisiko.

Wenn es ums Essen geht, ist Europa durchaus populär. Franzö-
sische Weine, italienische Nudeln, griechischer Käse sind Teil
einer europäischen Kultur geworden. Viel weniger populär,
wenn es ums Essen geht, ist dagegen die Europäische Union.
Die Landwirtschaft und ihre Produkte sind ein Symbol für sinn-
lose Milliardensubventionen. Diese Subventionen tragen wesentliche Schuld daran, dass die Europäische Union nicht für
die Bürger da ist – und dass die armen Länder in der Armuts-
falle gefangen bleiben.

Jeder Schluck Milch, gleich welcher Sorte, jedes Häppchen
Rindfleisch oder jeder Löffel Zucker im Tee, im Kaffee oder
auf den Frühstücksflocken trägt zur Armut in der Dritten Welt
bei. Verantwortlich sind nicht wir, die Verbraucher, die sich
nichts bei dem Verzehr von frischen Lebensmitteln denken, die
sich keine Gedanken über die sozialen Auswirkungen von Zucker in der Schokolade oder im Pudding machen möchten. Verantwortlich ist das System der Europäischen Agrarwirtschaft,
die »Common Agricultural Policy«, unter Fachleuten CAP genannt.

Doch Brüssel ist fern, und die gigantische Bürokratie kaum
zu durchschauen. Woher sollen wir Verbraucher wissen, dass

EU: Milliardengrab und Sicherheitsrisiko

die Dinge chronisch schief laufen? Dass die Europäische Union ihren Markt vor den angeblichen Zumutungen der Dritten Welt schützt? Woran könnten wir erkennen, dass die Agrarindustrie in der Europäischen Union ein Kartell verkörpert, gestützt und gefüttert durch ein spektakulär teures Fördersystem? Wem ist klar, dass die Vereinten Nationen aus wohlverstandenem Entwicklungsinteresse gerade der ärmsten Länder längst einen kritischen Blick auf das europäische Subventionssystem geworfen haben? In ihrem »Bericht über die menschliche Entwicklung« aus dem Jahre 2005 heißt es: »Nichts verdeutlicht die perverse Logik der Agrarsubventionen besser als die Gemeinsame Agrarpolitik der Europäischen Union – ein System, das die Produzenten mit 43 Milliarden Euro Unterstützung überhäuft.«

Knapp die Hälfte des Haushaltes der EU fressen die Agrarsubventionen, und von dieser Summe wiederum erhalten die großen Betriebe proportional viel mehr als die kleinbäuerlichen Betriebe. Über 30 Prozent ihrer Einkommen beziehen europäische Bauern vom Steuerzahler – eine Subvention, mit der kein Arbeitnehmer in der europäischen Textil- oder Autoindustrie privilegiert wird. Summen, die vollständig vom europäischen Verbraucher aufgebracht werden: Mit jeder Tüte Milch, mit jedem Schnitzel und jedem Steak, mit jeder Rübe bezahlt er nicht allein diese Lebensmittel, sondern zugleich, und zwar über seine Steuern, auch die Subventionen für die Hersteller dieser Produkte.

Andererseits könnten Kartoffeln, könnte Zucker aus afrikanischen oder lateinamerikanischen Ländern, könnten Obst und Gemüse aus der Dritten Welt uns ebenso schmecken und gleichzeitig billiger sein als aus europäischer Herkunft. Allein die Europäische Union und ihr beinhartes System zum Schutz der europäischen Nahrungsmittelindustrie und der Landwirtschaft sind verantwortlich dafür, dass die Produkte der Dritten

125

EU: Milliardengrab und Sicherheitsrisiko

Welt uns nicht erreichen können – und wir mehr zahlen müssen.

Das ist unverständlich? Schon das gewöhnliche Vokabular aus der Welt der höheren Politik ist für einen normalen Bürger nicht in seine Alltagswelt zu übersetzen. Strukturfonds, Absatzhilfen, Exporterstattungen, Marktordnung, Gemeinsame Agrarpolitik: Die Europäische Union kommt uns Verbrauchern wie ein Moloch vor, in dessen Zentrum eine Spinne sitzt, die Brüssel heißt. Dort wird gedealt, tariert, lobbyiert und gedroht – vor allem seitens der Bauernlobby. Die nämlich verkündet, komme man ihren Subventionswünschen nicht nach, öffentlich zu lärmen und nötigenfalls mit militanten Aktionen auf die Durchsetzung ihrer Interessen zu pochen. Landwirte auf ihren Traktoren, die protestierend in die Innenstädte rollen: Ein Gräuel für Politiker, die sich sofort als Zerstörer ländlicher Idylle und unser aller Lebensmittelversorgung angeprangert sehen.

Noch komplizierter wird es, wenn Kürzel hinzukommen, beispielsweise WTO oder Chiffren wie Doha-Runde, wenn Worte fallen wie Cancun oder Uruguay. Doha, Cancun, Uruguay: Orte auf der arabischen Halbinsel, an Mexikos Golfküste oder der Name eines lateinamerikanischen Staates zwischen Argentinien und Brasilien. Nur Experten können den Wortschatz der Verhandlungen entziffern und verstehen. Wir registrieren allenfalls am Rande, in den Nachrichten, dass Menschen in den ärmeren Regionen der Welt gegen ihre Benachteiligung demonstrieren wie 2004 im mexikanischen Cancun. Damals ging es bei einer Konferenz der Welthandelsorganisation (WTO) um Subventionen, um Fördergelder, mit denen unter anderem die Europäische Union ihre Landwirte und Nahrungsmittelindustrien vor dem Wettbewerb mit der Dritten Welt schützt.

126

In der Dritten Welt hat Europa einen guten Klang, ein Kontinent, der seine Hungersnöte in den letzten Jahrzehnten des vorigen Jahrhunderts weitgehend besiegt hat. Auf dem Weltmarkt für Nahrungsmittel jedoch, besitzt die Europäische Union einen Ruf als eisenharter Lobbyist in eigener Sache, und zwar gegen die Gebote des freien Welthandels. Mehr noch: Diese Staatengemeinschaft, die in Verhandlungen als eine gemeinsame Marktmacht auftritt, weil sie eben durch den gemeinsamen Markt auch eine ist, sichert nicht allein die Interessen ihrer Landwirtschaft und ihrer Nahrungsindustrie, sondern zerstört jene der Dritten Welt – und schafft damit Armut.

Die verhängnisvolle Entwicklung nahm ihren Anfang 1957. Mit dem Vertrag von Rom beschloss die neu gegründete Europäische Wirtschaftsgemeinschaft, der Vorläufer der heutigen Europäischen Union, die gemeinsame Agrarpolitik. Ziel dieser Politik war es, die Produktivität der Landwirtschaft zu steigern, die Lebensverhältnisse der Menschen in der Landwirtschaft zu verbessern. Und vor allem eine ausreichende Versorgung mit Lebensmitteln sicherzustellen. Menschen, die Hunger leiden, das sollte in Europa ein für alle Mal der Vergangenheit angehören. Ein Ziel, das Beifall fand, denn in Europa erinnerte man sich noch gut an die Hungerzeiten im und in der Folge des Zweiten Weltkriegs. Die Landwirtschaft, überwiegend auf dem technischen Niveau des 19. Jahrhunderts, musste und sollte gefördert werden.

Den Kern der gemeinsamen Agrarpolitik bildeten und bilden die Subventionen. Wer über Landwirtschaft in Europa spricht, spricht über Subventionen, weniger über gutes Fleisch, frisches Obst und Gemüse: Die Subventionen halfen zunächst auch sehr effektiv, die landwirtschaftliche Produktion anzukurbeln. Dann jedoch machte der gemeinsame Markt mit grellen Worten wie »Butterberg« und »Milchsee« von sich reden: Die Finanzhilfen führten geradewegs in die Überproduktion – weil

EU: Milliardengrab und Sicherheitsrisiko

die Subventionen an die Höhe der Produktion gekoppelt waren. Im Klartext: Je mehr hergestellt wurde, desto mehr Geld floss den Bauern und ihren Betrieben zu. Aus den Kassen der Europäischen Gemeinschaft und der Mitgliedsstaaten strömten wie in einem nie versiegenden Strom Gelder für die Landwirte. So wurden diese motiviert, noch mehr Kartoffeln, noch mehr Milch und noch mehr Zucker und Fleisch zu produzieren – immer mehr und immer schneller, mit immer weniger Arbeitskräften und immer besserer Technologie. Garantiert wurde ihnen, dass ihre Produkte auch abgenommen werden. Wichtig war dem einzelnen Agrarbetrieb nicht mehr, was am Markt ankommt, was gängig ist, was sich verkaufen lässt, was sich lohnt anzubauen, sondern die schiere, gut und garantiert bezahlte Masse. Bis heute besteht dieses System im Wesentlichen fort, auch wenn die Europäische Union 2005 beschlossen hat, das Fördersystem in einer langen Übergangsfrist auf Subventionen, die an die Fläche und nicht mehr an die Menge gebunden sind, umzustellen.

Der europäische Landwirt, konfrontiert mit einem Wust aus Gesetzen, Verordnungen und Vorschriften, produziert die Güter, für die es das meiste Geld gibt. Der Markt, wir Verbraucher, kommen bisher in dieser Kalkulation nicht vor. Und schon gar nicht der Verbraucher oder der Bauer in der Dritten Welt. Denn unabhängig von klimatischen oder sonstigen Bedingungen: Alles wurde und wird noch gefördert. Auch Irrsinniges, wie der Anbau von Bananen, der sehr viel Wasser benötigt, auf den trockenen kanarischen Inseln.

Profitieren konnten von diesem System vor allem die Großbetriebe, die mit dem idyllischen Bild vom feinen, gepflegten Bauernhof gar nichts mehr zu tun hatten. Im Gegenteil, die durch die Subventionen forcierte Industrialisierung der Landwirtschaft führte zu einer dramatischen Vernichtung von Ar-

128

beitsplätzen. »Bauernsterben« ist der Begriff für diese Entwicklung. Über eine halbe Million landwirtschaftliche Betriebe allein in Deutschland mussten seit den sechziger Jahren aufgeben, gleichbedeutend mit dem Verlust von rund 2,5 Millionen Arbeitsplätzen. Eine Entwicklung mit spezieller Pointe: Andere Industrien schrumpfen, weil sie aufgrund ihrer Produktionskosten – einschließlich der Löhne – nicht mit den Erzeugnissen aus anderen Teilen der Welt konkurrieren können. So werden heute zum Beispiel Textilien oder Schuhe in Asien weitaus preisgünstiger produziert. Doch der europäische Agrarmarkt führte sogar ohne internationale Konkurrenz zum Bauernsterben. Der kleine Bauer auf seinem nur wenige Hektar großen Hof hatte keine Chance gegen die großen Agrarbetriebe, die immer mehr und immer billiger produzierten. Gemästet mit den Subventionen aus Brüssel ließen sie den Familienbetrieben keine Luft zum Leben.

Die EU-Agrarsubventionen haben mittlerweile eine groteske Größenordnung erreicht. Jede Kuh in der Europäischen Union wird mit zwei US-Dollar pro Tag subventioniert. Das hat die Welthandelsorganisation WTO berechnet. Zwei Dollar – täglich! Das ist mehr, als die meisten Menschen in Afrika oder Asien pro Tag zum Leben haben. Alle Industrieländer zusammen lassen sich den Schutz ihrer Landwirtschaft jährlich rund 350 Milliarden Dollar kosten, und das gegen jede marktwirtschaftliche Vernunft. In der Summe ist das mehr, als die 50 ärmsten Länder der Welt zusammen als Bruttosozialprodukt erwirtschaften. Oder anders ausgedrückt: Es entspricht der vierfachen Summe, die weltweit jedes Jahr als Entwicklungshilfe für die Dritte Welt bereitgestellt wird. Tag für Tag erleiden wir Bürger in den Industrieländern einen volkswirtschaftlichen Verlust von knapp einer Milliarde Dollar. Mit durchweg negativen Auswirkungen für die gesamte Welt!

Wir Verbraucher, so wird uns weisgemacht, profitierten von

EU: Milliardengrab und Sicherheitsrisiko

diesem System. Eine Lüge, eine bequeme Unwahrheit, weil nicht sein kann, was nicht sein darf. Denn in Wirklichkeit verhält es sich umgekehrt: Die Europäische Union schützt ihre Bauern – und nicht uns, die Verbraucher. Im Gegenteil, das System der Subventionen macht unsere Nahrung teurer. Jeden europäischen Verbraucherhaushalt kostet dieses System 1000 Euro im Jahr. Wer also in einem Supermarkt etwa 100 Mal im Jahr einkauft, muss sich immer zehn Euro dazu denken, die er an der Ladenkasse vorbei anderweitig zahlt. Ein versteckter Zwangsbeitrag für einen ökonomischen Irrsinn, der durch keine marktwirtschaftliche Vernunft begründbar ist.

Die Zuckerrübe ist eines von vielen Beispielen, um dieses verrückte System zu erklären. Zucker wird in Europa überwiegend gewonnen, indem Zuckerrüben raffiniert werden. Die Nahrungsmittelindustrie ist zwingend von diesem Rohstoff abhängig – Saft, Süßigkeiten, Milchprodukte, Limonaden, Schokoladen und Gebäck brauchen ihn. Wenn beispielsweise ein europäischer Süßigkeitenhersteller Zucker einkaufen will, sollte er dies auf dem Weltmarkt tun können. Doch das darf er nicht. Der preisgünstigere Zucker aus der Dritten Welt wird durch das europäische Zuckerkartell vom europäischen Markt ferngehalten. Kein Zutritt für den viel billigeren Rohrzucker aus den Ländern in Afrika, Lateinamerika und Asien. Der EU-Zucker ist dagegen nur zu Preisen zu haben, die weit über denen des Weltmarktes liegen. Abgeschottet vor internationaler Konkurrenz, kann das Kartell der Zuckerindustrie die Preise, die es den Rübenbauern zahlt, hoch halten. Sie liegen mit 48 Euro pro Tonne weit über dem Weltmarktpreis von 12 bis 18 Euro. Europas Rübenanbauer dürfen darauf vertrauen, dass sie ihre Produkte zu Luxuspreisen verkaufen können. Die gemeinsame Marktordnung für Zucker schützt sie. Die entsprechende Verordnung trägt die Nummer 1260/2001 und wird von der Zuckerlobby verteidigt wie ein Gral.

EU: Milliardengrab und Sicherheitsrisiko

270 000 Rübenbauern in der EU, vier Prozent aller Landwirte, profitieren von dieser Verordnung, ebenso wie die Zuckerhersteller, allen voran der größte, die deutsche Südzucker AG. Der Europäische Rechnungshof schrieb in einem Bericht aus dem Jahre 2001, dass das Zuckerkartell, das die Zuckerbauern und -betriebe aufrecht erhalte, die europäischen Verbraucher ärmer mache und könne je nach Höhe der Weltmarktpreise Kosten von bis zu sechs Milliarden Euro verursachen. Im Jahre 2006 kostete die Zuckermarktordnung die europäischen Verbraucher immerhin rund 1,3 Milliarden Euro.

Immerhin sind die hohen Garantiepreise für die europäischen Rübenbauern vor die Schlichtungsstelle der Welthandelsorganisation WTO gebracht worden. Eine Beschwerde Brasiliens, das sich als größter Zuckerhersteller der Südhalbkugel international benachteiligt sah, führte 2005 zur Reform der Zuckermarktordnung. Europas Zuckerproduzenten werfen nämlich – finanziert durch Exporterstattungen aus Steuergeldern – die durch die hohen Garantiepreise geförderte Überproduktion auf den Weltmarkt. Das drückt die Weltmarktpreise, und darunter leidet Brasiliens Zuckerindustrie naturgemäß. Die in der EU gezahlten Garantiepreise für Zucker müssen nun bis 2019 um ein Drittel gesenkt werden. 2019! Solange lässt sich die EU sogar mit erzwungenen Zugeständnissen Zeit. Das Kalkül dahinter: Man hofft, dass bis dahin der Weltmarktpreis für Zucker steigt – und zwar möglichst auf europäisches Niveau. Der europäische Zuckermarkt ist immer noch ein wahres Paradies für Landwirte und Zuckerhersteller. Jedoch nicht für Verbraucher und nicht für Menschen in der Dritten Welt! Zuckerexportländer wie Brasilien leiden unter dem europäischen Zucker, der den Weltmarkt überschwemmt. Rohrzucker aus Afrika und Lateinamerika hat keine Chance gegen die europäische Zuckerrübe.

Die Preissenkung wird die Menge subventionierten europäischen Rübenzuckers auf dem Weltmarkt etwas verringern. Denn wenn die Rübenbauer weniger für ihren Zucker bekommen, geht die Produktion zurück. Doch an den Auswirkungen des europäischen Fördersystems wird dies wenig ändern. Der Preis für Zucker in der EU ist auch nach der Kürzung immer noch doppelt so hoch wie der Weltmarktpreis. Afrika, Asien und die Zuckerhersteller aus Lateinamerika haben nach wie vor keinen Zutritt zum europäischen Markt. Und dass das Zuckerkartell Preissenkungen an die Verbraucher weitergeben wird, ist ein frommer Wunsch. Landwirtschaftsminister Horst Seehofer, der ja eigentlich auch Verbraucherminister ist, hat sich erfolgreich gegen jede weitere Kürzung des EU-Garantiepreises zur Wehr gesetzt.

Die europäische Milchpolitik steht der Zuckerpolitik in ihren negativen Auswirkungen in nichts nach: Steuergelder werden verschwendet, Verbraucher geplündert und die Volkswirtschaft der Dritten Welt geschädigt. Auf der Karibikinsel Jamaika gab es einstmals eine florierende Milchwirtschaft. Damit ist es heute vorbei. Der Grund ist einfach benannt: In jedem jamaikanischen Lädchen stapelt sich Trockenmilch aus Europa, mit deren Preis die einheimische Landwirtschaft nicht mithalten kann. Diese EU-Milch ist so billig, weil die europäischen Steuerzahler jedes Glas Milch subventionieren. Auch im Kongo oder in westafrikanischen Ländern ist in den kleinen Läden Milch aus lokaler Produktion verschwunden. Ungefährdet von jeder Konkurrenz dominiert die Trockenmilch »Nido« von Nestlé den lokalen Milchmarkt. So kommt es, dass die EU mit Hilfe der aus Steuermitteln gezahlten Subventionen weltweit der größte Anbieter von Trockenmilch geworden ist.

Mit der einen Hand wird gegeben, mit der anderen genommen. Die EU und deren Mitgliedsstaaten fördern mit Entwicklungshilfegeldern die Landwirtschaft Afrikas. Gleichzeitig machen

EU: Milliardengrab und Sicherheitsrisiko

sie aber dort mit ihrer Handelspolitik die kleinbäuerliche Landwirtschaft kaputt. Sie entzieht den Menschen die Grundlage
für den Aufbau einer eigenen Existenz. Die Landwirte in Afrika
oder in der Karibik könnten alle von ihrer Hände Arbeit leben,
sie könnten sich und ihre Familien mit dem Anbau von Mais,
Soja oder Tomaten, mit dem Fischfang oder der Milchwirtschaft ernähren – wenn, ja wenn sie es nicht mit übermächtigen
Konkurrenten zu tun hätten, die ihre Märkte mit subventionierten Billigprodukten überschwemmten. Niemand muss sich
dann mehr über die Hungerflüchtlinge wundern, die Tag für
Tag versuchen, zum Beispiel von Afrika nach Europa zu gelangen.

Auch in dem zentralafrikanischen Staat Burkina Faso, einem
Land, das zu den ärmsten der Welt gezählt wird, produziert die
EU Hungerflüchtlinge, weil sie ihren Milchsee etwas absenken
will. Beispiel: Wenn Exporteure aus der EU einen 25-Kilo-
gramm-Sack Milchpulver verkaufen wollen, kostet dieser nach
den Marktpreisen seines Herkunftsmarktes 78 Euro oder umgerechnet knapp 44 Cent pro Liter Milch. In diese Summe sind
Herstellungskosten, Löhne, Handelsmargen und Transport-
kosten eingerechnet. Diese Milch wäre in Burkina Faso viel zu
teuer – die meisten Einwohner verdienen nicht einmal einen
Euro pro Tag. Erst durch die Exportsubventionen der EU kann
dieses europäische Produkt auch für den Markt von Burkina
Faso wettbewerbsfähig werden. Mit Hilfe der Brüsseler Fördergelder kostet dann plötzlich ein Liter Milch nur noch 30 Cent.
Das ist etwa noch die Hälfte jenes Preises, den ein Liter Milch
in Europa in einem Supermarkt kostet. Der 25-Kilogramm-
Sack Trockenmilch kann also unter diesen Bedingungen verkauft werden. Die verheerende Folge: Verdient hat der Expor-
teur, möglicherweise noch ein Importeur in dem afrikanischen
Land, bezahlt hat die EU, also wir, die Steuerzahler. Aber diese
Geldverschwendung ist nichts gegen die Existenzvernichtung

von Milchbauern in diesem Teil der Erde, die keine Chance gegen dieses Dumping haben. Wir brauchen uns in der Tat über die Not in Afrika nicht zu entsetzen, denn die Europäische Union ist es, die den Menschen ihre Lebensgrundlage raubt. Europa ist es, der gelobte Flecken Erde, in dem die Landwirte sogar fürs Nichtstun bezahlt werden.

Wenn Europas Landwirte auf die Straße gehen, weil der Milchpreis für sie zu niedrig ist, um einen angemessenen Verdienst zu erzielen, ist ihnen die Sympathie der Öffentlichkeit, der Verbraucher gewiss. Beschworen wird dann ihr Beitrag zur Erhaltung der Kulturlandschaft, ihr Beitrag für eine gesunde Ernährung. Die Realität ist anders. Europas Milch produziert Armut, nicht in Europa, sondern dort, wo die Menschen ohnehin schon arm sind. Verschwiegen wird in der wohlfeilen Empörung über die niedrigen Preise für Europas Milchbauern, dass Europa einfach zu viel Milch produziert. Und dass höhere Preise noch mehr Milch zur Folge hätten. Was würden Europas Regierungen eigentlich sagen, wenn Länder des Südens – angenommen sie hätten das Geld – uns zwingen würden, so wie wir die Entwicklungsländer zwingen, unsere Märkte zu öffnen und unsere Landwirte mit derart runtersubventionierten Preisen von ihren Höfen vertreiben würden? Die Bedeutung der Europäischen Union lässt sich so auf den Punkt bringen: Eine auf Kosten von uns Steuerzahlern hochgehaltene Massenproduktion, die nur deshalb noch existiert, weil sie sich nicht dem Weltmarkt aussetzen muss. Eine Massenproduktion, die nicht nur die europäischen Verbraucher durch hohe Preise und hohe Subventionen, bezahlt durch Steuergelder, schädigt, sondern eine, die den Ländern der Dritten Welt enorme Nachteile bringt. Nicht nur, dass die Produkte der Dritten Welt, wie Zucker, an den Außenhandelsschranken der EU zurückprallen und den Entwicklungsländern die Möglichkeit verwehren, die für sie so notwendigen Devisen zu verdienen. Nein, die durch

EU: Milliardengrab und Sicherheitsrisiko

Subventionen künstlich verbilligten Agrarprodukte der EU überschwemmen auch die lokalen Märkte der Dritten Welt. In Scharen verlassen Bauern die Felder im Hinterland, weil ihre Waren gegen die Billigprodukte aus den Industrieländern nicht mehr konkurrieren können. Auf den Märkten von Dakar, der Hauptstadt Senegals, stapeln sich Zwiebeln aus Holland, Milchpulver aus Frankreich, Tomatenmark aus Italien, Hühnerbeine aus der EU. So billig, dass die senegalesischen Kleinbauern mit ihren Hacken und Pflügen nichts zu bestellen haben.

Die absurdeste – aber im Sinne des Systems durchaus logische – Form der Subventionen sind die so genannten Exporterstattungen. Sie werden hauptsächlich für Milch, Rindfleisch und Zucker bezahlt, sind aber ein zentrales Element für die Aufrechterhaltung des gesamten Irrsinns. Sie stellen nämlich die Nahrungsmittelindustrie in Europa ruhig, die diese Rohstoffe exportiert und verarbeitet, so zum Beispiel Hersteller von Süßigkeiten, die Milch und Zucker verwenden. Die Exporterstattungen entschädigen diese Unternehmen dafür, dass sie in Europa teuren Zucker, teure Milch, teures Rindfleisch einkaufen müssen und sich nicht auf dem preiswerteren Weltmarkt bedienen können. Die Entschädigung besteht darin, dass die Unternehmen, um wettbewerbsfähig für den Export zu sein, diese Mehrkosten für die Rohstoffe ersetzt bekommen. Verkauft Nestlé eine in der EU hergestellte Tafel Schokolade außerhalb der EU, erhält der Konzern die Mehrkosten für die in der Schokolade verarbeitete Milch und Zucker erstattet – und so ist diese außerhalb der EU konkurrenzfähig. Allein Nestlé hat in Europa bisher weit über eine Viertelmilliarde Euro an Subventionen, das heißt derartiger Exporterstattungen, erhalten. Francois Xavier Perrout, Kommunikationsdirektor des in Genf ansässigen Nahrungsmittelmultis, erklärt unumwunden: »Wir

135

EU: Milliardengrab und Sicherheitsrisiko

kriegen Geld von der EU, damit wir auch weiterhin europäische Milch, europäischen Zucker kaufen können. Diese beiden Produkte sind auf dem Weltmarkt entschieden billiger. Und wenn die europäischen Bauern den Verarbeitern, die wir sind, die Produkte weiter verkaufen wollen, dann muss jemand dafür sorgen, dass wir einen Rohstoff einkaufen können, der auf irgendeine Art verbilligt wird. Wenn es diese Subventionen nicht gäbe, dann müsste sich Nestlé auf Rohstoffe beschränken, die anderswo produziert werden. Wir können Milch in Neuseeland, in Australien kaufen, dort haben wir nämlich auch Fabriken, und uns ausschließlich darauf beschränken, diese Produkte auf den Weltmarkt zu bringen. Es gibt keinen Grund, warum wir die europäischen Bauern, die in einer schwierigen Situation sind, bevorteilen sollten, nur weil es europäische Bauern sind. Wir sind nicht ein Unternehmen, das humanitäre Zielsetzungen vertritt, nur solche, die geschäftlich orientiert sind.« Das mag herzlos klingen, ist aber betriebswirtschaftlich in jeder Hinsicht sinnvoll: Warum sollte Nestlé Rohstoffe teuer einkaufen, wenn es sie anderswo billiger gibt? Ein Betrieb muss auf die Kosten achten und ist kein wohltätiges Projekt. Nestlé rechnet mit spitzem Bleistift wie jedes Unternehmen. Und misst die europäische Agrarwirtschaft mit der gleichen Elle wie alle anderen Anbieter von Nahrungsrohstoffen auf dem Weltmarkt. Die Furcht der Europäischen Union ist ebenso zwingend: dass Nestlé wie andere Nahrungsmittelmultis die Produktion ins außereuropäische Ausland verlagert. Profiteure dieser Angst sind die Landwirte.

Die Exporterstattungen der EU für ihre Landwirte und Nahrungsmittelbetriebe sind der Sündenfall schlechthin. Sie stehen im Mittelpunkt der Kritik der armen Länder – mit Recht. Dass die EU und andere Industrieländer sie immer noch aufrechterhalten, obwohl sie auch gegen die Regeln der Welthandelsorganisation WTO verstoßen, ist ein Ergebnis ihrer Macht.

136

EU: Milliardengrab und Sicherheitsrisiko

Ihrer Macht auf dem Weltmarkt. Und diese Macht ist gnadenlos und zutiefst ungerecht.

Das wissen Europa und die anderen Industrieländer auch. Deshalb versprechen sie immer wieder, diese Subventionen zu stoppen. Zuletzt 2005 in Hongkong haben sie das Ende für 2013 angekündigt. Doch die Welthandelsgespräche zwischen der Nordhalbkugel und der Südhalbkugel ist eine Geschichte der gebrochenen Versprechungen seitens der Nordhalbkugel! Die EU und die anderen Industrieländer behaupten zwar gerne noblen Willen, wenn es auf Konferenzen der Welthandelsorganisation WTO um eine marktwirtschaftlich besser austarierte Ökonomie in der Welt geht. Doch ist vor Illusionen zu warnen: Zwar würde das Ende der Exporterstattungen, die an den Export bestimmter Agrarprodukte wie Milch und Zucker gebunden sind, das Angebot dieser Produkte auf dem Weltmarkt verringern, damit zu höheren Preisen führen und in der Folge würden sich die Chancen für Anbieter aus dem Süden verbessern, im Welthandel mitzuspielen. Doch würde auch eine Abschaffung der Exporterstattungen nichts grundlegend an der Tatsache ändern, dass die anderweitigen Subventionen Europas Bauern ungerechte Kostenvorteile verschaffen und so ihre Produkte, selbst Gemüse, konkurrenzlos in Afrikas Märkten anbieten können.

Die WTO hat zum Ziel, Handelshemmnisse zu beseitigen. Alle wichtigen Länder sind in dieser Organisation repräsentiert, auch jene, die unter der Politik der reichen Regionen wie die der EU leiden. Die armen Länder wollen selbstverständlich, dass die Reichen nicht nur in die Märkte der Armen exportieren, sondern sie selbst in die reichen Länder Waren ausführen können. Das wäre das Ideal. Dies zu realisieren trüge dazu bei, die Landwirtschaft und möglicherweise sogar die Nahrungsmittelindustrie dort zu entwickeln. Es böte den unterentwickelten Ländern eine Zukunftschance. Eine Chance, die nicht auf

Bettelei fußt oder auf Entwicklungshilfen angewiesen ist, sondern die im Zugang zu den Märkten der reichen Industrieländer besteht. Doch die Marktwirtschaft, obwohl von ihren Verfechtern, den Industrieländern, täglich beschworen, ist kein Markt aus dem Lehrbuch. Es dominieren die, die Macht haben. Auch die Europäische Union agiert nicht so, als ob sie an einem freien Weltmarkt wirklich Interesse hätte. Sie schottet ihre Märkte ab wie die anderen Industrieländer auch. Und fordert gleichzeitig, die Entwicklungsländer möchten doch bitte ihre Märkte für die Industrieprodukte des Nordens öffnen. Nach der Devise: Kauft unsere Autos, euren Zucker brauchen wir nicht!

Darin ist die Europäische Union besonders hartnäckig. Eine ökonomische wie politische Allianz, die mit ihrer Subventionspolitik Tag für Tag einen stillen Wirtschaftskrieg gegen die armen Länder entfacht. Subventionen sind diejenigen Waffen der Industrieländer, über die arme Länder schlicht und einfach nicht verfügen. Ihnen fehlt das Geld, um ihrerseits Güter subventionieren zu können. Die Verhandlungsführer der EU jedenfalls erklärten bei der letzten Handelsrunde in Hongkong ungerührt, keine weiteren Zugeständnisse mehr machen zu können: Man sei den armen, hungrigen Ländern ausreichend entgegengekommen. Stellvertretend für alle Staaten der Europäischen Union formulierte Horst Seehofer Ende 2005: »Ich erwarte von unseren Verhandlungspartnern, dass sie sich im Agrarbereich zu ähnlich spürbaren Reformen verpflichten, wie es die EU hinter sich gebracht hat.« Eine aberwitzige Haltung der Arroganz. Der indische Wirtschaftsminister Kamal Nath kommentierte zutreffend: »Die Industrieländer bauen etwas ab, was sie nie einführen durften. Für den Verzicht auf etwas, was nicht legitim war, wollen sie bezahlt werden. Das akzeptieren wir nicht.« Tatsächlich haben die Industrieländer, auch die EU, trotz aller Versprechungen in den letzten Jahren ihre Subventio-

EU: Milliardengrab und Sicherheitsrisiko

nen an die heimische Landwirtschaft nicht gekürzt. Und das Gros der Gelder subventioniert nach wie vor die Produkte, mit denen die Dritte Welt konkurrieren könnte, wie Rindfleisch, Milch, Weizen und Zucker. Auch die rot-grüne Bundesregierung unter Gerhard Schröder in den Jahren 1998 bis 2005 war der Dritten Welt keine besondere Hilfe, aller entwicklungspolitisch positiven Rhetorik zum Trotz. Sie unterstützte die verwerfliche Handelspolitik der EU ebenso wie alle ihre Vorgängerregierungen. Und wie auch die gegenwärtige Große Koalition unter Angela Merkel. Mindestens so kritikwürdig wie das fatale Subventionssystem ist die mangelnde Transparenz darüber, wer eigentlich genau davon profitiert. Wir steuerzahlenden Verbraucher in Deutschland dürfen nicht wissen, wer eigentlich auf welcher Grundlage die von uns bezahlten EU-Fördergelder – und in welcher Höhe bekommt. Nur so würde transparent, dass der europäische Steuerzahler ein System am Leben hält, ohne dass er es auch bei den Nahrungsmitteln billiger hätte. Dänemark und Großbritannien sind mittlerweile weiter. 2005 gab es in Dänemark 117 verschiedene Fördermöglichkeiten mit einem Umfang von 1,3 Milliarden Euro. Profiteure waren Molkereikonzerne wie die dänische Firma Arla, aber auch einer der größten Schlachtbetriebe Europas, Danish Crown, bekannt durch Frühstücksspeck. Auch in Deutschland – so geht es aus den vertraulichen Statistiken hervor – sind es vor allem die Großen, die aus EU-Subventionen ihren Nektar ziehen. Nestlé, Südzucker, Unilever, aber auch die Raiffeisen-Genossenschaften, die heute wie Konzerne arbeiten: Südmilch, Nordmilch und Nordfleisch beispielsweise. Nach Angaben der britischen Nichtregierungsorganisation Oxfam, die sich für Belange der Dritten Welt einsetzt, gehören auch Firmen wie der Fleischkonzern Vion Trading GmbH und der Chemiekonzern Bayer Material Science AG dazu. Keine kleinen Fische im Agroteich Europas. Erst gegen 2010 soll es offiziell möglich sein, in

Deutschland Informationen über die Nutznießer des Subventionsregens aus Brüsseler Quellen zu erhalten.

Das absurde EU-Agrarsystem entwickelt starke Beharrungskräfte. Weitgehend unbehelligt von öffentlicher Kontrolle kann es seinen Schaden anrichten – europaweit, weltweit. So genannte Reformen haben bisher wenig Grundsätzliches bewirkt. Zu befürchten ist das auch von der EU-Agrarreform 2005. Bekamen Landwirte bisher Subventionen gemessen an der Höhe der Produktion, sollen sich in Zukunft die Subventionen an der Größe der Betriebsfläche orientieren. Doch die Flächensubventionen sind nicht an besonders anspruchsvolle Auflagen gekoppelt, im Wesentlichen an die, die ohnehin bereits gesetzlich vorgeschrieben sind, und bevorzugen Betriebe, die größere Flächen bewirtschaften. Um die Überproduktion zu drosseln, erhalten Landwirte auch dann Geld, wenn sie praktisch nichts tun. Dies ist irrsinnigerweise schon ein Fortschritt, weil dann kein Schaden angerichtet wird, z. B. für die Umwelt oder für die Entwicklungsländer. Diese »Reform«, die mit langen Übergangsfristen bis zum Jahr 2012 umgesetzt werden soll, bedeutet nur einen kleinen Fortschritt. Sie hilft, die Überproduktion an Zucker, Fleisch, Milch, Getreide, Gemüse und Obst zu dämpfen. Zudem besteht ein größerer Anreiz für die Landwirte, mehr nach dem Bedarf der Kunden und nicht mehr nur schiere Masse zu produzieren. Aber die hohen Subventionen der Landwirtschaft an sich bleiben unangetastet. Und damit auch die Benachteiligung der Dritten Welt und die Schröpfung der europäischen Verbraucher. Nach wie vor können europäische Landwirte konkurrenzlos billig produzieren und sogar Kartoffeln in Afrika konkurrenzfähig anbieten. Dass die WTO gegen diese, an die Flächen gebundenen Subventionen einschreitet, braucht die EU-Agrarlobby nicht zu befürchten. Nach den Regeln der WTO gelten diese – im Gegensatz zu

EU: Milliardengrab und Sicherheitsrisiko

denen, die sich an der Höhe der Produktion orientieren – als nicht »handelsverzerrend«.

Die EU-Subventionen für die Landwirtschaft sind »Not für die Welt« statt »Brot für die Welt«. Es gibt keine guten Argumente für sie, wenn auch die Agrarlobby gerne diesen Irrsinn damit rechtfertigt, dass die europäische Landwirtschaft wichtig für den Natur- und Umweltschutz sei und wesentlich umweltschonender als die ausländische Konkurrenz produziere. Erstaunlich an dieser Verteidigung ist nicht nur, dass sie sich auf falsche Tatsachenbehauptungen bezieht. Erstaunlich ist auch, dass der Agrarlobby diese außerordentlich erfolgreiche Klientelpropaganda in der Öffentlichkeit noch abgenommen wird.

Die deutsche und europäische Landwirtschaft, die sich im weit verbreiteten Bewusstsein der Bevölkerung keineswegs als Abgreifmaschine für Fördermittel verstanden wissen möchte, besteht nicht in einer Wirtschaftsweise, die die Umwelt schont, sondern in einer, die sie in hohem Maße schädigt. Das Gutachten des von der Bundesregierung beauftragten Sachverständigenrates für Umweltfragen (SRU) aus dem Jahre 2004 bilanziert bezogen auf die konventionelle Landwirtschaft: »Die Landwirtschaft bleibt insgesamt einer der wichtigsten Verursacher von Belastungen der Ökosysteme und der Reduzierung der Biodiversität, für Beeinträchtigungen der natürlichen Bodenfunktionen, für Belastungen von Grund- und Oberflächengewässern und in der Folge von Nord- und Ostsee sowie für Verminderungen der Hochwasserrückhaltekapazität der Landschaft.« Es ist hierbei nicht die Rede von den Familienbetrieben, die wertvolle Kulturlandschaften erhalten, von Almwirtschaften in Oberbayern und im Schwarzwald, von Heckenlandwirtschaften und Salzwiesen in Norddeutschland. Diese Höfe machen einen verschwindend geringen Anteil an der Agrarproduktion aus. Für das Gros der landwirtschaftlichen Betriebe gilt jedoch: Die

141

Landwirtschaft als umweltpflegerische und ökoschützende Ökonomie par excellence ist nichts als ein Märchen. Im gleichen Gutachten heißt es:»Nicht unerheblich ist auch der Anteil der Landwirtschaft an der Erzeugung klimarelevanter Gase (Methan, Lachgas, Ammoniak als indirekt klimaschädliches Gas). Die Notwendigkeit einer Reduzierung der allgemeinen Umweltbelastungen durch die Landwirtschaft ist daher offenkundig.« Wer einmal durch den emsländischen und ostfriesischen Teil der Bundesrepublik fuhr, wer der öden Felder gewahr wurde, die auf der Fahrt von Bremen nach Osnabrück zu sehen sind, wird dieser Expertise schon dem Augenschein nach zustimmen: Flächen, die nur der grünen Pflanzenfarben wegen sommers gesund aussehen, es aber nicht sind wegen der eingesetzten Pestizide und der Gülle.

Ein Abbau der Subventionen, eine Liberalisierung der Landwirtschaft in der Europäischen Union würde keineswegs zu einer Verödung der Landschaften beitragen, wie oftmals befürchtet wird: Gäbe es weniger Zuckerrüben oder Weizenfelder oder weniger Rinderzuchtbetriebe, wäre dies auch der Umwelt zuträglich. In dem Umweltgutachten steht zu lesen:»Produktionsrückgänge im Zuckerrübenanbau werden unter Umweltgesichtspunkten voraussichtlich überwiegend positive ökologische Folgewirkungen mit sich bringen, da die Zuckerrübe als Nitratrisikofrucht gilt.« Fachleute nennen sie auch treffend »Nitratbomben«. Und weiter:»Eine Liberalisierung der europäischen Agrarmärkte« – das ist zu übersetzen mit einen weitgehenden Verzicht auf Fördermittel –»muss nicht notwendigerweise zu einer weiteren Verschlechterung der Umweltbilanz der Landwirtschaft führen. Voraussichtlich werden sogar Entlastungseffekte wie die Verminderung des sektoralen Stickstoffüberschusses eintreten«. Das Umweltgutachten aus dem Jahre 2004 enthält eine nüchterne und zutreffende Analyse: Felder und Wiesen, die sich selbst überlassen bleiben und nicht mit

EU: Milliardengrab und Sicherheitsrisiko

Pflanzenschutzmitteln, Pestiziden und Düngemitteln zur Steigerung der landwirtschaftlichen Produktion übergossen werden, verbesserten auch die europäische Umweltbilanz.

Landwirtschaft im konventionellen Bereich, so wie sie die Lobbyorganisationen verstehen, ist eine rein wirtschaftliche und meist umweltverschleißende Angelegenheit – und keine karitative Fron, die nur zufällig Geld abwirft und der Pflege von Forsten und Weiden dient. Dieses Bild aber wird gern von den Bauernlobbys gehegt als eine fromme Lüge, eine romantisierende Sicht, die von nostalgischen Bildern lebt, von fröhlich gackernden Hühnern, zufrieden muhenden Kühen und gülden wogenden Weizenfeldern. Doch in Wirklichkeit ist die Landwirtschaft genauso den marktwirtschaftlichen Spielregeln zu unterwerfen wie jede andere Teilökonomie auch: Warum sollte eine derartige Landwirtschaft mehr Subventionen erhalten als die Spielzeugindustrie oder das Mediengewerbe?

In allen anderen Wirtschaftsbranchen gilt das Verursacherprinzip: den Müll, den ein Betrieb produziert, muss er auch selbst kostenpflichtig entsorgen. Die Landwirtschaft und die Nahrungsmittelindustrie können hingegen das Grundwasser mit Nitraten oder Pestiziden belasten, ohne dass es Folgen für sie hätte. Die Kosten für Aufreinigung des Grund- und Trinkwassers aber trägt die Allgemeinheit. Unsere hohen Wasserrechnungen sind auch diesen Umständen geschuldet, der Schaum an den Nordseestränden ist keine Laune der Algen, sondern meist menschen-, besser: landwirtschaftsgemacht. Und zusätzlich gibt es dafür noch eine Belohnung: die Subventionen.

Es muss endlich ein Ende haben mit diesem ökologischen und ökonomischen Schwachsinn. Weshalb sollen zu Lasten der Grundwasserreservoire auf den Kanarischen Inseln ausgerechnet dort Bananen angebaut werden? Warum muss Südspanien mit Tomatenplantagen zugebaut werden, welche die trockene Landschaft ihrer Grundwasservorräte beraubt? Warum muss vor den Toren Hamburgs eine Apfelmonokultur bewahrt werden, die mit Pestiziden hochgezüchtet nichts als eine Verödung der Landschaft bewirkt hat? Aus welchen Gründen ist hinzunehmen, dass im nordwestlichen Deutschland die Böden zerstört werden – der Schweinemast wegen? Oder wie könnte zu begründen sein, dass beispielsweise die Zuckerrübenplantagen die Landschaft zwischen Hannover und Magdeburg mit Pestizid- und Düngeeinträgen belasten? Weniger EU-Agrarsystem, weniger hochsubventionierte konventionelle Landwirtschaft wäre eine »win-win-win«-Strategie. Verbraucher würden über Importe billigere, teilweise bessere Nahrungsmittel erhalten und hätten auch mehr Geld in der Tasche, weil weniger Subventionen auf ihre Kosten gezahlt würden. Europa wäre seine umweltzerstörende, seine Masse statt Klasse fördernde Agrarwirtschaft los und die ärmsten Länder hätten die Chance, mit ihrer Landwirtschaft auf den Weltmärkten, vor allem auf dem europäischen Markt, Anschluss zu finden. Weniger Hungerflüchtlinge würden an den Toren Europas anklopfen. Würde die Agrarökonomie, Landwirtschaft wie Nahrungsmittelindustrie, so liberalisiert werden, dass auch Produkte aus der Dritten Welt innerhalb der Europäischen Union konkurrenzfähig sind, hieße das doch noch lange nicht, Bauern hierzulande arbeitslos zu machen. Das behauptet nur die Bauernlobby prominent auf jeder Grünen Woche in Berlin, Deutschlands jährlicher Agrar-Verbraucher-Messe, oder bei ihren Verbandstagen, wenn ihre heuchlerische Klage über die schlechte Lage der Landwirte besondere Aufmerksamkeit findet. In der Tat sind heute die meisten der landwirtschaftlichen Betriebe in Deutschland nicht konkurrenzfähig, jedenfalls nicht ohne staatliche Zuschüsse. Dennoch könnten auch europäische Landwirtschaftsbetriebe auf dem Weltmarkt konkurrieren – dem Umweltgutachten zufolge beispielsweise brandenburgische Getreidebetriebe, weil sie im großen Maßstab ebenso Bestand haben würden wie andere Wirtschaftsbereiche, die ohne Subventionen auskommen müssen. Das Argument gegen eine grundlegende Reform unserer Agrarökonomie trägt nicht, weil die Angst vor dem Jobverlust nicht realistisch ist. Auch kleinere Landwirte, die sich spezialisieren und tatsächlich für die differenzierte Nachfrage des Marktes produzieren, wären gegen die Waren der Dritten Welt ohne Subventionen konkurrenzfähig. Mit Produktion von der Stange ist dem fairen Wettbewerb mit der Dritten Welt nichts entgegenzusetzen – aber, um in der Sprache der Mode zu bleiben, mit Haute Couture sicherlich.

Zur Verödung der Landschaft trüge eine schrumpfende Landwirtschaft in Europa und Deutschland jedenfalls nicht bei, im Gegenteil. Knapp 50 Milliarden Euro jährlich, mit deren Hilfe die Landwirtschaft gefördert wird, sind nicht nötig, um Landschaftspflege zu betreiben. Einige wenige Milliarden würden ausreichen, um diesem Ziel, dem Erhalt der Kulturlandschaft, zu dienen. Aber was wäre schützenswert, was muss als Kulturlandschaft betrachtet werden? Die mit Pestiziden und Gülle kontaminierten Flächen? Bestimmt nicht. Die gewöhnliche mitteleuropäische Landschaft kann sich ruhig selbst überlassen bleiben: keine Fläche der Agrarwirtschaft mehr, sondern ein Mischlaubwald. Keine Steppe, wie uns Bauernlobbyisten glauben machen wollen. Auch können die durch den Abbau der Überproduktion frei werdenden Flächen zum Anbau von Energiepflanzen genutzt werden – vorausgesetzt, dies geschieht umweltschonend. Die natürliche Vegetation Mitteleuropas würde zurückwachsen, wenn man sie ließe. Wertvolle Kulturlandschaften, wie Salzwiesen und Almen, sollen durchaus gehegt werden. Sie brauchen wirklich kundige Pflege und werden ohne ein gewisses Maß an Subventionen nicht auskommen. Aber mit diesen ökologischen Nischen lassen sich die giganti-

schen, zweistelligen Milliardensubventionen nicht rechtfer-
tigen, welche die Europäische Union ihren Landwirten zukommen lässt, um sie bei Laune zu halten. Und schon gar nicht sind
sie aus Sicht der Verbraucher gerechtfertigt, die für diese Ein-
kommens- und Firmenförderungen zu bezahlen haben.

Die Dritte-Welt-Rhetorik der EU und der anderen Industrie-
staaten ist, wenn es um den Schutz ihrer eigenen Landwirtschaft geht, vollkommen verlogen. Dem Rohrzuckeranbau falle
der Regenwald zum Opfer, heißt es zum Beispiel seitens der
reichen Länder. Außerdem werde das Rohr von Kindern ge-
schnitten und Kinderarbeit wolle man nicht unterstützen.
Ganz in diesem Sinne argumentiert auch Deutschlands Bauern-
verbandspräsident Gerd Sonnleitner: »Wir haben unser ökonomisches Handeln noch unterlegt mit Verbraucherschutz, mit
Umweltschutz, mit Tierschutz, mit sorgsamem Umgang mit
unseren natürlichen Ressourcen, und auch dies muss berücksichtigt werden. Wir können doch nicht in einem Wettstreit mit
Ländern wie Brasilien treten, die Millionen von Hektar an Regenwald roden, die in den Kaffeeplantagen ihre Landarbeiter
wie Sklaven halten. Wir wollen doch eine solche Ausbeutung
nicht, und da müssen wir faire Standards setzen, die eben allen
gerecht werden.« So funktionalisiert man die Ansprüche der
Dritten Welt – und redet zugleich die Umweltverschmutzung
gerade der konventionellen Landwirtschaft in der Ersten Welt
klein: Das darf man Heuchelei nennen!
    Man kann nicht mit Sicherheit sagen, ob eine Verlagerung
eines Teiles der landwirtschaftlichen Produktion der Industrieländer in den Süden – sei es Zucker, Reis, Bananen, Baumwolle
– global und lokal zu einer ökologischen Mehrbelastung führen würde. Global dürfte eher das Gegenteil der Fall sein. Die
extrem kapital- und energiefressende Landwirtschaft des Nordens trägt erheblich zur globalen Erwärmung bei, und 90 Pro-

EU: Milliardengrab und Sicherheitsrisiko

zent der weltweiten Produktion von Pflanzenschutzmitteln werden in den Industrieländern eingesetzt. Eine dagegen arbeitsintensivere Produktion in der Dritten Welt würde deutliche ökologische Entlastungseffekte bringen. Be- und Entlastungseffekte wären naturgemäß von Branche zu Branche unterschiedlich und müssten genauer untersucht werden. Wichtig ist jedoch: Globale Umwelt- und Sozialpolitik kann nicht durch einseitige Handelspolitik des Nordens gegen den Süden durchgesetzt werden. Der Schutz des Regenwaldes muss durch entsprechende internationale Vereinbarungen erreicht werden und nicht durch die Südzucker AG. Was würden denn die Regierungen der Industrieländer sagen, wenn Entwicklungsländer uns vorhalten würden, die Vorstandsbezüge unserer Autokonzerne wären zu hoch, deshalb müssen man Importrestriktionen verhängen – oder man könne keine Autos mehr kaufen, weil die Produktion nicht umweltschonend sei?

Das Sponsoring der Europäischen Union zugunsten einer Minderheit im bäuerlichen Sektor und einer Nahrungsmittelindustrie, die von Subventionen profitiert, dieses Sponsoring ist noch aus einem anderen Grunde riskant: Es gefährdet die politische Sicherheitslage und den Weltfrieden. Landwirtschaft ist die wichtigste Voraussetzung eines jeden Landes in der Dritten Welt, sich ökonomisch zu entwickeln. In ihr werden Arbeitsplätze geschaffen, mit ihrer Hilfe Existenzen begründet und stabilisiert. Die Europäische Union, die bei den Verhandlungen mit der Welthandelsorganisation glaubt, keine weiteren Kompromisse mehr eingehen zu können, verweigert den Ländern des Südens diese Möglichkeit. Rohstoffe und Landwirtschaft sind die beiden wichtigsten Voraussetzungen, um den Ländern der Dritten Welt Anschluss an die globalen Netzwerke zu ermöglichen. Wird dieser Anschluss verweigert, wirkt sich dies auch politisch aus: Wer keine Perspektive hat, wird irgendwann gewalttätig werden, wird für die Einflüsterungen von Radika-

EU: Milliardengrab und Sicherheitsrisiko

len und Gewalttätern ein offenes Ohr haben. Wer nicht einmal die Früchte der eigenen Arbeit ernten kann, weil die Steuerzahler der Ersten Welt jede Konkurrenz auf den Weltmärkten ad absurdum führen, wird nicht stumm bleiben und sich fügen. Es ist viel wahrscheinlicher, dass all diese Hoffnungslosen, denen nicht einleuchtet, weshalb ihre Produkte keine Chance in den Industrieländern erhalten sollten, sich in Aggressivität flüchten. Die Europäische Union ist ein prominenter Lobbyist für ein System, das die Dritte Welt und ihre Teilhabemöglichkeiten klein hält. So bedeutet die Agrarpolitik der EU auch ein Sicherheitsrisiko politischer Art. Die Vereinten Nationen bündeln ihre Analyse in dem schlichten Satz: »Die Industrieländer sind in einem System gefangen, in dem im Inland Geld verschwendet wird und im Ausland Lebensgrundlagen zerstört werden.« Zwar würde der Verzicht auf Agrarsubventionen die Industrieländer möglicherweise Arbeitsplätze kosten. Die Handelspolitik der EU und der anderen Industrieländer jedoch schafft Armut anderswo. Das ist ungerecht. Diese Armut aber ist auch ein Nährboden für Gewalt. Es wäre viel zu simpel, einen direkten Zusammenhang zwischen Terrorismus und Armut herzustellen. Aber die Armen werden es nicht sein, die den reichen Ländern mit Offenheit begegnen, wenn Letztere um Solidarität im Kampf gegen den internationalen Terrorismus bitten. Solidarität von der Dritten Welt zu verlangen und sie gleichzeitig nicht an den Vorzügen des Handels teilhaben zu lassen, das wird nicht funktionieren. Wie kann es sein, dass eine Wirtschaftsgemeinschaft mit 490 Millionen Menschen, also die EU, sich die Politik einer winzigen, allerdings äußerst gut organisierten Minderheit aufzwingen lässt? Und das, obwohl sie so fundamental den Interessen der überwiegenden Mehrheit der gesamten Bevölkerung zuwider läuft? Eine andere Politik würde den Agrarökonomien der Dritten Welt und der Schwellenländer zugute kommen: Zwei Milliarden Menschen hätten die

148

EU: Milliardengrab und Sicherheitsrisiko

Perspektive, mit Hilfe von Arbeit in der Landwirtschaft nicht mehr von Almosen abhängig zu sein – oder gar den Hungertod fürchten müssen.

Verzichtete die Europäische Union darauf, einen kleinen Sektor wie die Landwirtschaft mit Milliardenaufwand zu subventionieren, wären die öffentlichen Kassen und damit wir Verbraucher erheblich geringer belastet. Der etwaige Verlust von einigen Tausend Arbeitsplätzen in Europa würde mehr als wettgemacht durch die wirtschaftlichen Vorteile: eine intaktere Umwelt, Entwicklungschancen für die Dritte Welt – und damit letztlich auch Vorteile für die Europäische Wirtschaft. Und ein Europa für Bürger und nicht für Gülle-Produzenten. Mit einem realistischen Blick, mit einer besseren Politik wäre eine neue Wirklichkeit gewonnen, in der Bauern umweltgerecht produzieren und trotzdem ihren Platz auf einem globalisierten Markt finden können. Und nicht zuletzt etwas mehr Gerechtigkeit auf der Welt, in der den Volkswirtschaften des Südens eine Entwicklungschance gegeben wird und den Verbrauchern in der EU Nahrungsmittel zu transparenten, fairen Preisen.

Dass der europäische Steuerzahler nicht mehr für die Subventionierung einer monströs teuren Agrarwirtschaft zahlen müsste – das hätte auch einen notwendigen Abschied von romantischen Ideen zur Folge. Ein heilsamer Verlust an Illusionen: Das Märchen vom Landwirt als Umwelthüter und Ökolandschaftswart – ein beliebter, gern kolportierter Irrtum, ein tragisches Missverständnis. Denn das Bäuerliche ist ein Agrarbusiness, kein aufgeblasener Kleingartenverein voller Geranien vor den Zäunen und glücklichen Tieren in den Ställen.

Kapitel 7

Geiz ist vernünftig

Viel gescholten wird die Schnäppchenmentalität der
Verbraucher und für die skandalösen Zustände im
Lebensmittelmarkt verantwortlich gemacht. So wird
vertuscht, dass die Politik die Probleme erzeugt.

Fernsehen braucht Bilder – und Gammelfleisch liefert sie: ge-
fälschte Etiketten, ranzige, gelblich verfaulte Stücke von
Fleisch, blutige Knochen, Häute, Leber, Nieren, Milz und Magen vermischt zu einem großen Abfall-Berg. Und immer die un-
terschwellige Kunde: Das müssen wir vielleicht essen! Ein Thema auch für die politische Talkshow, zum Beispiel für
»Berlin-Mitte« (ZDF) im September 2006. Die Gäste von Talk-
show-Moderatorin Maybrit Illner, unter anderem der amtieren-
de Bundesverbraucherminister Horst Seehofer, der Fernsehkoch Johann Lafer sowie der RTL-Nachrichtenmoderator
Peter Klöppel, erklärten dem Volk, was es mit dem Gammelfleisch auf sich habe. Es überraschte kaum, dass Horst Seehofer
vor einem Millionenpublikum kostenlos und folgenfrei die Bundesländer zu größerer Intensität der Lebensmittelkontrollen
aufrief. Und dass der Vertreter der Lebensmittelkontrolleure be-
tonte, nur ein paar schwarze Schafe verdürben den guten Ruf
der Branche. Nein, die politisch entscheidende Botschaft der
Mehrzahl der Runde war eine andere: Verantwortlich für die
Misere um verdorbenes, ungenießbares Fleisch seien im Grunde
die Verbraucher, die Billiges bevorzugen und Teures, dieser Logik nach Besseres, eben nicht kaufen. Mit anderen Worten:
Schuld haben alle Menschen, die auf Sonderangebote achteten,
die »Geiz ist geil« zur Maxime machten und im Supermarkt
nach Produkten suchten, die möglichst wenig Geld kosten.

Geiz ist vernünftig

Diese Schuldzuweisung an die Verbraucher hat Methode: Uns wird die Verantwortung für eine unhaltbare politische Situation untergeschoben. Wir stehen da als eine dem Geiz huldigende Meute, die Industrie und Handel zu immer niedrigeren Preisen hetzt. In dieser verdrehten Sicht zwingen wir Verbraucher angeblich die Landwirte und Lebensmittelproduzenten dazu, die Qualität der Nahrungsmittel, ob Fleisch, Milchprodukte, Obst und Gemüse wie Getränke, so zu senken, dass sie bezahlbar werden. Das Meinungsbild in dieser Talkrunde war symptomatisch: Nachdem der prominente Nachrichtenmann Klöppel sein Statement formuliert hatte, hörte man aus der Runde seiner Mitdiskutanten überwiegend beifälliges Murmeln. Diese Einschätzung passt zu einer Weltsicht von Menschen, die sich um Finanzielles nicht sorgen müssen. Und Peter Klöppel wie auch der Fernsehkoch Johann Lafer, der es sich auch nicht verkneifen konnte, den Verbraucher seiner Sparsamkeit wegen zu schelten, waren ja keine Ausnahmen im allgemeinen öffentlichen Chor der Entrüstung über die Gammelfleischfunde. Überall, wo es um Verbraucherrechte geht, wo erbittert darum gestritten wird, woher die Lebensmittelskandale kommen, wird der Öffentlichkeit suggeriert, die Verbraucher wollten es ja so: nahrhaft um jeden Preis, egal ob kontaminiert oder wirklich verzehrbar, Hauptsache billig.

Als schlimmster Übeltäter gilt aus dieser Sicht nicht der kriminelle Fleischhändler, der Kängurufleisch für Wild ausgibt. Oder der Politiker, der die Lebensmittelgesetze so formuliert, dass den Verbrauchern das Recht verweigert wird, die Namen des kriminellen Fleischlieferanten und seiner Kunden in Gastronomie, Einzelhandel oder weiterverarbeitendem Gewerbe zu erfahren, um sich vor schlechter Ware schützen zu können. Nein, der Übeltäter ist der »Schnäppchenjäger«. Mit jedem weiteren Skandal wurde dieser Typus des Verbrauchers zur Unperson, in die Rolle des Schuldigen, des Schnäppchenjägers gerückt. Schon das Wort klingt nach Halbkriminellem. Ein verbraucherpolitischer Teufel. Geiz mag geil sein, heißt es dann, aber er ist leider gesundheitsschädlich, mehr noch: eine Parole, die jeder klugen Ernährung Hohn spräche.

Gerade in politisch den Grünen nahe stehenden, jedenfalls wohlhabenderen Kreisen ist diese Erklärung populär: Selbst schuld, wenn für den Verbraucher alles den Bach runtergeht. Und die Politiker machen mit. Was sie sonst scheuen wie nichts, ist in puncto Verbraucherpolitik ein beliebtes Mittel, um sich den eigenen Pelz sauber zu waschen: Publikumsbeschimpfung – die Verbraucher wollten es doch so, heißt es. Dabei reagieren die Verbraucher nur rational. Die zwangsweise Unmündigkeit der Konsumenten produziert erst Geiz beim Lebensmitteleinkauf. Verbraucher können am Aussehen – und heute leider auch meistens am Geschmack – kaum einen Qualitätsunterschied zwischen teuren und billigen Lebensmitteln erkennen. Pflanzenschutzmittel, Rückstände und Herstellungsweise sind bei Lebensmitteln kaum noch erkennbar oder fühlbar. Die Ökotomate schmeckt leider oftmals genauso wässrig und fad wie die aus konventioneller Herstellung. Wer aber keinen Unterschied in der Qualität fühlen oder erkennen kann, dem bleibt als Entscheidungshilfe nur der Preis. Der Griff zum billigsten Produkt ist deshalb logische Konsequenz.

Auch gibt es, was die Sicherheit anbelangt, keinen Unterschied zwischen teuer und billig. Einen Unterschied darf es selbstverständlich auch nicht geben: Die Lebensmittelgesetze sind ja gerade geschaffen worden, um nicht nur die Wohlhabenden zu schützen, sondern alle Bürger. Ein VW Polo muss schließlich die gleichen Sicherheitsstandards erfüllen wie ein BMW. Bei beiden müssen die Bremsen funktionieren, nicht nur beim teureren Modell. Auch die Gammelfleischskandale haben die These vom teuren, aber sicheren Fleisch recht deutlich widerlegt. Gammelfleisch landete nicht nur in Döner-Spießen,

Geiz ist vernünftig

sondern auch in bayerischen Traditionsgaststätten mit gepflegten Preisen. Teures Wildfleisch, angeboten vom Fleischhändler
Berger aus Passau, entpuppte sich als minderwertige, falsch
deklarierte Ware. Und weshalb sollten wir dann nicht in Supermärkten, ob der gehobenen Art oder bei Discountern, auf
Preisunterschiede zu unseren Gunsten Wert legen und sie bei
der Kaufentscheidung zum Maßstab machen?

In Wahrheit handeln wir als Verbraucher, die Preise nicht wie
eine in Euro und Cent gebannte Moral nehmen, nach der Gutes
sich in vergleichsweise Teurem ausdrückt, vollkommen nach
den Regeln der Vernunft. Marktwirtschaftskonform sozusagen, perfekt im Sinne der Volkswirtschaft. Der Produzent bietet zu einem bestimmten Preis an, der Verbraucher kann das
Produkt kaufen. Tut er es nicht, weil zum Beispiel die Qualität
nicht ausreichend ist, muss das Produkt, falls es nicht ganz vom
Markt genommen wird, preislich gesenkt oder die Qualität
verbessert werden. Dieser Mechanismus führt schließlich dazu,
dass sich das qualitativ beste Produkt zum jeweils günstigsten
Preis im Markt durchsetzt. Der Kunde ist König, er bestimmt in
einem funktionierenden Markt das Angebot und dessen Qualität.

Der Lebensmittelmarkt funktioniert aber nicht nach diesen
Regeln eines idealen Marktes. Der volkswirtschaftlichen Theorie zu Folge kann der Konsument in solch einem Markt eine
Palette von Produkten umsichtig beurteilen – kann prüfen, ob
das Verhältnis von Preis und Qualität stimmt. Doch ein Verbraucher kann in der gewöhnlichen Zeit, die ein Einkauf von
Nahrungsmitteln braucht, und mit den Informationen, die er
erhält, kaum beurteilen, was gut ist und was in dieser Güte zum
Preis passt. In deutschen Supermärkten ist die Situation besonders frustrierend, weil die Aufschriften, die auf den Etiketten zu
lesen sind, ohnehin nur verwirren und keine Übersicht verschaf-

153

Geiz ist vernünftig

fen. Wir erfahren nichts über Fleisch, das mit gentechnisch angereichertem Futter erzeugt wurde; kennen die Zutaten von Backwaren nicht, verzweifeln fast bei Joghurts, weil wir deren Aufschriften mit all den Zusatzstoffen nicht entziffern können. Wir als Verbraucher gehen in den Supermarkt und können nur hoffen, dass wir für ein bestimmtes Produkt eine gewünschte Qualität bekommen, die in einem akzeptablen Verhältnis zum Preis steht. Der Nobelpreisträger für Wirtschaftswissenschaften des Jahres 2001, George A. Akerlof, entwickelte anhand des Gebrauchtwagenmarktes die Theorie, dass Märkte nur funktionieren, wenn Käufer und Verkäufer gleichen Zugang zu Informationen haben. Existiert dieser gleiche Zugang zu Informationen nicht, besteht – wie es die Volkswirte nennen – eine »asymmetrische« Informationslage.

Alle Käufer von Gebrauchtwagen gehen ohnehin davon aus, dass sie betrogen werden können, dass die Angaben nicht stimmen, dass sie nicht in der Lage sind, den Motor zu prüfen. Wollten sie dies, müssten sie Experten hinzuziehen – aber die wiederum kosten Geld. Deshalb probieren alle Verbraucher auf dem Gebrauchtwagenmarkt nur das Eine – Glück zu haben. Dass der polierte Schein nicht enttäuscht, indem schon nach der dritten Fahrt der Motor versagt, und, dass unter der Kühlerhaube nichts verborgen ist, das den Erwerb eines gebrauchten Automobils zum potentiellen Fehlkauf macht: Geld bezahlt, aber nichts dafür erhalten. Viel gegeben, Schrott erhalten. Weil ein Kaufinteressent an einem Gebrauchtwagen aber eine Über- wie Durchsicht des Marktes nicht haben kann, wird er immer, das ist der Clou von Akerlofs Theorie, weniger zahlen als das Produkt vielleicht wert ist – und zwar prinzipiell. Niemand traut diesen Märkten, weil jeder glaubt, übers Ohr gehauen werden zu können. Und so nehmen alle an, dass man an den Preisen nicht ernsthaft den realistischen Wert eines Produkts ablesen kann. Akerlof spricht hier von einem »Lemon-

154

Geiz ist vernünftig

Market«. Die Informationsasymmetrie führe dazu, dass mit »Zitronen«, gemeint sind schlechte Produkte, gehandelt wird.

Spielen wir das an einem Beispiel aus dem Bereich des Gebrauchtwagenmarktes durch: Ein gutes Auto könnte 1000 Euro kosten, ein schlechtes 200 Euro. Letzteres wäre die »Zitrone«, die niemand erwerben möchte. Da kein Käufer genau wissen kann, welches Auto nun zu welchem Preis günstig ist, werden sie alle in der Tendenz weniger bezahlen. Als Folge werden sich die Anbieter vom Markt zurückziehen, die ein gutes Automobil anzubieten hätten: Sie wissen, dass sie ohnehin auf dem Gebrauchtwagenmarkt keinen Preis erzielen werden, der der Qualität ihres Produkts entspricht. Statt diesen Markt zu erhellen, bleibt er in seiner Angebotsstruktur dunkel. Auch auf dem Nahrungsmittelmarkt herrscht Informationsasymmetrie. Auch der Nahrungsmittelmarkt ist ein »Lemon-Market«. Da niemand genau erkennen kann, was ein gutes Produkt ist, gut, weil Preis und Leistung in einem stimmigen Verhältnis zueinander stehen, orientieren sich alle am möglichst niedrigen Preis. So erhöht der Verbraucher seine Chance, nicht auch noch für die »Zitrone« viel zu zahlen.

Der Markt selbst macht uns zu unmündigen Verbrauchern. Für die Nahrungsmittelindustrie wie aber auch für die gesamte deutsche Wirtschaft gibt es hingegen keinen Zweifel daran, dass der Nahrungsmittelmarkt bestens funktioniert. Für den Verband der Nahrungsmittelunternehmen, den BLL, »besteht keine Notwendigkeit für weitere Beschränkungen hinsichtlich der Werbung und Vermarktung von Lebensmitteln«, und er bezieht sich hierbei auf die Werbung für Kindernahrung. Offensichtlich ist dem BLL entgangen, wie schamlos die Nahrungsmittelkonzerne den Zuckergehalt von Kinder-Lebensmitteln verstecken (vgl. Kapitel 2). Daher ist es nur konsequent, dass

155

Geiz ist vernünftig

der BLL fordert: »Viel wichtiger als untaugliche Einschränkungen der Werbung vorzunehmen ist es, die Werbekompetenz von Kindern generell zu stärken.«

Der Bundesverband der Deutschen Industrie (BDI) vertritt Branchen, die nicht direkt an der Lebensmittelherstellung beteiligt sind, aber kein ausgesprochenes Interesse an mehr Transparenz auf dem Nahrungsmittelmarkt haben. Etwa die Chemieunternehmen, die Pflanzenschutzmittel herstellen. Man wolle keine weiteren Einschränkungen der Marktfreiheit, schreibt der BDI – und meint damit die Stärkung demokratischer Bürgerrechte der Verbraucher –, weil bereits ein »qualifizierter Wettbewerb« mit »informierten Kunden« stattfinde: »Werbung und Kommunikation zwischen den Konsumenten sorgen dafür, dass entsprechende Produktvorteile weiteren Verbrauchern zugänglich gemacht werden. Das ist die Grundlage der Konsumentensouveränität«. Diese Phrase belegt eine typische Sichtweise der Industrie. Man ist für Marktwirtschaft, also Transparenz, aber verteidigt mit eben diesen Argumenten auch Besitzstände, Zustände, die den Prinzipien der Marktwirtschaft widersprechen. Denn nichts fürchten die Interessenvertreter der Wirtschaft so sehr wie einen Markt, der uns Verbrauchern taugliche Informationen darüber bietet, was wir kaufen und welcher Preis dafür zu zahlen angemessen wäre.

Dem BDI müsste zu denken geben, was einer der entschiedensten Befürworter der Marktwirtschaft sagt, Hans-Werner Sinn, einer der einflussreichsten Ökonomen der Bundesrepublik und Präsident des ifo-Instituts für Wirtschaftsforschung in München. In einem Beitrag zum »Verbraucherschutz als Staatsaufgabe«, einer Reaktion auf die BSE-Krise im Jahre 2001, forderte Sinn einen stärkeren Staat, der sich um die Belange der Verbraucher kümmert. Verbraucherschutz, insbesondere wenn er sich des Instruments der Ge- und Verbote bedient, sei zwar höchst problematisch, denn er scheine das Primat der Konsumentensouveränität zu missachten. Aber eine solche Souveränität des Verbrauchers könne es auf dem Lebensmittelmarkt gar nicht geben, so Sinn, weil der Konsument ohne staatliche Hilfe nicht die notwendigen Informationen erhalte. Das BSE-Problem sei aufgetreten, »weil ein Bauer keinen höheren Preis für sein Fleisch hätte erhalten können, wenn er seine Tiere artgerecht gehalten und auf natürliche Weise ernährt hätte. Die Kosten für solche Maßnahmen hätte er schon deshalb nicht auf die Verbraucher umlegen können, weil er sie ohne staatliche Hilfe kaum in glaubhafter Weise hätte nachweisen können. Im Übrigen waren die Verbraucher nicht über die Gefahr einer Verfütterung von Tiermehl informiert, sodass es auch insofern sehr schwierig, wenn nicht unmöglich für den einzelnen Biobauern war, seine Kunden von den tatsächlichen Vorteilen seines Fleisches zu überzeugen.«

Hans-Werner Sinn beschreibt eine uns nur zu bekannte Realität aus unserem Alltag. Wir bekommen beim Einkauf von Lebensmitteln zwar Informationen, aber diese sind nicht aussagekräftig und verschaffen uns nicht die Möglichkeiten einer echten Auswahl. Zusatzstofflisten auf Etikettierungen, die kaum zu entziffern sind: Niemand kann behaupten, er könne sich über die Aufschriften auf den Lebensmittelpackungen hinreichend ins Bild setzen. Niemand kann erkennen, warum der eine Saft teurer ist als der andere derselben Sorte oder die eine Butter weniger als die andere kostet. Und bei Fleisch wird das Problem noch dramatischer: Fleischerzeuger, die ehrlich, fair und mit Verachtung für alle Kollegen, die Gammelfleisch im Sortiment führen, produzieren, werden für ihre Haltung nicht belohnt. Im Laden kostet ihr Fleisch am Ende nicht mehr als solches, das aus dubioser Produktion stammt.

Weil wir nichts Genaues wissen, sondern nur Ungefähres ahnen und hoffen, ist die Struktur der Supermärkte und Discounter nichts als ein Irrgarten, der allen Ansprüchen auf ein

Geiz ist vernünftig

Informationsrecht widerspricht. Wir ahnen, weil wir uns für erfahren genug halten, den Produkten ansehen zu können, ob sie den Preis wert sind. Und wir hoffen, dass unsere Erfahrungen uns nicht trügen. Warum aber sollen Anbieter sich anstrengen, ihre exzellente Produktionsmethode preisen, wenn es sich doch nicht auszahlt. Abgesehen davon, dass Metzgereien oder kleinere Fleischbetriebe, die auf Qualität über den gesetzlichen vorgeschriebenen Standard hinaus halten, nicht über die Mittel verfügen, entsprechend dafür zu werben.

Teuer heißt nicht unbedingt, dass ein Produkt gut ist. Billiges muss nicht schlecht sein. Und weil der Verbraucher das weiß, wäre er verrückt und ökonomisch blind, würde er dieses Gebot missachten. Glaubt ein Verbraucher sich wirklich auf der Sonnenseite des guten Einkaufens, kann er das Gegenteil von dem bewirken, was er beabsichtigt, nämlich die Produkte und Hersteller belohnen, die er eigentlich bestrafen möchte. Die No-Name-Milch zu 60 Cent kann durchaus aus Betrieben mit besseren Haltungsstandards kommen als eine Ein-Euro-Milch mit einer possierlichen, die heutige Landwirtschaft romantisierenden Verpackung. Mit dem Kauf der teuren Milch fördert der Verbraucher womöglich eine Herstellungsweise, die er vermeiden will wie zum Beispiel schlechte Tierhaltung. Hackfleisch vom Discounter zu 99 Cent das Kilo, von dem es heißt: »das kann ja nicht gut sein«, muss weder von der Fleischqualität her noch von der Fütterung und Haltung der Tiere her dem Angebot des Metzgerfachgeschäftes unterlegen sein. Fleisch ist der entscheidende Lockvogel aller Discountermärkte und wird sehr oft unter dem Einstandspreis verkauft, der ohnehin schon sehr niedrig ist. Möglich wird dies durch die Einkaufsmacht der Handelsketten. Auch hier gilt: Der niedrige Preis sagt nichts Zuverlässiges über die Qualität aus.

Soweit die Fakten, soweit die Analysen der Ökonomen wie Hans-Werner Sinn. Dennoch besteht in der Öffentlichkeit noch

158

Geiz ist vernünftig

das weit verbreitete Bewusstsein, der Verbraucher sei mündig und könne sich überlegen, was er kauft und von welchen Produkten er die Finger lässt. Diese Position wird von fast allen Parteien und auch von der Industrie kräftig gestützt. Aber mündig kann nur sein, wer wirklich die Chance auf verlässliche Informationen über kaufrelevante Kriterien erhält. Nur dann kann ein Konsument zwischen verschiedenen Qualitäten und Produktalternativen wählen. Bislang kann er genau das jedoch nicht. Der mündige Verbraucher ist eine Behauptung, die der Realität im deutschen Lebensmittelmarkt nicht entspricht. Mündigkeit ist eine Haltung, die ein demokratischer Staat fördern muss – durch eine Politik, die Bürger als Verbraucher ernst nimmt und nicht wie unmündige Kinder behandelt.

Im Herbst 2006 traf sich die deutsche Fleischindustrie auf einer Tagung, bei der es um ihr Sorgenkind »Separatorenfleisch« ging. Diese maschinell von den Knochen gelösten Fleischreste waren im Zuge der BSE-Krise als potentiell infektiöses Schlachtmaterial in Verruf geraten. Joachim Wiegner, Hauptgeschäftsführer des Verbandes der deutschen Fleischindustrie, trug bei dieser Verbandstagung unumwunden vor, dass der Verbraucher keine weitere Etikettierungen, keine Herkunftsbezeichnungen, keine zusätzlichen, verwirrenden Informationen benötige. Ihm pflichtete das Auditorium aus Fleischhändlern, Großmarktvertretern, Fleischbetriebsleitern, Wissenschaftlern ausdrücklich bei: Eine akkurate Kennzeichnung eben als »Separatorenfleisch« verunsichere die Verbraucher, ja, hindere sie am Kauf der Ware. Die Konferenz diente einzig dem Zweck zu erörtern, wie man es lobbyistisch geschickt anstellen kann, dass Separatorenfleisch nicht mehr so genannt werden muss. Dergleichen stelle man sich einmal übertragen auf andere gesellschaftliche Felder vor. Wenn die Elektrizitätswirtschaft ihre Verbandsmitglieder davor warnen würde, ihre Kunden darüber aufzuklären, dass der

Geiz ist vernünftig

Griff in die Steckdose schaden könnte. Oder die Pharmaindustrie die Beipackzettel von Medikamenten mit der Begründung einsparen würde – der Patient würde sich durch die Angaben ohnehin nur überfordert fühlen. Oder wenn der Staat auf Warnschilder in Innenstadtbezirken verzichten würde, weil der Autofahrer schon fühlen oder ahnen würde, dass dort Tempo 30 vorgeschrieben ist – und spielende Kinder viel berechenbarer seien als man denkt.

Der mündige, weil informierte Verbraucher ist eine Illusion, solange die Rechtslage so ist, wie sie ist. Die Definition von Mündigkeit nehmen Lebensmittelindustrie und der Handel für sich in Anspruch – mit tätiger Hilfe des Staates. Gleichzeitig halten sie das Bild vom Konsumenten aufrecht, der wie ein Kind nicht allzu viel von der Welt wissen darf, um nicht erschreckt zu werden. Tatsächlich – wir wären doch wirklich in Sorge, würden wir plötzlich in der Fleischtheke eine Packung mit Hack kaufen, auf der zu lesen stünde: »Hergestellt aus 90 Prozent Separatorenfleisch«. Oder: »Dieses gesunde, zarte Putenfleisch kommt aus Massentierhaltung von 30 000 Tieren«, zusätzlich versehen mit einem Foto auf dem Etikett, das die zusammengepferchten Puten dokumentiert.

Solche Informationen, die echte Wahlfreiheit bedeuten, erhalten wir natürlich nicht und können sie auch nicht erfragen. Hans-Werner Sinn, als marktliberaler Ökonom völlig unverdächtig, staatlichem Marktdirigismus das Wort zu reden, bündelt sein Erstaunen über das 2001 gescheiterte Verbraucherinformationsgesetz der rot-grünen Koalition in der Formulierung: »Dennoch ist es verblüffend, dass keine Regeln, die eine Auskunftspflicht der betroffenen Unternehmen gegenüber den Behörden festlegen, vorgesehen sind. Nach meiner Information war diese Auskunftspflicht erwogen worden, wurde aber wegen erheblicher Widerstände aus der Industrie zurückgenommen.« Eine zutreffende Informationslage: Auch in

160

dem neuen Verbraucherinformationsgesetz ist ein Bürgeran-
spruch auf Auskunft und Information gegenüber Unternehmen
nicht gegeben (vgl. Kapitel 9). Das gerne benutzte Argument
der Autoren des Gesetzes: Ein derartiger Informationsanspruch des Verbrauchers würde die Bürokratie erhöhen und
nicht, wie allgemein gefordert, abbauen. Eine Behauptung, die
nicht überzeugt. Denn ein direkter Auskunftsanspruch, nicht
über den Umweg der Behörden, würde den bürokratischen
Aufwand vermindern. Zumal die Unternehmen alle, ob klein,
mittelständisch oder groß, über diejenigen Informationen bereits verfügen, die den Verbraucher wirklich interessieren. Für
einen Milchkonzern wäre es beispielsweise eine Kleinigkeit,
Verbraucher darüber zu informieren, wo die Milch herkommt
und wie die Milchkühe gehalten und gefüttert werden. Solche
Informationen interessierten Verbrauchern umständlich über
die staatliche Bürokratie zukommen zu lassen, ist in der Tat
unnötiger Verwaltungsaufwand. Aber selbst wenn ein büro-
kratischer Aufwand entstünde: Ist er zu verwerfen, wenn es
um wichtige Bürgerrechte geht? Mit diesem Argument könnte
man dann auch jeden anderen grundrechtlichen Anspruch der
Bürger als politisch unnötig zurückweisen.

Eine erschreckende Bevormundung verbirgt sich hinter einem solchen Verständnis der Aufgaben von Parlamenten, Regierungen und Behörden. In Hintergrundgesprächen entschuldigt
man sich, mehr an Informationsrechten für die Bürger könne
man gegen die Lebensmittelproduzenten nicht durchsetzen.
Mehr sei nicht »drin«, nicht machbar. Aber wer entscheidet
eigentlich, was »machbar« ist? Ein Fraktionsvorsitzender, der
keinen Ärger mit der Lebensmittelindustrie haben möchte?
Wenn das so ist, können die Politiker gleich alle wichtigen
Reformprojekte in diesem Staat sein lassen. In Wirklichkeit ist
es gerade für einen funktionierenden Markt erforderlich, diese
Informationsrechte den Verbrauchern zu ermöglichen. Denn

Geiz ist vernünftig

sie wären ein Anreiz für Landwirte und die Lebensmittelindustrie, für echte Qualität zu werben. Aber die deutsche Lebensmittelindustrie funktioniert wie ein Kartell, einzig existierend, Pfründe zu sichern – und das Bundeslandwirtschaftsministerium, das eigentlich auch für die Verbraucher da sein sollte, macht traditionell mit.

Es gibt leider wenig Hoffnung, dass die Parlamentarier im Deutschen Bundestag, die alle auch Verbraucher sind, sich wirklich für die Rechte der Verbraucher einsetzen. Unter den sechs im Bundestag vertretenen Parteien vertritt keine wirklich konsequent die Interessen von Verbrauchern. Zwar hat BSE einen tiefen Einschnitt in der europäischen Verbraucherpolitik markiert und ist nicht ohne Folgen geblieben. Und zumindest rhetorisch greifen jetzt alle Parteien die Notwendigkeit von Verbraucherpolitik auf. Doch blickt man hinter die polierten programmatischen Sätze, fällt auf: Verbraucherschutz als Mittel zu begreifen, um Verbraucherrechte und damit auch selbstverständliche Bürgerrechte zu stärken, diese Erkenntnis ist nicht verbreitet. In den Parteiprogrammen, das von den Grünen ausgenommen, finden wir Verbraucher uns unter ferner liefen. Im Vordergrund stehen stets die Landwirte. »Wir werden die Wettbewerbsfähigkeit der Landwirtschaft stärken und Bürokratie abbauen«, formulierte die Union in ihrem Programm für die Bundestagswahl des Jahres 2005. Und: »Wir wollen die Wirtschaft für bessere Verbraucherinformationen gewinnen.« Die Botschaft ist klar: Die Interessen der Wirtschaft haben Vorrang vor den Interessen der Verbraucher. Bessere Informationsrechte ja, aber nur, wenn die Wirtschaft dafür gewonnen werden kann. Dass dies aber nicht erfolgversprechend ist, ergibt sich deutlich aus der vorher geschilderten Haltung des BLL und des BDI hinsichtlich der Informationslage auf dem Lebensmittelmarkt. Denn für die Nahrungsmittelindus-

Geiz ist vernünftig

trie haben Verbraucher hinreichend Informationen und Rechte. Solange CDU und CSU sich nicht die Erkenntnis aneignen, dass der Lebensmittelmarkt kein wirklich funktionierender Markt im Sinne der Verbraucher ist, wird sich nichts zum Besseren ändern. Im Gegenteil. Ganz unverhohlen lassen die konservativen Parteien erkennen, dass es ihnen in Wirklichkeit um Bestandssicherung für die Landwirte geht. Da besteht auch keine Scheu, noch so verbraucherfeindliche, marktwidrige Regularien wie die Europäische Zuckermarktordnung zu verteidigen: »Zwar müssen die ärmsten Länder dieser Erde unterstützt werden, aber ob es richtig ist, dass wir tausende sozial und ökologisch sinnvolle Arbeitsplätze in Europa vernichten, um wenigen Produzenten in Brasilien eine Weltmonopolstellung einzuräumen, da habe ich meine Bedenken.« Dies erklärte Angela Merkel auf dem Deutschen Bauerntag 2005 in Rostock. Jene Angela Merkel, die gleichzeitig alle Anstrengungen unternimmt, wie auf dem G8 Treffen 2007 in Heiligendamm, als Fürsprecherin der armen afrikanischen Länder zu überzeugen.

Die Sozialdemokraten haben effektive Verbraucherrechte ebenfalls nicht auf der Agenda. »Weder konventionelle Landwirtschaft noch ökologischer Landbau dürfen benachteiligt werden« – was übersetzt werden darf mit den Worten: Weder das eine noch das andere. Aber irgendwas muss die SPD ja sagen. »Wir werden uns für ein wirksames Verbraucherinformationsgesetz einsetzen«, heißt es weiter im Wahlprogramm 2005. Wie stark dieser Einsatz ist, lässt sich daran messen, dass die SPD zusammen mit CDU/CSU ein Verbraucherinformationsgesetz beschlossen hat, das eben gerade nicht wirksam ist. Es entsteht der starke Eindruck, dass es innerhalb der SPD keine wirklich starke Kraft für eine Erneuerung der Agrarpolitik und effektive Verbraucherrechte gibt. Das Thema ist für die Sozialdemokraten einfach nicht wichtig.

Die FDP hat scheinbar den Verbraucherschutz programma-

Geiz ist vernünftig

tisch im Blick: »Der Schutz der Verbraucher, insbesondere der Kinder und Jugendlichen, muss sichergestellt sein.« Einschränkend aber folgt noch der Satz, dieser Schutz dürfe »nicht zum Hindernis der technischen und wirtschaftlichen Entwicklung werden.« Entziffert dürfen wir diese Aussage so lesen: Verbraucher als Wähler sind uns lieb und teuer, besonders deren Kinder liegen uns am Herzen – aber sie stören nur, wenn sie die ökonomischen Interessen unserer Klientel beeinträchtigen könnten. Dass es ihnen in Wirklichkeit darum geht, die Grüne Gentechnologie auch gegen die Interessen der Verbraucher durchzusetzen, erschließt sich an anderer Stelle ihres Wahlprogrammes: »Die FDP tritt für die verantwortbare Nutzung der Grünen Gentechnik in der Landwirtschaft ein. Die Potentiale der Grünen Gentechnik … bieten Vorteile für Verbraucher, Umwelt und Landwirtschaft … Wir werden das Gentechnikrecht innovationsfreundlich korrigieren. Das gilt vorrangig für die praxisuntauglichen Regelungen für die Haftung und das unbeabsichtigte Inverkehrbringen von gentechnisch veränderten Pflanzen.« Neuerdings unternimmt die FDP Anstrengungen, Verbraucherpolitik als Politik für Bürgerrechte zu definieren. Das macht Sinn für eine liberale Partei, die wie keine andere Partei Bürgerrechte im Programm haben sollte. In Wirklichkeit ist die FDP aber immer noch eine Klientelpartei, die Wirtschaftsinteressen über alles stellt. Der Weg zu der Erkenntnis, dass der Lebensmittelmarkt so nicht funktioniert und dass auch in diesem Markt souveräne Käufer den Wettbewerb beflügeln könnten wie kaum etwas anderes, scheint noch lang zu sein. Ihren Kongress zur Gentechnologie in der Landwirtschaft, 2006 in Berlin abgehalten, ließen sich die Liberalen von der Gentechnikindustrie finanzieren.

Die Linkspartei zeigt programmatisch ähnliches Desinteresse wie die SPD. Sie formuliert allenfalls vage und zum Verbraucherschutz besser gar nichts. Zur Agrarpolitik heißt es lediglich:

164

Geiz ist vernünftig

»Millionen neuer Arbeitsplätze erfordern mehr ökologisch sinnvolle Investitionen der öffentlichen Hand.«

Die Grünen haben als einzige Partei anlässlich von BSE auch
die Chance genutzt, Verbraucherpolitik zu einem öffentlichen
Thema zu machen. Fünf Jahre lang, von 2001 bis 2005, besetz-
ten die Grünen als Koalitionspartner der Sozialdemokraten das
vormalige Landwirtschaftsministerium, das sie symbolträchtig
in Ministerium für Verbraucherschutz, Ernährung und Landwirtschaft umbenannten. In der Rückschau muss sich die Partei daran messen lassen, was dabei herausgekommen ist. Das
größte Verdienst ist ein kommunikatives: Mit dem verbraucherpolitischen Rückenwind durch die BSE-Krise hat die erste Verbraucherministerin Deutschlands, Renate Künast, einer großen
Mehrheit der Bevölkerung erläutern können, dass ökologische
Landwirtschaft keine Spinnerei, sondern eine sinnvolle und
notwendige Alternative ist. Erstmals wurde von ihnen auch ein
Verbraucherinformationsgesetz eingebracht, das allerdings zuerst von Bundeskanzler Gerhard Schröder, SPD, entschärft und
dann vom Bundesrat abgelehnt wurde. Dieses Gesetz, das die
Verbraucherpolitik in Deutschland von Grund auf verändern
hätte können, haben die Grünen allerdings nicht zur Über-
lebensfrage der Koalition mit den Sozialdemokraten gemacht.
Programmatisch zumindest beschrieben sie als einzige Partei,
dass der Lebensmittelmarkt nicht funktioniert und dass Verbraucher effektivere Rechte brauchen. »Der Markt allein wird
Konsum und Produktion nicht von alleine in die ökologisch
und sozial richtige Richtung im Sinne der Verbraucherinnen
und Verbraucher leiten. Der Abbau von klassischen Agrarsubventionen ist ein wichtiger Schritt, um Mittel so zu steuern,
dass sie die Zukunftsfähigkeit des Wirtschaftszweiges der
Landwirtschaft erhöhen.«

Die Grünen machten jedoch einen anderen, entscheidenden
Fehler. Sie setzten die Förderung der ökologischen Landwirt-

Geiz ist vernünftig

schaft gleich mit Verbraucherpolitik und sind an beiden Zielen gescheitert – wegen mangelnder Konfliktbereitschaft zugunsten des Machterhaltes. »Wir wollen die ökologische Modernisierung Deutschlands. Die Agrarwende ist ein zentraler Bestandteil dieser ökologischen Modernisierung«, stand in der Regierungserklärung der rot-grünen Koalition im Jahre 2001. Herausgekommen ist lediglich etwas mehr Geld für die ökologische Landwirtschaft, also vor allem auch für die eigenen Wähler, sowie moralische Appelle an die Verbraucher, »nachhaltig«, also ökologisch zu konsumieren. Die »Agrarwende« sah vor, dass im Jahre 2010 kräftige 20 Prozent der deutschen Agrarfläche ökologisch bewirtschaftet werden. Dieses Ziel ist weit verfehlt worden. Kaum fünf Prozent macht die ökologische Agrarwirtschaft im Jahr 2007 aus. Und wenn 2010 acht Prozent erreicht sein sollen, dann ist das eine optimistische Prognose. Die Vorgaben der Agrarwende waren von Anfang unrealistisch. Grund ist schlichtweg, dass Ökoprodukte im Vergleich zu konventionellen Agrarerzeugnissen zu teuer sind, um sich am intransparenten Markt durchzusetzen. Diese Preisdifferenz kann nur verringert werden, wenn konventionelle Landwirte für die Umweltschäden, Verschmutzung der Gewässer mit Pflanzenschutzmitteln und Nitraten und den Energieverbrauch, zahlen müssen. Klar ist, dass eine derartige Politik zu einer heftigen Auseinandersetzung mit der konventionellen Agrarwirtschaft geführt hätte. Diese Auseinandersetzung scheute die neue »grüne Verbraucherpolitik« und definierte sich lieber als Standesvertretung der Ökolandwirte. Anstatt Sorge zu tragen, dass die traditionelle Agrarwirtschaft Schritt für Schritt ökologisiert wird, haben die Grünen die ökologisch arbeitende Bauernschaft bevorzugt, gehegt und gepflegt – durchaus im Sinne ihrer Wählerschaft. Dazu hat auch die Einführung des »Bio-Siegels« gedient. Dies ist jedoch, unabhängig von der sonstigen Kritik an der grünen Verbraucherpolitik, ein wichtiger Schritt zu mehr Transparenz auf dem Lebensmittelmarkt gewesen. Das staatlich garantierte und kontrollierte Bio-Siegel ⬡BIO definiert, wie ökologisch produziert werden muss. Doch das Siegel reicht eben nicht aus, solange die Preisunterschiede zwischen Bio-Lebensmitteln und konventionellen Lebensmitteln so horrende sind.

Auch den notwendigen Streit mit der Lebensmittelindustrie hat das grün geleitete Verbraucherministerium nicht öffentlich wahrnehmbar gesucht. Die Erkenntnis, dass es nicht nur ein staatlich garantiertes Bio-Siegel, sondern auch ein vergleichbares Qualitätssiegel für die konventionelle Agrarwirtschaft geben müsse, war vorhanden. Schon diese Erkenntnis ist, angesichts der verbraucherpolitischen Defizite der anderen Parteien, verdienstvoll. Renate Künast sagte am 8. Februar 2001 in ihrer Regierungserklärung im Deutschen Bundestag: »Wir werden den Verbrauchern in Zukunft durch zwei Label, durch zwei Qualitätszeichen Orientierung geben. Das erste Qualitätszeichen wird das Zeichen für den ökologischen Landbau sein. Das zweite Qualitätszeichen steht für die konventionelle Landwirtschaft. Dieses Qualitätszeichen steht auch für Produkte aus der Region. Wir wollen, dass den Menschen das Essen wieder schmeckt. Der Maßstab dabei ist Klasse statt Masse.« Dieser Plan scheiterte jedoch am Widerstand der Agrar- und Lebensmittelindustrie. Die Regierung gab sich mit einem so genannten Kompromiss zufrieden, bei dem die Industrie sich verpflichtete, ein eigenes, freiwilliges Siegel einzuführen. Herausgekommen ist das QS-Siegel – eine Fehlgeburt. Denn es ist kein Qualitätssiegel, für das es die Verbraucher halten sollen, sondern besagt nur, dass ein mit dem QS-Siegel gekennzeichnetes Lebensmittel gesetzestreu hergestellt wurde (vgl. Kapitel 5). Das Siegel ↻ entspricht dem Schnittmuster aller so genannten »freiwilligen Vereinbarungen« zwischen Industrie und Politik, zum Beispiel derjenigen,

Geiz ist vernünftig

die 2001 zur Klimapolitik zwischen der deutschen Industrie und der rot-grünen Bundesregierung geschlossen wurde. Angeblich haben derartige Vereinbarungen das Ziel, unnötige Bürokratie zu vermeiden. Heraus kommt dabei jedoch regelmäßig, dass vereinbart wird, was die Industrie ohnehin macht. Die Klima-Vereinbarung regelte letztlich nur, dass die Industrie sich zu den Reduktionen des Treibhausgases Kohlendioxid verpflichtete, die sie ohnehin im Programm hatte. Notwendige Einschränkungen enthalten diese Vereinbarungen nicht. Und verbindlich sind sie auch nicht. Es liegt auf der Hand, dass das nicht reicht, um Verbraucherpolitik als Bürgerrechtspolitik zu betreiben.

Sogar der Kölner Fernsehmoderator Alfred Biolek wurde offenkundig Opfer des Fehlglaubens, beim QS-Siegel handele es sich um ein besonderes Markenzeichen für Qualität. Zunächst hatte er zugesagt, einen 25-Sekunden-Werbespot zu drehen. Es sollte ein Reklamefilmchen für das QS-Label werden, das von der Centralen Marketing-Gesellschaft der deutschen Agrarwirtschaft mbH (CMA) vermarktet wird. Erst kurz nach den Dreharbeiten meldete Biolek bei der Produktionsfirma schriftlich Bedenken gegen das QS-Label an und stieg aus der Werbung aus. Worauf diese Alfred Biolek auf Schadensersatz verklagte. Der Mann, dessen Ruf als Koch in seiner Show »Alfredissimo« davon lebt bzw. lebte, extragroßen Wert auf kulinarische Qualität zu legen, habe erst nach Abschluss des Vertrages erfahren, dass jenes Siegel keine Qualität verspricht, sondern lediglich eine Selbstverständlichkeit; nämlich die Einhaltung von Gesetzen. Ein Fall, der sprechender nicht sein könnte: Selbst Fachleute wie Alfred Biolek glaubten, dass das QS-Siegel mehr ist als ein Werbegag für das mittelmäßige »weiter so« in der deutschen Lebensmittelwirtschaft.

Geiz ist vernünftig

Ein eminent wichtiges Defizit grüner Verbraucherpolitik ist allerdings kaum bekannt: Gammelfleisch und Schlachtabfälle, beziehungsweise der Missbrauch damit, sind auch ein offensiv verschwiegenes Erbe der rot-grünen Verbraucherpolitik. Wider besseren Wissens hat man den heute bestehenden, fahrlässigen Regeln im Umgang mit Schlachtabfällen zugestimmt, obwohl der Missbrauch mit diesen und die illegale Verwendung von Tiermehl, das aus Schlachtabfällen gewonnen wird, den Behörden bekannt gewesen sein muss (vgl. Kapitel 3). Schlachtabfälle und Tiermehl werden in großem Umfang als »Wirtschaftsgüter« gehandelt. Dass sie wieder in die menschliche Nahrungskette gelangen – obwohl nach dem Gesetz streng verboten –, dafür gibt es sichere Anhaltspunkte. Kein Wunder, dass deshalb die Grünen für Gammelfleischskandale gern die »Billig-Mentalität« der Verbraucher verantwortlich machen und weniger die Defizite der Politik. Gepunktet haben die Grünen, nachdem sie die Auseinandersetzung mit der konventionellen Landwirtschaft aufgegeben hatten, mit »weichen Themen«. So nahmen sie sich des Themas Übergewicht von Kindern an. Das Ministerium gründete eine »Plattform für Ernährung und Bewegung«. Hierfür holte sich auch gleich jene Industrie ins Boot, die dafür verantwortlich ist, dass Eltern und Kinder im Supermarkt nicht wissen, welche Getränke, welche Nahrungsmittel viel zu stark zuckerhaltig sind. Ein Persilschein für diejenigen, die sogar offen mit Kindgerechtem werben und jedwede Fett- und Zuckerkennzeichnung scheuen wie der Teufel das Weihwasser, um die minderjährige Kundschaft zu locken.

Während der rot-grünen Koalition mutierte Verbraucherpolitik zu einer individualisierten Verbraucherpolitik. Demzufolge sollten Verbraucher richtig, also Bio-Qualität, einkaufen, damit die Agrarwende kommen möge. Und sie sollten bewusst einkaufen und sich gesund ernähren, um das Übergewicht bei Kindern in den Griff zu bekommen. Selbstredend

Geiz ist vernünftig

trägt der Verbraucher Verantwortung für das, was er tut – sofern er weiß, was er tut und sofern es seinen Interessen nicht zuwider läuft. Diese Einschränkung ist jedoch entscheidend. Sie muss Gegenstand von Verbraucherpolitik sein. Denn Verbraucherpolitik darf keine moralische Veranstaltung sein, darf sich nicht mit moralischen Appellen begnügen. Sie muss die Spielregeln des Marktes so ändern, dass Verbraucher wissen, was sie tun.

Die Spielregeln des Marktes ändern, heißt jedoch: Konflikte mit der Agrar- und Lebensmittelindustrie müssen ausgetragen werden. Die Individualisierung des Verbraucherschutzes bot jedoch der rot-grünen Regierung eine ideale Möglichkeit, sich diesen Konflikten zu entziehen. So kam es, dass allen sonstigen politischen und ideologischen Unterschieden zum Trotz, der Schnäppchenjäger zum gemeinsamen Feindbild der damaligen Bundes-Verbraucherministerin Renate Künast und des Präsidenten des Deutschen Bauernverbandes, Gerd Sonnleitner, aufstieg. »Topqualität und Lebensmittelsicherheit sind nicht zu Dumpingpreisen zu haben«, sagt der eine, »Die Geiz-ist-geil-Mentalität löst eine der größten wirtschaftlichen Schäden hierzulande aus und macht viele Arbeitsplätze kaputt«, die andere und fügte hinzu: »Die Schnäppchenmentalität muss weg!« Ein armseliges Ablenkungsmanöver vom Versagen der Gesetzgeber und Gesetzeshüter, der Lebensmittelerzeuger und -händler. Verbraucherministerin und Bauernfunktionär haben dasselbe gesagt und doch nicht das Gleiche gemeint. Die Grünen wollten und wollen damit die Verbraucher zu Käufern von Biowaren umziehen. Der Bauernpräsident wollte höhere Preise für seine Landwirtschaft haben. Beide Positionen sind legitim. Aber eine Verbrauchertäuschung besonderer Art ist es, diese Haltungen als Verbraucherpolitik zu verkaufen. Vor allem die Grünen müssten wissen: Eine Agrarwende – genau so wie Klima- und Umweltschutz – kann es nur geben, wenn sie über demokratisch legitimierten Zwang durchgesetzt wird. Zum Beispiel durch Abgaben auf den Einsatz von Pflanzenschutzmitteln und Mineraldünger und damit durch höhere Preise für konventionelle Agrargüter, die wie höhere Energiepreise beim Klimaschutz das Verhalten der Verbraucher beeinflussen. An Verbraucher zu appellieren, sie sollten alle die teureren Biolebensmittel kaufen, damit die Agrarwende ihr Ziel erreiche, ist ungefähr so effektiv wie alle Autofahrer aufzufordern, sich einen VW Polo zu kaufen, damit die CO2-Emissionen im Straßenverkehr gesenkt werden. Den freiwilligen Appellen stehen die Erfahrungen kollektiven Verhaltens entgegen: Ohne Zwang wird die Mehrheit, auch wenn sie den Zwang prinzipiell vernünftig findet, nicht vorangehen. Vielmehr wird der Einzelne denken: Wenn ich jetzt das ökologischere, aber deutlich teurere Schweineschnitzel kaufe, aber die anderen nicht, dann ändert sich nichts, und ich bin der Blöde. Das will ich aber nicht sein!

Zusammenfassend lässt sich zur Agrar- und Verbraucherpolitik der Parteien sagen: Alle politischen Parteien lassen ein überzeugendes und schlüssiges Konzept für die europäische Landwirtschaft vermissen. Damit bleiben sie zugleich ein klares europapolitisches Konzept für die weitere Entwicklung der Europäischen Union schuldig. Denn diese hängt wesentlich davon ab, ob und wie das europäische Agrarsystem reformiert wird. Keine der Parteien fordert unmissverständlich die Anwendung des Verursacherprinzips in der Landwirtschaft, das heißt, dass Verschmutzer für die von ihnen verursachten Schäden haften. Keine der Parteien unterstreicht deutlich die Notwendigkeit, die Agrarsubventionen drastisch zu senken, um einen fairen Welthandel zu ermöglichen und die Verbraucher durch sinkende Preise zu entlasten. Alle schreiben den falschen Ansatz der Vermischung von Agrar- und Verbraucherpolitik fort, statt den

Geiz ist vernünftig

Interessenskonflikt zu erkennen und diese zwei Gebiete klar voneinander zu trennen. Die Grünen fordern als einzige der Parteien überzeugend stärkere Verbraucherrechte in Form von Informations- und Klagerechten. Nur sie machen deutlich, dass Verbraucherschutz Marktinterventionen erfordert, weil der Markt alleine nicht für eine Stärkung der Verbraucherposition sorgt. Allerdings basiert ihre Verbraucherpolitik weiterhin auf dem Leitbild des »nachhaltig«, ökolandwirtschaftlich konsumierenden Verbrauchers.

Der Agrar- und Lebensmittelindustrie kam die Reduktion der grünen Verbraucherpolitik aufs Individuelle gerade recht. Ihre Haltung lässt sich in etwa so beschreiben: Ehe eine übersichtliche, wahrhaft transparente Kennzeichnung von Lebensmitteln in Supermärkten Vorschrift wird, sollen die Verbraucher zunächst lernen, was alles zu beachten ist, bevor ein Lebensmittel gekauft wird. Das erinnert fatal an die Anfänge der Umweltbewegung. Auch Anfang der siebziger Jahre argumentierte die Industrie, die Menschen müssten zunächst lernen, was es heißt, ökologisch zu wirtschaften und zu leben – und da fange man am besten in der Schule an, bei den Kindern, die man sacht an dieses Thema heranführen könne.

Die Industrieverbände argumentieren, dass der Verbraucher genügend informiert sei, und wählen wolle er ohnehin nicht. Denn nur das Billigste wolle er, Teures sei suspekt. Selbst wenn die Unterstellung, alle Verbraucher seien derart borniere Wesen, stimmte, den Verbrauchern die Freiheit der Wahl zu verweigern, ist ungefähr so, als ob man in der Politik die Abschaffung der Wahlen forderte – weil die Bürger doch daran gar kein Interesse hätten. Diese Totschlagargumente der Industrie helfen nicht weiter. Vielmehr muss geklärt werden, auf welcher Grundlage die Verbraucher überhaupt wählen können. Verbraucher bekommen nämlich die Informationen nicht, die sie bräuchten, um wirklich zwischen verschiedenen Produktquali-

172

Geiz ist vernünftig

täten wählen zu können – um eben die Freiheit der Wahl zu haben. Die Gentechnologie ist hier ein typisches Beispiel. Zwar gibt es eine Kennzeichnungspflicht für gentechnologisch veränderte Bestandteile im Endprodukt, z. B. wenn ein Keks gentechnisch veränderten Mais enthält, aber erfolgreiche Lobbyarbeit hat dazu geführt, dass der eigentliche Einsatz von Gentechnik für die Verbraucher nicht erkennbar ist: Denn obwohl 80 Prozent der gentechnisch veränderten Pflanzen als Futtermittel verwendet werden, erfährt der Verbraucher nicht, ob die Milch, das Fleisch, die Eier, die er kauft, mit derartigen Futtermitteln, also mit Gentechnologie hergestellt wurden oder nicht. Trotz Kennzeichnungspflicht gentechnologisch hergestellter Nahrungsmittel haben die Verbraucher nicht die Freiheit, durch Nicht-Kauf diese Technologie abzulehnen.

Tatsächlich scheut die Industrie das umfassende Recht auf Aufklärung und ist stattdessen beherzt dabei, unverfängliche Kampagnen gegen Dickleibigkeit bei Kindern imagefördernd zu unterstützen. Aufklärung hieße nämlich, auf den Fleischpackungen die Herkunft und die Haltung der Tiere auszuweisen. Oder ehrlich anzugeben, wie viel Zucker Softdrinks enthalten, statt sich hinter irreführenden Hinweisen wie dem, dass das Getränk ja nur Fruchtzucker enthalte, zu verstecken. Gerne möchte die Industrie Verbraucher informieren, aber bitte nicht so weit, dass ihre Produkte als wahre Kalorienbomben kenntlich werden. Denn diese Informationen könnten zu Umsatzeinbußen führen. Und weil das die betreffenden Hersteller nicht wollen, möchten sie das Bürgerrecht auf Information auf keinen Fall erweitert sehen. Leiden müssen unter dieser Politik nicht nur die Verbraucher, sondern auch jene Betriebe, die mit echter Transparenz gegen das Diktat der meisten Firmen nicht ankommen. Es wäre die dringliche Aufgabe der Politik, sich über diese Heimlichtuereien und Irreführungen hinwegzusetzen. Doch die Lobbyisten der Nahrungsmittelindustrie richten

173

Geiz ist vernünftig

ihr Handeln nach einem einfachen Grundsatz aus: Man darf dem Verbraucher die Wahrheit nicht zumuten, sonst ist er verstört und kauft nicht mehr, wie man es von ihm gewohnt ist. Und wenn der Verbraucher mehr Informationen will, soll er sich diese holen. Die Politik deckt diese Praxis bisher in Gänze. Und interpretiert Information als Wirtschaftshemmnis oder zumindest als Holschuld der Verbraucher. Der Verbraucher kann jedoch nicht holen, was ihm Industrie und Bürokratie verweigern. Ihn mit einer Liste von E-Nummern und chemischen Fachbezeichnungen abzuspeisen, ermöglicht ihm noch nicht, zu vergleichen und zu entscheiden.

Die Frage, was der »informierte, kundige und mündige Verbraucher« bedeutet, ist jedoch keine, die einfach per Gesetz und Verordnung festgelegt werden kann. In welcher Form die Begriffe »mündig« und »kundig« ausgelegt werden, ist eine Frage, die in der Handhabung bestehenden Rechts erst noch erstritten werden muss. Wir Verbraucher müssen dafür streiten, dass der Begriff des mündigen Verbrauchers nicht bedeutet, mit einem schlechten Gewissen teuer einzukaufen und ja nicht als Schnäppchenjäger dazustehen, sondern wir, die Kunden und Käufer, müssen klar machen, dass wir wesentliche Informationen bekommen wollen, ohne dafür betteln zu müssen. Informationen, die uns Vergleiche ermöglichen und damit die Grundlage unserer Kaufentscheidungen bilden. Um wirklich König Kunde sein zu können. Nur mit diesen Informationen ausgestattet wird es etwas geben, was in der Theorie der Märkte eine Selbstverständlichkeit ist: Einen Wettbewerb um die beste Qualität zu den niedrigsten Preisen und nicht einen Wettbewerb ausschließlich um das billigste Produkt.

Lebensstil ist an dieser Stelle das beste Stichwort, um einen heimlichen Gegner in den Blick zu nehmen, der die Durchsetzung unserer Ansprüche auf Macht, auf die organisierte Macht und die bürgerrechtliche Verankerung von Verbraucherinteressen erschwert. So paradox es klingen mag, finden sich diese heimlichen Gegner unter denen, die das Problem der Entmündigung von Verbrauchern für erledigt halten – durch die mehr und mehr populären Lebensmittel aus der Bioecke. Auch eine zunehmende »Gourmetfraktion« in der deutschen Bevölkerung will nichts davon wissen, dass schlechte Nahrungsmittel auch eine Frage der Macht sind.

Das Resümee dieser Gourmetfraktion ist eindeutig und typisch für ein bestimmtes Milieu: Die Deutschen kaufen nur billig, haben keinen Sinn für gute Küche und müssen, alles in allem, als Barbaren angesehen werden – am Herd wie in den Lebensmittelgeschäften. Ganz im Gegensatz dazu sieht sie Frankreich – ein Paradies, das Land der Feinschmecker und Verächter allen Junkfoods.

Man verrät kein Geheimnis, ganz bestimmt nicht Kennern der französischen Alltagsküche, dass diese Bilanz doch sehr von Klischees und Wünschen eingetrübt ist, auf der anderen Seite des Rheins werde es schon viel besser sein. Dabei zeigt sich in Frankreich die gleiche Misere wie in Deutschland: Gammelfleisch, Preisdumping bei den Discountern, fehlende Qualitätsdifferenzierungen in Supermärkten. In Frankreich ist es um den Fleischmarkt nicht besser bestellt: Dieses angebliche Paradies ist keines.

Essen als Lifestyle – wem es gefällt, dem soll es gegönnt sein. Doch Lifestyle als Appell oder als Vorbild bleibt folgenlos. Das gilt für die Moralapostel genauso wie für die Gourmet-Fraktion. Sie sind auf das Individuum ausgerichtet und spiegeln eigene individuelle Neigungen wider. Das soll jeder halten wie er will. Wer gegen die Wahlillusion, gegen die organisierte Irreführung und Täuschung vorgehen möchte, kommt vielleicht so ein Stück zu seinem privaten Glück. An der politischen Wurzel des ganzen Übels wird er allerdings nicht ansetzen können. Die

Geiz ist vernünftig

schlimmen Zustände im Lebensmittelmarkt werden dadurch keinen Deut besser. Die Moralisierung der Verbraucherpolitik belässt den Verbraucher ebenso in Unmündigkeit wie die Mär der konventionellen Agrar- und Industrielobby, mehr Information verwirrten den Verbraucher bloß. Diese anti-aufklärerische Gemengelage herrscht quer durch alle politischen Lager und Wirtschaftsverbände. Unser Verständnis vom mündigen Verbraucher ist daher so grundsätzlich wie provokant. Wir Verbraucher wollen uns entscheiden können, umfassend informiert, nach eigener Wahl, nicht nach moralischen Maßstäben. Aber wir akzeptieren auch die Notwendigkeit, sich kollektiven Zwangsmaßnahmen zu unterwerfen, wenn dies das Allgemeinwohl erfordert.

Kapitel 8

Gute Lebensmittel nur für Reiche

In Deutschland gibt es eine Zwei-Klassen-Ernährung.
Nur bemittelte Bürger können sich vorsorglich gesund
und ökologisch ernähren.

Ein multikulturelles Berliner Viertel an einem Samstagvormittag, Neukölln am Hermannplatz. Einkaufszeit gerade in den Lebensmittelläden. In diesem Teil der Stadt gibt es eine hohe Dichte an Hartz-IV-Empfängern, allerdings auch eine erkleckliche Zahl an Menschen, bei denen Geld nicht das knappste Gut ist. Beim Discounter Penny und in einer Filiale der Kette Plus nebenan haben sich Kassenschlangen gebildet. Die Einkaufswagen werden rar – wer sparen will oder muss, kann nicht mit Zeit geizen. In diesem Viertel, wo sich materiell karge Verhältnisse sichtbar mit gediegener Bürgerlichkeit kreuzen, erkennt man sich an den Einkaufstaschen. Am Hermannplatz gibt es im Kaufhaus Karstadt eine Lebensmittelabteilung für den gehobenen Bedarf. Und wer in dieser Gegend einen Stoffbeutel mit Lebensmitteln darin trägt, hat diese mit hoher Wahrscheinlichkeit in einem der nahegelegenen Bioläden erworben. Plastiktüten vom Discounter werden hier nicht verwendet.

Wohlhabende können sich – ob in Berlin-Neukölln oder anderswo – bessere Nahrungsmittel leisten – und sie tun es auch, in Bioläden, in Delikatessläden. Dass Bio wirklich teurer ist und nur etwas für vollere Geldbeutel, das lässt sich mit einem einfachen Test leicht dokumentieren, besonders in diesem Viertel. Auf dem Einkaufszettel stehen Lebensmittel für ein Wochenende, das drei Personen zusammen verbringen. Brot, Milch, Joghurt, Butter, Gemüse, Marmelade, Fleisch, Schlag-

177

sahne sowie Aufschnitt und Kartoffeln, Kräuter und Knabber-
zeug. Der Testeinkauf an diesem Samstagvormittag ergibt einen eindeutigen Befund: Ein Wochenendeinkauf für eine drei-
köpfige Familie kostete an der Kasse von Penny und Plus
jeweils knapp 40 Euro – nur das Nötigste, orientiert stets am
Preisgünstigsten. In der Lebensmittelabteilung von Karstadt
hingegen haben wir für die vergleichbaren Waren 49 Euro gezahlt – ohne dass diese Lebensmittel qualitativ besser gewesen
wären: Neun Euro Unterschied für eine behaglichere Beleuch-
tung, für mehr Personal und ein Angebot, das anders als bei
den Discountern nicht aus jeweils 800 Artikeln besteht, sondern aus 10 000. Im Bioladen hingegen belief sich die Rechnung
auf 71 Euro: Butter, ein Kilogramm Joghurt, drei Putenschnitzel, Brot, Vollmilch, ein Kilogramm Möhren, ein Viertelliter
Sahne, ein Glas mit 500 Gramm Kirschkonfitüre sowie Kräuter
und Kartoffeln. 70 Prozent höhere Ausgaben für Bio-Lebens-
mittel als für den Einkauf beim Discounter – da muss es schon
gewichtige Gründe geben, zu Bio zu greifen. Vor allem für
Familien, die sparen müssen. Da sagt es sich für solche Menschen, die nicht einmal genau wissen, was sie überhaupt fürs
Essen ausgeben, leicht dahin, man müsse eben Bio kaufen,
wenn man gute Lebensmittel haben will. Aber stimmt das?
Welche Vorteile bietet uns Bio denn, und spüren wir diese Vorteile überhaupt?

Wer sich vorsorgend, ökologisch und gesund ernähren will,
ist mit Produkten, die das Biosiegel tragen, meistens wirklich
gut bedient. In der ökologischen Nische – ganze vier Prozent
aller Lebensmittel werden in ihr umgesetzt – finden sich nur
Produkte, die bestimmten Standards in der Herstellung genü-
gen. Dass sie am Ende nicht besser schmecken müssen, steht
auf einem anderen Blatt. Gesetzlich ist festgeschrieben, dass
der Zusatz »Öko« nur benutzt werden darf, wenn keine Pflanzenschutzmittel eingesetzt werden, um Obst und Gemüse vor

Gute Lebensmittel nur für Reiche

Schädlingen zu schützen; dass nur Futterpflanzen erlaubt sind, die ebenfalls größtenteils ökologisch angebaut werden und jedenfalls nicht gentechnologisch verändert sind. Außerdem müssen die Tiere, etwa Milchkühe, unter besonders guten Umständen gehalten werden und auch auf der Wiese Auslauf haben. Kurz, die ökologische Landwirtschaft ist nachhaltiger, ist ein Modell der Zukunft. Während für die konventionelle Lebensmittelwirtschaft gilt: alles was nicht verboten ist, ist erlaubt, verhält es sich für die ökologische Produktion umgekehrt: Was nicht ausdrücklich erlaubt ist, ist verboten. Das sechseckige Bio-Siegel, das einzige auf dem Markt für Lebensmittel, das die Einhaltung bestimmter, gesetzlich vorgeschriebener Herstellungsmethoden verspricht, ist eine verlässliche, aussagekräftige Information für den Verbraucher. Wo Bio draufsteht ist – staatlich garantiert und kontrolliert – auch Bio drin.

Doch diese Seriosität kann sich kaum gegen dutzende unkontrollierbarer, unredlicher privater »Qualitäts-Siegel« durchsetzen. Allein für Fleisch gibt es rund achtzig derartiger Siegel – mit vagen Versprechungen – und der Ungewissheit, wie kontrolliert wird. Verbraucher wissen zwar ungefähr, dass Bio »irgendwie ökologisch« ist, aber eine entscheidende Frage ist auch: Wie unökologisch ist eigentlich die konventionelle Agrarproduktion? Hartnäckig bestreiten hartgesottene Lobbyisten der konventionellen Landwirtschaft die nachweislichen ökologischen Vorteile der Bio-Landwirtschaft. Doch am Beispiel eines ganz gewöhnlichen Schweineschnitzels lässt sich veranschaulichen, wie die Produktion eines konventionell erzeugten Schweineschnitzels die Umwelt höher belastet als ein ökologisch hergestelltes. Das Schweineschnitzel steht für alle Agrarprodukte. Denn bei allen konventionell hergestellten Lebensmitteln fallen mal mehr, mal weniger dieselben ökologischen Schäden an. Zu den Umweltschäden, für die die konventionelle Schweinemast verantwortlich ist, zählt beispielsweise

Gute Lebensmittel nur für Reiche

die Wasserverunreinigung durch Pflanzenschutzmittel, die im Futtermittelanbau eingesetzt werden. Mit viel Geld müssen diese bei der Trinkwasseraufbereitung dem Wasser wieder entzogen werden. Auch die Schadstoffbelastung der Gewässer durch Nitrate und Phosphate macht die Trinkwasseraufbereitung teuer. Ein höherer Energieaufwand durch den Einsatz von Mineraldünger heizt das Klima auf – auch dafür muss die Allgemeinheit zahlen.

Da die Ökolandwirtschaft diese Schäden weitgehend vermeidet, ist die Produktion eines Öko-Schnitzels teurer. Der Verzicht von Mineraldünger und Pflanzenschutzmitteln führt beispielsweise zu niedrigeren Erträgen im Futtermittelanbau und dadurch zu höheren Kosten. Auch werden die Schweine in der ökologischen Produktion weniger schnell gemästet, was die Kosten ebenfalls steigen lässt. Die konventionelle Landwirtschaft dagegen wälzt die Kosten der Umweltschäden auf die Allgemeinheit ab. Die höheren Kosten etwa für Trinkwasseraufbereitung zahlen nicht die Verursacher, also die Landwirte, sondern die Verbraucher.

Die Umweltschäden der Hersteller eines konventionellen Schnitzels sind in einer Studie in Euro und Cent kalkuliert worden. Rechnet man nur die tatsächlich gezahlten Euro und Cent, betragen die Herstellungskosten eines Kilos konventioneller Schnitzel 1,45 Euro, die eines Kilos Öko-Schnitzel 2,25 Euro. Berücksichtigt man aber die Umweltkosten, so verteuert sich die Herstellung eines konventionellen Schnitzels. Es fallen dann Umweltkosten in Höhe von 45 Cent pro Kilo Fleisch an. Wenn die konventionellen Erzeuger nun für diese höheren Umweltschäden tatsächlich aufkommen müssten, müssten sie Produktionskosten in Höhe von 1,90 Euro pro Kilogramm Fleisch bezahlen. Die Differenz der Produktionskosten im Vergleich zum Ökofleisch würde sich damit erheblich verringern – von 80 auf knapp 40 Cent. An der Ladenkasse sieht es dann noch

180

Gute Lebensmittel nur für Reiche

einmal anders aus: Wir haben für ein Kilogramm konventionelles Schweineschnitzel etwa sieben Euro zu bezahlen – ein Ökoschnitzel hingegen kostet im günstigen Fall rund dreizehn Euro. Fast doppelt soviel wie das gewöhnliche Fleisch. Diese große Differenz im Vergleich zum Unterschied bei den Herstellungskosten ergibt sich aus den Tätigkeiten, die der Herstellung nachgelagert sind: Transport, Schlachten, Zerlegen, Großhandel, Einzelhandel. Während für konventionelle Schnitzel nur sechs Euro Verarbeitungs- und Vertriebskosten anfallen, sind es beim Ökoschnitzel fast elf Euro. Diese machen die beträchtliche Preisdifferenz zwischen Öko- und konventionellem Schnitzel aus, um die in Haushalten mit geringem Familieneinkommen nicht gerungen wird – man verzichtet lieber gleich auf das Ökofleisch.

Der große Unterschied im Endverkaufspreis resultiert aus der Nischenposition des Ökofleisch-Marktes. Die Verarbeitungs- und Vertriebskosten sind schlichtweg deshalb so hoch, weil die gehandelte Menge so gering ist. Der Marktanteil beträgt lächerliche 0,35 Prozent – eine Zahl, die schon aus sich selbst heraus erklärt, dass es ein Luxus ist, dieses Fleisch zu kaufen. 75 000 Ökoschweinen standen im Jahr 2005 17,5 Millionen konventionelle Mastschweine gegenüber – das ist ungefähr auch der quantitative Unterschied zwischen real existierenden Juwelen in deutschen Schmuckgeschäften und all dem Strass, der in Kaufhäusern, auf Straßen und Märkten angeboten wird.

Die Verarbeitung und der Vertrieb von Fleisch sind aufwendig, aufwendiger als ein Schwein zu mästen. Angefangen beim Transport, über die Schlachthöfe mit ihren riesigen Kapazitäten und die gesamte Kühlkette bis hin zur Verteilung an Groß- und Einzelhandel. Ökofleisch benötigt jedoch eine eigene Infrastruktur; die Lagerung und Schlachtung zum Beispiel hat getrennt von konventionellem Fleisch zu erfolgen, damit Ver-

Gute Lebensmittel nur für Reiche

wechslung oder Betrug ausgeschlossen werden kann. Da nur kleine oder kleinste Mengen gehandelt werden, sind diese Kosten anteilig besonders hoch. Die Mengen an Ökofleisch sind wiederum deshalb so gering, weil die Produktionskosten der konventionellen Schnitzel niedriger sind und somit von Anfang an einen Startvorteil haben. So schließt sich der Kreis: Nur wenn dieser anfängliche Startnachteil ausgeglichen wird, könnten Ökoschnitzel im Wettbewerb mithalten.

Diese krasse Benachteiligung der Ökofleischproduktion könnte ausgeglichen werden, wenn der Herstellung konventioneller Schnitzel auch die Kosten angerechnet werden, die diese tatsächlich verursacht, aber für die sie nicht zahlen muss, nämlich die Umweltschäden. Dann erst wären die Ausgangsbedingungen für einen fairen und echten Wettbewerb gegeben: Es käme mehr Ökoware auf den Markt, die Verarbeitungs- und Vertriebskosten und damit die Preise der Ökoschnitzel würden sinken. Gleichzeitig müssten die Kosten und auch die Preise der konventionellen Waren steigen. An der Fleischtheke betrüge dann die Preisdifferenz zwischen Öko und konventionell schließlich schätzungsweise nur noch rund 20 und nicht mehr bis zu 100 Prozent. Viel mehr Leute könnten sich dann Öko leisten und würden es kaufen.

Dies sind keine theoretischen Zahlenspiele. So konnte man im März 2007 bei Edeka Nord – die große Mengen an Ökofleisch verarbeitet – ein Öko-Schweinerückensteak für 9,99 Euro/Kilo erwerben, das konventionelle Steak kostete 7,48 Euro/Kilo. Eine Preisdifferenz von 34 und nicht 100 Prozent. Umweltkosten sind hier bei der konventionellen Herstellung noch gar nicht berücksichtigt. Aber auch ein Preisunterschied von 30 Prozent wäre für viele zusätzliche Kunden bereits ein Anreiz, zu Bio zu greifen.

Die Vorteile der ökologischen Landwirtschaft für die Umwelt sind eindeutig. Das gilt und daran kann man sich – voraus-

182

Gute Lebensmittel nur für Reiche

gesetzt man verfügt über die entsprechenden Finanzen – auch orientieren. Besonders krass ist der Vorteil der ökologischen Landwirtschaft bei den Auswirkungen auf das Klima. Die Produktion von einem Kilogramm konventionellen Schweinefleischs verursacht viermal so viel Treibhausgase wie die von ökologisch hergestelltem Schweinefleisch. Allerdings stellen sich auch im Biobereich einige Fragen, die es zu bedenken gilt. Ökotomaten aus Südspanien werden zwar pestizidfrei angebaut, doch der Wasserverbrauch, 12 Liter pro Tomate, in der kargen, aber sonnenreichen Region ist so enorm, dass mit jeder Ökotomate aus dieser Gegend zugleich die Verkarstung und damit ökologische Zerstörung des Anbaugebietes in Spanien befördert wird. Öko bedeutet in diesem Fall nur: schadstofffrei oder schadstoffärmer. Der Wasserverbrauch ist kein Herstellungskriterium, das bei der Vergabe eines Bio-Siegels eine Rolle spielt, auch nicht die beim Transport aufgewendete Energie. Würden hier der Wasserverbrauch und auch der Energiebedarf durch den Transport mit eingerechnet, müsste eine solche Tomate mehr kosten.

Sehen wir uns das weiter an. Auch bei der Ökobilanz etwa von Lammfleisch kann man nachdenklich werden. Für in Deutschland aufgezogene Ökoschafe liegt der Preis pro Kilogramm um das Doppelte höher als beispielsweise der für neuseeländisches Lammfleisch aus konventioneller Haltung. Unbeachtet bleibt, dass das deutsche Lammfleisch zwar ökologisch hergestellt wurde. Doch entspricht das konventionelle Lammfleisch aus Neuseeland annähernd ökologischen Standards: Lämmer, die auf der anderen Seite der Erdkugel aufgezogen werden, wachsen Tag für Tag auf Wiesen, fressen Gras und Kräuter und werden nicht in Ställen gehalten. Und müssen auch nicht, wie in Deutschland, wegen der geringen Weidegröße gelegentlich mit dem LKW von Weide zu Weide transportiert werden. Die Energieeinsparung bei der Haltung der Schafe in

Gute Lebensmittel nur für Reiche

Neuseeland kann deshalb größer sein als der Energieaufwand ihres Transportes von Neuseeland nach Europa.

Einschränkungen muss man auch bei verarbeiteter Ware machen, die das Ökosiegel tragen, wenn für die gute ökologische Marmelade die Früchte aus Argentinien kommen, steht das leider nicht drauf. Skepsis ist deshalb auch generell angesagt, wenn es heißt, man solle bitte regional einkaufen. Bei Rohstoffen wie Äpfeln, Salat oder auch Fleisch kann man die regionale Herkunft überprüfen. Regionale, verarbeitete Lebensmittel verdienen aber häufig die Attribute »kürzere Transportwege« und »Originalität« gar nicht. So kann es sein, dass die auf einem bayerischen Wochenmarkt erworbene Weißwurst mit Schweinedarm aus China hergestellt wurde, das Kalbfleisch aus Ungarn, das Schweinefleisch aus Polen und die Petersilie aus Südafrika stammen. Wie bei der Weißwurst fehlt es vor allem bei verarbeiteter Ware an eindeutigen Herkunftsbezeichnungen. Auch bei biologischen Lebensmitteln ist die Herstellungsbezeichnung nicht vorgeschrieben.

Dennoch bleibt in der Konsequenz richtig: Ökoprodukte schonen die Umwelt. Nicht nur bei uns, sondern global. Wer Öko kauft, handelt ökologisch vorsorglich. Daran ändern auch die erwähnten Defizite oder Einschränkungen nichts. Unter den gegebenen Umständen muss man das so formulieren: Man muss es sich leisten können, vorsorglich zu handeln. In dieser Gesellschaft kostet vorsorgliches Handeln viel Geld. Wer das nicht hat, kann nicht vorsorglich handeln. Das müssen wir uns vor Augen führen: Finanziell werden die weniger bemittelten Menschen indirekt gezwungen, die Umwelt zu schädigen, das Klima zu erwärmen, die Gewässer zu verschmutzen und zur Abholzung der Regenwälder beizutragen.

Seit der BSE-Krise ist Bio bei uns als ernsthafte Alternative etabliert. Nicht mehr nur Körner liebende Weltverbesserer aus dem grünen Milieu greifen zum Biojoghurt, vom Arbeiter bis

Gute Lebensmittel nur für Reiche

zum Unternehmer, von der jungen Mutter bis hin zu Rentnern: Bio ist populär. Doch müssen wir realisieren, dass auch Bio nicht automatisch sichere Qualitätsstandards gewährleistet. Es bleiben viele ungeklärte Fragen. Ist Bio wirklich Bio? Schmeckt Bio besser? Ist Bio gesünder? Dass die Biotomate oder das Bioei – im Gegensatz zu populären Behauptungen – besser schmecken als die konventionellen Produkte, ist sehr häufig unbegründet und die Geschmackswahrnehmung Einbildung. Denn leider – so muss man sagen – greift die ökologische Landwirtschaft meistens etwa auf dieselben Hochleistungsrassen zur Fleischproduktion und dieselben faden Einheitssorten von Gemüse und Obst zurück. Daher bleibt der Geschmack auch bei Öko auf der Strecke. Dies liegt einerseits daran, dass der Ökosektor, würde er zum Beispiel auf traditionelle, weit langsamer wachsende Schweinerassen zurückgreifen, noch weniger wettbewerbsfähig wäre. Andererseits stehen für die Ökoproduktion auch noch nicht ausreichend angepasste Gemüse- und Obstsorten sowie Fleischrassen zur Verfügung.

Während sich die ökologischen Vorteile von Bio gut dokumentieren lassen, kann der definitive Nachweis, dass Bio gesünder als konventionell ist, wohl nur erbracht werden, wenn man zwei Gruppen genetisch ähnlich disponierter Menschen ein Leben lang unter gleichen Bedingungen in ein hermetisch abgeschlossenes Labor einsperrt und die eine Gruppe ökologisch, die andere konventionell ernährt. Da dies nicht möglich ist, können wir zurzeit diese Alternative nur unter dem Vorsorgegesichtspunkt bewerten. Wenn wir auf der sicheren Seite sein und nicht auf den letzten Beweis warten wollen, dass Zusatzstoffe, die im Tierversuch Krebs auslösen, auch für den Menschen gesundheitsschädlich sind, dann handeln wir zum Beispiel nach dem Vorsorgeprinzip.

Obst und Gemüse ohne Rückstände von – teilweise verbotenen, regelmäßig aber die gesetzlichen Höchstwerte überschrei-

Gute Lebensmittel nur für Reiche

tenden – Pflanzenschutzmitteln, sind so gesehen definitiv gesünder. Das gilt auch für Salat ohne die in der konventionellen Landwirtschaft üblicherweise hohe Nitratbelastung. Da bietet Bio eine gute Alternative. Denn Pestizide sind Gifte, auch Nervengifte, und schädigen die Gesundheit. In Tierversuchen werden häufig krebsauslösende Wirkungen festgestellt. Deshalb gibt es Grenzwerte und Rückstandshöchstmengen. Doch diese Grenzwerte bieten nur einen eingeschränkten Gesundheitsschutz, denn sie beziehen sich immer nur auf eine Substanz, nicht auf die Wirkungen verschiedener, gemeinsam eingesetzter Substanzen zusammen. Wenn Behörden regelmäßig nach den ebenso regelmäßig wiederkehrenden Überschreitungen der zulässigen Höchstmengen betonen, es bestehe keine Gesundheitsgefahr, ist das sträflich leichtsinnig. Wir fragen, warum gibt es dann überhaupt Grenzwerte?

Ökologisch produziertes Fleisch wird mit viel sichereren und besser kontrollierten Futtermitteln und größeren Sicherheitsmargen bei der Arzneimittelgabe an die Tiere erzeugt. Die beschriebenen Risikofaktoren, etwa importierte Futtermittelöle zur Herstellung von Mischfutter und oftmals mit Dioxinen belastet, kommen bei der ökologischen Produktion nicht zum Einsatz. Das macht einen erheblichen Unterschied aus, da die uns zugemutete zu hohe Dioxinbelastung vor allem auf die Futtermittel zurückzuführen ist. Auch die Liste der Zusatzstoffe, Farbstoffe, Konservierungsstoffe, Stabilisatoren und Geschmacksverstärker ist in der ökologischen Lebensmittelindustrie wesentlich reduziert. Etwa 50 Zusatzstoffe sind erlaubt, im Vergleich zu rund 300 für die konventionelle Herstellung von für Nahrungsmittel zugelassenen Zusatzstoffen. Die Hälfte davon ist gesundheitlich umstritten. Ähnlich wie bei den Pflanzenschutzmitteln kann bisher niemand genau beurteilen, wie die Auswirkungen dieser vielen Zusatzstoffe im Zusammenspiel sind. Und niemand kann wirklich beurteilen, ob das eigene Kind mit Gummi-

Gute Lebensmittel nur für Reiche

bärchen und Limonade nicht viel mehr Zitronensäure, E 330, zu sich nimmt, als gesundheitlich zuträglich ist.

Der gesundheitliche Vorteil ökologischer Lebensmittel ist deshalb auch im Hinblick auf die Zusatzstoffe größer. Dass dennoch auch im Ökosektor nicht alles zum Besten bestellt ist, wird an der Tatsache klar, dass einige ökologische Anbauverbände niedrigere Schwellen für Zusatzstoffe haben. So verwendet zum Beispiel der Anbauverband Naturland Aromen im Joghurt, Demeter und Bioland verzichten auf diese Zusatzstoffe. In der Wurst von Naturland findet sich das gesundheitlich umstrittene Farb- und Konservierungsmittel Nitritpökelsalz, das bei Demeter zum Beispiel verboten ist. Es gilt die Faustformel: Nur wenn man bei Bio wirklich zum Teuersten greift, nicht zum Supermarktstandard, hat man gesundheitlich verlässlich vorgesorgt.

Eine Ernährung, die sich ausschließlich aus ökologischen Lebensmitteln zusammensetzt, ist allerdings längst noch keine Garantie auf ein gesundes Leben: Man kann von Biowein und Biobier ebenso in den Alkoholismus abgleiten wie man durch den übermäßigen Konsum von Biosüßigkeiten übergewichtig werden kann. So gesehen sind wir Verbraucher ganz und gar frei, mit unserem Leben anzufangen, was wir möchten. An dieser Stelle muss man sich die Lage der Dinge vom Prinzip her vor Augen führen: Heutzutage hängt eine vorsorgliche Ernährung von den finanziellen Möglichkeiten des Verbrauchers ab. Das ist jedoch ein gesetzwidriger Zustand: Der Staat, der eigentlich für alle Bürger Schutz und Vorsorge bereitstellen muss, versagt hier. Bürger, die nicht über die finanziellen Mittel verfügen, ihren Bedarf über die Ökonische zu decken, werden gezwungen, die nichtökologische Produktion zu unterstützen und haben überhaupt keine Chance, sich so zu ernähren, dass sie ihre Gesundheit vorsorglich schützen. Das ist eine Zwei-Klassen-Ernährung. Dass diese Zwei-Klassen-Ernährung existiert, ist offensichtlich, obwohl es in Deutschland, im Gegensatz zu anderen Ländern, keine ausführlichen, repräsentativen Studien zu diesem Thema gibt. Die vorliegenden Untersuchungen über Ernährungsgewohnheiten und Ernährungsstatus lassen Menschen in Armutssituationen unberücksichtigt. Bekannt ist aber, dass Menschen mit geringem Einkommen zu wenig Obst, Gemüse, Milch und Milchprodukte zu sich nehmen. Die Kost ist zu fettreich, meist aufgrund eines höheren Verzehrs an billigeren Fleisch- und Wurstwaren sowie von Fertig- und Konservengerichten. Knapp 20 Prozent der deutschen Haushalte mit durchschnittlich 1,7 Personen, 10 Millionen von gut 50 Millionen Haushalten, zählen zu den Beziehern von niedrigem Einkommen. Diese Haushalte haben monatlich nach Abzug der Miete rund 1100 Euro zur Verfügung. Für Lebensmitteleinkäufe und nichtalkoholische Getränke geben diese Haushalte laut Statistik 150 Euro im Monat aus, 14 Prozent vom Einkommen nach Abzug der Miete. Allein diese Zahl lässt schon auf Mangelernährung schließen. Legt man die Kriterien der Deutschen Gesellschaft für Ernährung (DGE) zu Grunde, muss man für zwei Personen, alleinerziehende Mutter mit Kind, 8,40 Euro pro Tag rechnen, um sich so billig wie möglich, aber ausgewogen zu ernähren. Das macht für den Durchschnittshaushalt im Monat nicht 150 Euro, sondern 265 Euro aus, oder ein Viertel vom Einkommen. Es wird unmittelbar klar, dass in dieser Lage eine Versorgung mit Bioprodukten für ein Fünftel aller Haushalte in Deutschland völlig unerreichbar ist. Denn dann müssten diese Haushalte monatlich rund 360 Euro, etwa 70 Prozent mehr, für Lebensmittel ausgeben können. Das wäre dann über ein Drittel des Einkommens. Dies ist völlig unrealistisch, denn dann wären die anderen nachweisbaren Ausgaben für eine Familie, von Kleidung, Schulmaterialien bis hin zu Gesundheitskosten, völlig unerschwinglich. Menschen, die über niedrige Einkommen verfügen, haben keine Wahl mehr

Gute Lebensmittel nur für Reiche

zwischen Bio und der Urlaubsreise nach Thailand. Die pure, materielle Not zwingt sie zum billigen, teilweise ungesunden Essen. Die Möglichkeit, sich gesund zu ernähren, bleibt ihnen verwehrt – und damit das Grundrecht auf körperliche Unversehrtheit.

Gute Ernährung ist in Deutschland heute eine soziale Frage. Wer mehr Geld hat, hat bessere Chancen, sich gesund zu ernähren. Das ist ein Skandal – vor allem weil sich das ändern ließe durch die Politik. Wer krank ist und besser zahlt, darf sich der Aufmerksamkeit der Chefärzte am Krankenbett gewiss sein. Die Grundversorgung aber erhalten alle Krankenversicherten. Bei Lebensmitteln ist diese Gleichheit außer Kraft gesetzt. Ein Armbruch, eine Lungenentzündung oder eine Augenentzündung werden auch behandelt, wenn ein Patient über keine oder geringe Mittel verfügt. Er kann darauf zählen, dass ihm durch die sozialen Sicherungssysteme eine Mindestversorgung zuteil wird. Auch beim Einkauf von Lebensmitteln muss der Bürger das Recht auf eine Grundversorgung haben, ohne seine Gesundheit in Gefahr zu bringen. Angesichts der Verhältnisse auf dem Lebensmittelmarkt ist das jedoch nicht möglich. Reiche können sich bessere Lebensmittel erlauben – Arme hingegen müssen sich mit schlechter, viel zu oft mit kontaminierter oder verdorbener Ware begnügen.

Diese Erkenntnis ist bei den meinungsbildenden Personen in der Debatte um gute Lebensmittel und Ernährung noch nicht angekommen. Für sie ist der Konsum billiger Lebensmittel, die geringe Summe, die Deutsche für Nahrungsmittel ausgeben, keine soziale Schande, sondern ein kultureller Schandfleck. Die Attitüde, Deutsche hätten die Neigung, jeden Abfall zu essen, spiegelt gnadenlose Arroganz wider und hat die Wirklichkeit des Lebensmittelmarktes völlig aus dem Blick verloren. Stellvertretend für viele aus der Schöner-Essen-Ecke sei hier Wolf-

Gute Lebensmittel nur für Reiche

ram Siebeck zitiert, Kochpapst der liberalen Wochenzeitung *Die Zeit*: »Es sieht nicht gut aus. Die Stammzellen des Konsumenten erweisen sich als resistent gegen Veränderungen. Sein Drang, auch Dreck zu essen, wenn er nur billig ist, hat alles überstanden.« Dieser Mann wird dafür bezahlt, Woche für Woche als Journalist die besten und vor allem entferntesten Adressen für den Lebensmittelerwerb zu recherchieren und zu preisen. Eine Einzelstimme? Nur eine vielleicht besonders exponierte in einem Chor voller Verächter jener Verbraucher, mit denen man nichts gemein haben will – »Unterschicht« eben, Menschen, die den unschönen Charakterzug des Geizes kultivieren und partout keine Lebensstilbelehrung erhalten möchten.

Es geht hier wohlgemerkt um die Chance aller, Vorsorge für ihre Gesundheit zu treffen, es geht hier um die grundsätzliche Chancengleichheit, gesunde Lebensmittel zu erwerben. Die Frage, ob alle Verbraucher diese Chance dann gleichermaßen wahrnehmen wollen, steht auf einem anderen Blatt. Dies ist jedoch noch kein Grund, die Chancengleichheit zu verweigern. Sicherlich gibt es viele, die nicht so viel Geld haben und die ihr Geld lieber für ein größeres Auto, ein Fernsehgerät mit Flachbildschirm oder eine Fernreise ausgeben – und am Essen sparen. Diese Entscheidung liegt aber in der Freiheit des Einzelnen begründet. Es gibt auch viele gut bemittelte Menschen, die für ökologische Lebensmittel kein Geld ausgeben wollen. Das sind gewiss mehr als die Käufer der vier Prozent, die Ökolebensmittel am Gesamtumsatz der Nahrungsmittelindustrie halten. Individuelle Entscheidungen ändern nichts an der Tatsache: Sehr vielen Menschen, zu vielen Menschen, wird das Recht auf gesunde Ernährung und in der Folge auf körperliche Unversehrtheit durch die Strukturen des Lebensmittelmarktes verweigert.

Gute Lebensmittel nur für Reiche

Die Verweigerung dieses Grundrechts hat System. Denn wenn die Erkenntnis, dass man für eine gesunde und ökologische Ernährung zu Bio greifen muss, in großem Maßstab umgesetzt würde, dann wäre es um den restlichen, konventionellen Lebensmittelmarkt schlecht bestellt. Viele Menschen würden dann auf Bio umsteigen. Die Bastion der konventionellen Agrar- und Lebensmittelwirtschaft, einschließlich der Funktionärseliten und Lobbyverbände, wäre dann ernsthaft bedroht, wie auch die an der konventionellen Produktionsweise prächtig verdienende chemische Industrie. Die Parolen von Politik und konventioneller Agrarwirtschaft, Bio und konventionell seien gleichberechtigt im Markt, der Kunde solle entscheiden, sind zwar verständlich, aber nicht richtig. »Wir bieten beides an: ökologisch und konventionell erzeugte Ware. Die stehen in Konkurrenz, so wie das Fleisch vom Rind mit dem vom Schwein«, so Gerd Sonnleitner. Auch für Horst Seehofer ist die Konkurrenz zwischen ökologischer und konventioneller Landwirtschaft eine ganz normale: »Wenn die Bürger dauerhaft Ökoprodukte kaufen, werden sich Handel und Landwirte darauf einstellen«, so der Landwirtschaftsminister. Mit solchen Formeln wird die völlig ungleiche und für die Ökolandwirtschaft nachteilige Stellung im Markt vertuscht und beschönigt. Und dazu tragen auch Marketing und Werbung für konventionelle Produkte bei. Die konventionelle Lebensmittelindustrie wirbt ganz legal mit »Quasi-Bio-Parolen«. Sie weiß um die imagefördernde Absatzchance von Waren, die sich mit Bio oder Öko, also mit Gesundheit und einer intakten Umwelt verkaufen. Wir Verbraucher bekommen schon preislich beim Kauf von Ökofleisch das schmerzhafte und zugleich gute Gefühl, etwas ganz besonders Kostbares zu erwerben. Aber wir zahlen, denn es ist ja Öko und garantiert schadstoffärmer, frei von dioxinkontaminierten Futtermitteln. Außerdem wissen wir, dass die Tiere, von denen das Fleisch stammt, unter besseren

Gute Lebensmittel nur für Reiche

Bedingungen als ihre Verwandten in der konventionellen Produktion aufwachsen konnten. Eine gesunde, vorsorgende Ernährung hat eben ihren Preis, denken sich alle Ökoproduktkäufer. Ähnlich denken viele Verbraucher, die konventionell kaufen und hoffen, durch höherpreisiges Einkaufen bessere Qualitäten zu erhalten.

So ist es nur logisch, dass auch Anbieter konventioneller Ware sich dieser Hoffnungen bedienen. Milchpackungen konventioneller Hersteller sind so aufgemacht, als ob ihre Milch von einem Bauernhof mit glücklichen Kühen, gemolken von zufriedenen Landwirten, kommt. Artgerechte Tierhaltung wird ebenfalls oft versprochen – nachprüfbar ist sie nicht. Gegen eine solche Verführungskraft beispielsweise der »Landliebe«-Milch, die wesentlich teurer als andere konventionelle Milch und auch teurer als manche Ökomilch ist, kann Milch in schlichten No-Name-Verpackungen nicht ankommen. Die Aufmachung einer »Landliebe«-Milch verspricht scheinbar sogar noch etwas Besseres als Ökomilch. Nicht nur artgerechte Tierhaltung, sondern auch mehr Sicherheit und Gesundheit für Kinder. »Landliebe-Milch wird regelmäßig auf Rückstände und Schadstoffe untersucht. Bei der Beurteilung werden die strengen Kriterien der Babynahrung herangezogen,« verspricht »Landliebe«. Nur wer über sehr begrenzte Geldmittel verfügt, wird notgedrungen die glanzlose Milch in den Einkaufswagen legen. Welche junge Mutter will nicht das Beste für die Gesundheit ihres Babys tun? »Landliebe«, so mögen manche vielleicht mit schlechtem Gewissen denken, »kann ich mir leider nicht leisten – obwohl sie besser wäre für mein Baby, denn sie ist ja erheblich teurer, bis zum Doppelten sogar.«

Ein Trugschluss, für den Lebensmittelkonzern Campina ein außergewöhnlich profitabler. Die Informationen auf der Verpackung sind nicht nachprüfbar, wer »Landliebe« kauft, kauft bloße Versprechungen (vgl. Kapitel 2). Informationen, von wel-

192

Gute Lebensmittel nur für Reiche

chen »ausgewählten Bauernhöfen« die »Landliebe«-Milch kommt und was es heißt, dass die Milchkühe artgerecht gehalten werden, werden nicht gegeben. Wir erfahren auch nicht, ob die Milchkühe mit gentechnisch verändertem Futter gefüttert werden – sie werden es nämlich. Dass besondere Sicherheit dadurch besteht, dass die »Kriterien für Babynahrung herangezogen werden«, erschließt sich dem Verbraucher ebenfalls nicht. Welche Kriterien sollen das sein? Was wird garantiert? Fest steht, dass die junge Mutter, die für ihre Kinder täglich zwei Liter Landliebe-Milch kauft, im Jahr bis zu 300 Euro mehr als für eine billige No-Name-Milch zahlen muss. Dass sie für dieses Geld eine bessere Milch erhält, ist höchst zweifelhaft. Pure Augenwischerei also, diese Landliebe, die nur die Liebe des Konzerns zu herausragenden Umsatzzahlen belegt. Denn die Produktion von Milch ist im Milchgesetz geregelt, und zwar seit Jahrzehnten. Milch war noch bis in die vierziger Jahre des vorigen Jahrhunderts ein unsicheres Produkt: ein Infektionsherd von Tuberkulose beispielsweise. Am 31. Juli 1930 trat das erste Milchgesetz in Deutschland in Kraft, um die Verbraucher vor Fälschungen und Infektionen zu schützen. Lebensmittelskandale rund um die Milch waren der Auslöser. Denn auf den Märkten wurden damals weißflüssige Getränke angeboten, die als Milch verkauft wurden – und doch mit Mehl, Kreide, Gips oder Gummilösungen verpanscht waren. Das Verfahren der Pasteurisierung, der Keimabtötung und der Haltbarmachung der Milch tat damals ein Übriges, aus einer gefährlichen Trinknahrung ein gesundes Produkt zu machen: Milch hat zu Recht einen unzerstörbar guten Leumund. Das bundesdeutsche, am 28. Februar 1951 in Kraft getretene Gesetz über den »Verkehr mit Milch, Milcherzeugnissen und Fetten« lässt Produzenten keinen Spielraum. Milch als »Vollmilch« mit 3,5 bis 3,8 Prozent Fettanteil darf weder etwas entzogen noch zugeführt werden. Milch muss zwingend unter streng festgelegten hygienischen

193

Bedingungen produziert worden sein. Für die Dauer von 15 bis 30 Sekunden muss sie auf 72 bis 75 Grad erhitzt und danach sofort wieder abgekühlt werden, bevor sie in den Handel kommt. Durch neue Erhitzungstechniken kann die Milch sogar auf bis zu zwei Wochen haltbar gemacht werden.

Die Milch von »Landliebe« unterscheidet sich somit in ihrer Beschaffenheit kaum von den Sorten in weniger aufwendigen Verpackungen. Gleiches gilt auch für die Butter – gesalzen oder nicht, ihr darf nichts hinzufügt werden, was den Charakter dieses tierischen Fettes aufhebt. Der Spielraum in den Molkereien, Butter geschmacklich aufzumöbeln, ist gering. Wer sich darauf verlassen möchte, dass die Butter, die er oder sie kauft, aus Milch stammt, die Kühe gegeben haben, welche auf grünen Weiden grasten, muss in die Bioabteilung gehen. Wer also Produkte der Marke »Landliebe« kauft, bezahlt nur das Gefühl, sich etwas Gutes zu tun. Ein Gefühl, das Molkereien ausnutzen, weil sie wissen, dass wir Verbraucher durch die Fülle an Lebensmittelskandalen unsicher geworden sind: Ein Nutzen, der sich in den Bilanzen prächtig spiegelt, nicht aber in der Vorsorgebilanz, die wir für uns aufstellen müssten.

Falsche Ökoversprechen, falsche Gesundheitsversprechen bei konventioneller Ware leiten das Geld in die falschen Kanäle. Ökolebensmittel werden somit weniger nachgefragt, bleiben teuer und unerschwinglich für viele, während die Produzenten an der »Quasi-Bioware« prächtig verdienen. Diese Täuschung und Intransparenz, die Möglichkeit, dass konventionelle Hersteller so unverfroren Bio-ähnlich werben dürfen, stellen neben der mangelnden »Kostenwahrheit« (vgl. Kapitel 7) der konventionellen Landwirtschaft einen krassen Wettbewerbsnachteil für Ökoware dar, aber auch für andere, echte Qualitätsprodukte.

Fahrlässig hat hier der Staat dem Druck der Agrar- und Lebensmittelindustrie nachgegeben, weil er Begriffe wie »artge-

Gute Lebensmittel nur für Reiche

recht«, »natürlich«, »naturrein«, »gesund« ungeschützt zum beliebigen Gebrauch, besser Missbrauch freigegeben hat. Welcher Anbieter von Biomilch aus artgerechter Tierhaltung kann sich noch am Markt mit seiner besonderen Qualität durchsetzen, wenn jeder x-beliebige Anbieter von Milch auch folgenlos behaupten kann, seine Milchkühe seien ebenfalls artgerecht gehalten? Wie kann sich die Firma Frosta, die unter strengsten Kriterien zusatzsofffreie Tiefkühlkost anbietet, von der Marke Maggi abgrenzen, die behaupten darf, ihre Pilzcreme-Tütensuppe sei »100 Prozent Natur« und enthalte keine Geschmacksverstärker, obwohl diese Suppe mit dem glutamathaltigen Geschmacksverstärker »Hefeextrakt« versetzt ist. Diese Wettbewerbsverzerrung entspricht der auf dem Automarkt, wo ein Hersteller folgenlos ein Auto, das nur 100 Stundenkilometer fährt, mit dem Versprechen, es sei 200 Stundenkilometer schnell, anpreisen darf. Nein, ein solcher Markt ist organisierter Betrug an Kunden und eine Ohrfeige für alle Hersteller, für Bioprodukte insbesondere, die wirkliche Qualität liefern wollen. Aber nicht nur das, diese Situation fördert die Zwei-Klassen-Ernährung, ist grundrechtswidrig. Denn sie verhindert, dass sich gesunde Lebensmittel im Markt durchsetzen, weil diese nicht erkennbar, nicht mehr von der Masse der übrigen Nahrungsmittel zu unterscheiden sind.

Die scheinbare Waffengleichheit, die oberflächlich faire Konkurrenz zwischen Bio und konventionell ist nur ein Trugschluss. Nötig ist, diese Gleichmacherei, diesen veritablen Betrug zu stoppen und Licht in das Dunkel der irreführenden Werbebotschaften zu bringen.

Essen müssen wir alle, Tag für Tag. Uns ist kaum bewusst, wie stark wir mit dem Essen Tag für Tag unser Wohlbefinden und unsere Gesundheit beeinflussen. Tag für Tag wirkt sich der Kauf unserer Lebensmittel irgendwo auf der Welt oder bei uns auf Menschen, Tiere und die Umwelt aus. Aber nur wer ausreichend Geld hat, kann durch sein Kaufverhalten seine Gesundheit vorsorglich schützen, zum Tierschutz und zum Schutz der Umwelt beitragen. Um diese Diskrepanz abzumildern, brauchen wir tatsächlich einen fairen Wettbewerb. Das gebieten nicht nur die Regeln einer funktionierenden Marktwirtschaft, das gebietet vor allem die Verpflichtung des Staates, besonders die Schwachen, weniger Bemittelten zu schützen.

Leider sind wir davon noch weit entfernt – daran ändert auch der Bioboom nichts. Bio gewinnt zunehmend an Popularität, Bio ist in bestimmten Kreisen das moderne Mantra einer guten Ernährung. Bio gilt auf deutschen Entbindungsstationen oder unter Hebammen als moralisches Muss, das sie frisch entbundenen Müttern gern mit auf den Weg geben. Nur wer sich mit Bioprodukten ernähre, tue alles für das Gedeihen eines Kindes. Öko wird zunehmend chic, ist zunehmend eng geknüpft an den Lebensstil der Wohlhabenden. »A new environmental revolution«, titelte das liberale Lifestylemagazin Vanity Fair im April 2006. Julia Roberts und George Clooney, Filmschauspieler der ersten Garde, propagieren Nahrungsmittel mit Bio-Appeal. Sie sind die prominentesten Fürsprecher einer Schicht von Konsumenten, die im englischsprachigen Raum »Lohas« genannt werden – Menschen mit »Lifestyles of health and sustainability«, also mit einem Lebensstil, der auf Gesundheit und Nachhaltigkeit hält. Ein Plädoyer für einen unter den heutigen Bedingungen exklusiven Lebensstil, von dem weite Kreise der Bevölkerung allein aus finanziellen Gründen ausgeschlossen sind, dem sich auch die Grünen angeschlossen haben. »Grün leben« sei der »Konsum und Lebensstil von morgen«. Doch dabei gerät die soziale Frage nur zu schnell in den Hintergrund: das heißt doch wohl vor allem für jene, die sich Öko leisten können.

Gute Lebensmittel nur für Reiche

Um 13 Prozent, jubelte die Biobranche 2007 auf der Grünen Woche in Berlin, sei der Marktanteil gestiegen, und schon wurde das Ende des Nischendaseins dieser Produkte gefeiert. Doch trotz des ausgerufenen Booms lag der Marktanteil von Bioprodukten im Jahre 2006 immer noch nur bei den schon mehrfach erwähnten vier Prozent. Der 13-prozentige Zuwachs ist in absoluten Zahlen deshalb weniger beeindruckend: rund 650 Millionen Euro macht er aus. Der konventionelle Lebensmittelmarkt mit einem Umsatz von 150 Milliarden Euro hat dagegen im selben Zeitraum 6 Milliarden Euro zugelegt. Das ist mehr als der gesamte Öko-Lebensmittelmarkt im Jahr umsetzt – nämlich knapp 5 Milliarden Euro.

Insofern sind die Selbstlobpreisungen der Biobranche, so sympathisch man sie finden mag, letztlich nur Augenwischerei. Auch wenn Supermärkte ihre Bio-Ecken ausbauen: Bio wird noch so lange eine Nische bleiben, bis der Staat dafür sorgt, dass Bio echte Chancen in der Konkurrenz mit konventioneller Ware hat. Bisher gilt: Leisten können sich Bio nur Menschen, für die es keinen Unterschied macht, ob eine Packung Butter nun 90 Cent oder 2,40 Euro kostet. Wer nicht arm ist, muss nicht rechnen. Das ist der tatsächliche Unterschied, der sich in Marktanteilen ausdrückt. In den Finanzamtsbezirken mit den höchsten Einkommen finden sich proportional zur Bevölkerung die meisten Ökoläden oder Biosupermärkte. Bewusstsein für Ökologisches ist also nicht an schlechtem Charakter, sorgloser Ernährungsweise oder schludriger Moral zu erkennen – sondern an den Kontoständen! Wem die Mittel fehlen, der kann sich Bio nicht leisten. Das ist Fakt. Da kann man leicht tönen, die »Geiz ist geil-Mentalität« der Verbraucher sei das Problem. Tatsache ist ebenso, dass »Geiz ist geil« als Parole am vehementesten von jenen kritisiert wird, die Geiz allenfalls als Gemützzustand kennen, nicht als Alltagsnotwendigkeit von Millionen zur Sparsamkeit gezwungenen Menschen.

Gute Lebensmittel nur für Reiche

Das sind die wahren Zustände. Hier helfen nur politische Veränderungen im großen Maßstab. Der Staat muss handeln, um die Zwei-Klassen-Ernährung zu beseitigen. Dieses Ziel wäre vergleichsweise leicht zu erreichen – es kostete kein Geld, sondern politische Durchsetzungskraft. Folgendes muss passieren:

– Die Kosten, die die konventionelle Landwirtschaft verursacht, dürfen nicht mehr auf die Allgemeinheit umgelegt, sondern müssen tatsächlich den Verursachern auferlegt werden. Dann wären ökologische Nahrungsmittel konkurrenzfähiger. Das »Verursacherprinzip«, das in der Umweltpolitik schon längst auf der Tagesordnung steht, muss endlich auch in der Landwirtschaft angewendet werden. »Der Verschmutzer zahlt«. Dieses Prinzip anzuwenden ist jedoch Sache des Staates, der Politik. Der einzelne Verbraucher kann es nicht erreichen! Nach dem Verursacherprinzip müsste jeder Landwirt auch die Kosten für die Grundwasserverunreinigung tragen, die er durch den Einsatz von Mineraldünger und Pestiziden verursacht. Konkret heißt das zum Beispiel: Abgaben auf den Einsatz von Mineraldünger und Pflanzenschutzmitteln zu zahlen. Eigentlich ist das eine Selbstverständlichkeit. Kann man sich heute noch ein Chemieunternehmen vorstellen, das keine hohen Abwassergebühren zahlen muss? Die Anwendung des Verursacherprinzips hätte noch eine wichtige Konsequenz: Abgaben schaffen einen Anreiz, den Einsatz von Mineraldünger und Pflanzenschutzmitteln zu verringern. So würde die konventionelle Landwirtschaft gezwungen, ökologischer zu arbeiten.

– Nach dem Verursacherprinzip ist es auch folgerichtig, die Futtermittel durch strengere Qualitätsanforderungen sicherer zu machen. Konventionelle Futtermittel sind die Hauptursache für die Dioxinbelastung von uns Menschen. Auch

Gute Lebensmittel nur für Reiche

diese Maßnahme würde den Staat nichts kosten und die Verbraucher spürten es nicht im Geldbeutel. Wären Futtermittel für die Schweinemast um 20 Prozent teurer und deshalb sicherer, kostete das Schweineschnitzel an der Theke gerade einmal 20 Cent mehr. Diesen Betrag würde gewiss jeder gern für mehr Sicherheit zahlen. Es wäre also ganz einfach – doch es scheitert am Widerstand der Politik. Die Politiker, gesteuert von der Agrarlobby, verhindern diese einfache Maßnahme.

– Es muss eine strikte Auswahl bei den zugelassenen Zusatzstoffen, Geschmacksverstärkern, Farbstoffen, Aromen erfolgen. So würde sich die Qualität aller Lebensmittel massiv verbessern. Etwa die Hälfte der 300 in der Europäischen Union zugelassenen Zusatzstoffe sollte verboten werden, weil ihre Auswirkungen auf die Gesundheit umstritten sind. Sie sind überflüssig und dienen lediglich dazu, minderwertige Rohstoffe aufzuwerten und schlechte Lebensmittel mit Hilfe der Chemie zu guten aufzumöbeln. Der Aufschrei der Industrie bei einem solchen Schritt wäre sicher. Die Lobbyisten würden argumentieren: Der Verbraucher will diese Zusatzstoffe, weil die Nahrungsmittel ohne sie teurer würde! Doch das ist purer Unsinn! Die Hälfte dieser Rohstoffe ist komplett überflüssig. Für den Rest gilt die Regel, die am Beispiel der Zimtsterne deutlich wurde. Weniger schädliche Zusatzstoffe mögen für die Industrie etwas teurer sein – wie z. B. der Ceylonzimt teurer ist als der cumarinhaltige Cassiazimt (vgl. Kapitel 4) – im Endverkaufspreis schlägt sich diese Verteuerung nicht nieder. Es sind nur ein paar Cent!

– Erforderlich sind größere Transparenz und Ehrlichkeit, besonders im konventionellen Bereich. Die Praktiken der »Quasi-Bio-Werbung« müssen für konventionelle Lebensmittel

Gute Lebensmittel nur für Reiche

ein Ende haben. Die Verbraucher brauchen Auskunft über Herkunft und Herstellungsweise von Nahrungsmitteln und müssen über Belastungswerte, z. B. mit Acrylamid, informiert werden. Nötig wäre auch ein staatlich garantiertes Qualitätssiegel für konventionelle Ware, eines, das nicht nur – wie das QS-Prüfzeichen – die Einhaltung der Gesetze bestätigt. Ein Fortschritt wäre zum Beispiel ein Gütesiegel für eine besondere Qualität von konventionellem Fleisch, welches nicht zu hundert Prozent nach den strengsten ökologischen Kriterien erzeugt ist, aber mit gentechnikfreien und heimischen Futtermitteln und in artgerechter Haltung. Dann hätten Verbraucher mehr Chancen, ihr Geld für eine vernünftige Alternative auszugeben – ohne gleich zum Teuersten, zu Bio, greifen zu müssen.

Erst mit diesen Maßnahmen würde eine Dynamik einsetzen, die letztlich zu besseren Lebensmitteln für alle führen würde. Zentrales Anliegen müsste es sein, ökologische Nahrungsmittel, die trotz mancher Einschränkung aus gesundheitlicher und ökologischer Sicht erste Wahl sind, durch faire Wettbewerbsbedingungen im Markt, aus ihrer Nische herauszuholen. Damit verbunden wären auch eine »Ökologisierung« von konventionellen Nahrungsmitteln und echte Chancen im Markt für alle anderen Anbieter von Qualitätsprodukten, zum Beispiel von konventionellen Lebensmitteln ohne Zusatzstoffe. Der Wettbewerb könnte sich dann um Qualität drehen und nicht mehr ausschließlich um Preise. Nur so lässt sich Chancengleichheit bei der Ernährung erreichen.

Auch wenn all diese politischen Forderungen in die Praxis umgesetzt wären, würde sich beim Nahrungsmitteleinkauf dennoch immer ein Unterschied in den Lebensstilen ausdrücken, in Euro und Cent. Mit teuren Produkten erwirbt man auch ein Gefühl vom besseren Leben – im Vergleich mit ande-

Gute Lebensmittel nur für Reiche

ren. Der Samstagseinkauf in einem Delikatessenladen hebt das Lebensgefühl: Man kann sich was leisten. Bezahlt wird also nicht nur die Ware, sondern auch der persönliche Habitus. Die Wünsche nach Differenzierung im Lebensstil werden bleiben, die sich im Kauf von Salz, Fleur de Sel etwa, in Ölen niederschlagen oder in eingelegten Likörkirschen, exotischen Pfeffermischungen oder in der gelblichen Blüte des Safran, die für edle, nicht zusatzstoffbelastete Kuchen oder in der indischen Küche Verwendung findet. Der bessere Lebensstil, der sich bewusst auch mit finanziellen Mitteln von der Masse der Verbraucher absetzen will, möchte Geld ausgeben für das, was andere sich nicht leisten können: Hummer, Elchfleisch, rare Kartoffelsorten aus Frankreich oder tropische Gemüse aus aller Welt. Das hat dann ohnehin nichts mit ökologischer Ernährung zu tun – aber das ist den Feinschmeckern gleichgültig. Ihnen geht es meist nicht um eine bessere Welt, sondern um ein individuelles Signal, es feiner zu haben als fast alle anderen. Das ist in Ordnung, gehört zu den Freiheiten unserer Gesellschaft.

Aufgabe des Staates ist selbstverständlich nicht, alle Produkte billig anzubieten, sondern durchzusetzen, dass jeder Bürger die Chance hat und darauf vertrauen kann, ein Lebensmittel zu kaufen, das weder die globale Ökobilanz wesentlich beeinträchtigt noch die eigene Gesundheit in Mitleidenschaft zieht. Der Staat ist eine Institution für alle Bürger und Bürgerinnen, nicht nur für die Wohlhabenden. Ein Staat, der für gute, vorsorgende Ernährung lediglich eine Ökonische schafft, ist parteiisch im Sinne der Reichen. Empörend genug ist, dass er dies bislang tut.

Bessere Nahrungsmittel wären ohne Proteste und Aufstände gerade jener, die nur geringe finanzielle Möglichkeiten haben, erst gar nicht auf den Markt gekommen. Rebellionen gegen vergiftete Nahrung gab es jede Menge. Proteste gegen verdorbene Milch führten zum Milchgesetz, Aufstände gegen stinkendes, gammeliges Fleisch Ende des 19., Anfang des 20. Jahrhunderts in den USA wie in Europa überhaupt zur Entwicklung von Hygienestandards. Es braucht wohl wieder Demonstrationen von uns Bürgern und Bürgerinnen, den Staat an seine ureigenste Aufgabe zu erinnern: Nicht Lebensmittelkonzernen und Nahrungsherstellern das Leben einträglich zu machen, sondern uns Verbrauchern das fundierte Vertrauen zu geben, dass alles getan wird, damit unser Essen uns und die Umwelt nicht schädigt.

Das Ziel staatlicher Politik muss sein, gute Lebensmittel für alle, vorsorgend für die Gesundheit und die Umwelt, zu gewährleisten. Wirklich gute und auch teure Nahrungsmittel wie ökologische Produkte mögen – wegen größeren Mengen und wegen eines echten Qualitätswettbewerbs – dann auch billiger werden. Aber mit Sicherheit bleiben sie teurer, als es die Masse der Nahrungsmittel heute ist. Qualität gibt es nicht zum Nulltarif. Aber die Lebensmittel wären zumindest für viel mehr Menschen erschwinglich und ihre Preise wären ehrlich. So ehrlich wie das Essen, das wir damit erwerben. Dass Preise ehrlicher und das Essen besser werden, darf nicht mit dem Argument verweigert werden – dies sei unsozial. Unsozial ist es vielmehr, wenn der Staat die Zwei-Klassen-Ernährung nicht überwindet. Notfalls mit einer anderen Sozialpolitik für die wirklich Bedürftigsten.

Kapitel 9

Robben sind besser geschützt als Verbraucher

Die Verbraucher sind rechtlos und daher machtlos. Robben sind in Deutschland besser geschützt als Verbraucher.

Einer der größten Skandale um vergiftete Lebensmittel in Deutschland hat sich Anfang dieses Jahrtausends zugetragen – und ausgerechnet in der Biolandwirtschaft. Im Januar 2002 fand der Babynahrungshersteller Hipp bei einer Routineuntersuchung in Bioputenfleisch das Pflanzenschutzmittel Nitrofen. Im Mai 2002 wurde bekannt, dass rund 1000 Tonnen mit dem Pestizid Nitrofen belastetes Biofuttergetreide als Biogeflügelfutter in Umlauf gebracht worden waren. Nitrofen, ein Unkrautvernichtungsmittel, ist seit den achtziger Jahren in der Bundesrepublik verboten – und seit dem Fall des Eisernen Vorhangs gilt dieses Verbot auch auf dem Gebiet der ehemaligen DDR.

Erwiesenermaßen schädigt Nitrofen Menschen, vor allem aber Embryos im Mutterleib. Nitrofen stellt wegen seiner krebserregenden und potenziell erbgutschädigenden Wirkungen auch in geringen Dosen ein gravierendes Risiko bei Aufnahme mit Lebensmitteln dar. Der Verzehr eines verseuchten Schnitzels reicht, um bei einem Fötus Missbildungen hervorzurufen. Ein Desaster für die ökologische Landwirtschaft – zeitweilig mussten 450 Agrarbetriebe geschlossen werden. Als Quelle des Gifts wurde schließlich eine Lagerhalle in der mecklenburgischen Kleinstadt Malchin ausgemacht. Noch bis 1995 wurden dort Restbestände des krebserregenden Giftes aufbewahrt – teilweise in rostigen Fässern, aus denen die Flüssig-

203

keit in den Hallenboden sickerte. Die Kontamination des Geländes in Mecklenburg-Vorpommern hätte auffallen müssen, wie der Gutachter Professor G. Henninghausen von der Agrar- und Umweltwissenschaftlichen Fakultät der Universität Rostock formulierte:»Der Geruch stach in jede Nase, die in die frühere Halle eines Landwirtschaftskombinats gehalten wurde.« Gerade zwangsläufig musste nach den Ursachen dieses Geruchs und der Verfärbungen des Hallenbodens gefragt werden. Wie das passieren konnte, ist bis heute nicht bis in die letzten Winkel geklärt. Zu Beginn der skandalösen Giftfunde stand noch die Ökolandwirtschaft am Pranger, vermutete die Öffentlichkeit, Biobauern würden in Nacht- und Nebelaktionen Herbizide auf ihre Äcker verbringen. Dann aber konzentrierte sich die Aufmerksamkeit auf die Handelsfirma NSP AG, ein Mitglied des Raiffeisen-Verbandes, die die fragliche Lagerhalle betrieb. In die Kritik kam auch das System der staatlichen Kontrolle. Denn die hatte massiv versagt. Futtermittel wurden mit Giftstoffen kontaminiert, Giftfässer waren unzureichend gelagert, sorg- und verantwortungslos blieben sie unbeanstandet von behördlicher Kontrolle.

Eine Tragödie war, dass ein Gros der mit dem Nitrofengift verseuchten Futtermittel längst veräußert war – verfüttert, das Vieh geschlachtet und dessen Fleisch verkauft. Die Staatsanwaltschaft Neubrandenburg, die ihre Ermittlungen auf Grund der Besonderheiten des Lebensmittelrechts wieder einstellen musste, schrieb:»Eine strafrechtliche Verfolgung der Verantwortlichen der NSP AG nach den in Betracht kommenden Tatbeständen des § 20 Absatz 1 des Futtermittelgesetzes und des § 51 Absatz 1 Nummer 1 scheidet aus, weil diese Strafvorschriften den Nachweis verlangen, dass durch das Inverkehrbringen nitrofenbelasteten Getreides die menschliche Gesundheit konkret gefährdet ist.« Die beiden Schlüsselworte, die uns Verbraucher handlungsunfähig machen, lauten:»konkret« und »Nachweis«.

Diese Hürde hat wohl auch der zuständigen Staatsanwaltschaft Kopfschmerzen bereitet: »Wir sind bei unserer Arbeit zu
der Überzeugung gelangt, dass es zumindest ernsthafter Über-
legungen bedürfte, ob eine strafrechtliche Änderung auf diesem Gebiet nicht weiterhelfen könnte und weiterhelfen müsste«, resümierte Rainer Moser, Leitender Oberstaatsanwalt
Neubrandenburg, die juristischen Fallstricke, durch die er und
seine Kollegen einen Weg finden mussten, die Verantwortlichen
des Nitrofenskandals anzuklagen. Sie hätten es wohl gerne –
konnten es aber nicht. Die Ermittlungen und die Rechtslage
gaben es einfach nicht her. Die wissenschaftliche Erkenntnis,
dass Pestizide nachweislich die Gesundheit gerade von Schwangeren massiv beeinträchtigen können, reichte der Staatsanwaltschaft nicht aus. Die strafrechtlichen Ermittlungen wurden eingestellt – denn das Gesetz verlangte: als Täter einwandfrei
identifizierte Personen und den Nachweis eines konkreten Op-
fers. Möglichst einen Toten, bei dessen Obduktion gerichtlich
überprüfbar und zweifelsfrei sich herausstellt hätte, dass er
tatsächlich an einem vergifteten Lebensmittel gestorben ist.
Einen Krebskranken, der durch ein verseuchtes Schnitzel ums
Leben kam, eine Schwangere, deren Kind durch Nitrofen Missbildungen erlitt. So befremdlich das klingt, so klar die juristische Konsequenz: weil es diese »Beweise« nicht gab, blieb eine
strafrechtliche Verfolgung aus. Denn Lebensmittelgifte wie Nitrofen wirken langfristig – und ein ursächlicher Zusammenhang zwischen dem Verzehr eines mit Nitrofen kontaminierten
Schnitzels und einer späteren Krebserkrankung kann praktisch
nicht nachgewiesen werden.

Für die Politiker war unmittelbar nach dem Nitrofenskandal
alles klar – wider besseren Wissens. Auch Renate Künast, von
Hause aus Juristin und damals zuständige Bundesministerin,
verkündete: »Ich erwarte, dass mit aller Härte bestraft wird.

Das war kein Kavaliersdelikt. Hier wurde die Gesundheit von Menschen, die Existenz vieler Betriebe und das Vertrauen der Verbraucher in die Unbedenklichkeit ihrer Lebensmittel gefährdet. Aber darum kümmern sich die Staatsanwälte.«

Doch so sieht die Realität aus: Nachdem die staatsanwaltschaftlichen Ermittlungen eingestellt waren, wurde der Fall in einem Ordnungswidrigkeitsverfahren weiter verfolgt. 2005, drei Jahre nach dem Auftauchen nitrofenverseuchten Putenfleisches, ergingen in Absprache mit dem Landwirtschaftsministerium von Mecklenburg-Vorpommern in Schwerin Bußgeldbescheide in Höhe von 3075 Euro, 2625 Euro und 1025 Euro gegen drei als tatbeteiligt ermittelte Personen, verhängt vom zuständigen Landwirtschaftsamt in Bützow. Aber selbst dieses Bußgeld war den Betreffenden noch zu hoch – sie legten Beschwerde ein. Allerdings ließ der hierfür zuständige Richter durchblicken, dass er keineswegs geneigt sei, die Bescheide rückgängig zu machen, im Gegenteil: Er würde sie in den Beträgen nach oben setzen. Die drei Betroffenen akzeptierten daraufhin die Bußgelder, die kaum als solche zu bezeichnen sind. Was für ein Irrsinn! Die Beschuldigten verfügten offenkundig über keinerlei Unrechtsbewusstsein. Wie sonst konnten sie verlangen, diese rechtswidrigen Handlungen als Bagatellen zu verhandeln. Doch im Grunde haben sie nur so gehandelt, wie sie es branchenüblich kennen. Wo im Falle gesetzeswidrigen Handelns ernsthaft keine Strafe droht, wird lax mit dem Gesetz umgegangen. Macht doch nichts, kostet doch nix!

Nitrofen ist kein Einzelfall: Um juristische Ohnmacht geht es ebenfalls in einem anderen Futtermittelskandal. Im Sommer 2004 wurden in Hessen und Sachsen hochgiftige Stoffe in Futtermitteln entdeckt. Die Behörden stritten um Messwerte, statt schnellstmöglich die Giftquelle zu identifizieren und öffentlich zu machen. Unterdessen war das belastete Futter zum größten Teil verfüttert worden. Im Juni jenes Jahres meldete das Hessische Landwirtschaftsministerium eine Belastung von Futteröl mit Dioxinen in Höhe von 2,3 Nanogramm pro Kilo Futteröl. Der Grenzwert für Dioxin liegt im Futteröl bei 0,75 Nanogramm. Die Quelle war die Chemische Fabrik Fridingen Rübelmann. Die Empfänger des Dioxin-Futteröls waren vier Mischfutterhersteller in Bayern, Baden-Württemberg, Hamburg und Mecklenburg-Vorpommern. Alle vier Empfängerbetriebe waren zu diesem Zeitpunkt zertifizierte QS-Betriebe. Das heißt, ihre Produkte sind mit dem von der Agrar- und Lebensmittelindustrie gesponserten »QS-Prüfzeichen« für Lebensmittel versehen. Als Ursache für die Dioxinbelastung gab das hessische Umweltministerium schließlich am 1. Juli »im Wesentlichen« eine aus Holland importierte Mischung aus Kokos- und Palmölen an, die mit mehr als neun Nanogramm pro Kilo den Dioxingrenzwert um das Zwölffache überschritt. Eine Gesundheitsgefährdung von Verbrauchern bestehe jedoch angesichts der Verdünnung bei der Futterherstellung nicht, hieß es.

2007 teilt das zuständige hessische Landwirtschaftsministerium mit: »Die amtliche Futtermittelüberwachung des Landes Hessen hatte in dieser Angelegenheit die Staatsanwaltschaft eingeschaltet. Diese hat Ermittlungen durchgeführt; das Verfahren wurde am 23. Mai 2005 durch die Staatsanwaltschaft eingestellt. Das auf sächsischer Seite zuständige Landwirtschaftsministerium gab zu Protokoll: »Das Sächsische Landesamt für Landwirtschaft (LfL) als zuständige Behörde hat keine Sanktionen ergriffen. Nach § 17 Absatz 5 des Futtermittelgesetzes durfte keine strafrechtliche Verfolgung eingeleitet werden, da sich das Unternehmen selbst angezeigt hatte. Der Mischfutterhersteller wurde aber verpflichtet, die Öffentlichkeit über den Vorfall zu informieren und die vorhandene Ware bei den Kunden zurückzuholen.«

Robben sind besser geschützt als Verbraucher

Uns Verbrauchern bleibt angesichts solcher Vorkommnisse nur noch Frustration und Resignation. Nach jedem Lebensmittelskandal versichern die Politiker uns: »Nur Einzelfälle, schwarze Schafe mit krimineller Energie halt, die hart bestraft werden.« Dann herrscht Schweigen. Die Verbraucher müssten sich doch eigentlich dann darauf verlassen können, dass etwas passiert. Warum sollten sie dem Staat, der sie schützen soll, nicht vertrauen? Doch das ist leider eine trügerische Sicherheit. In dieser Hinsicht verdient der Staat unser Vertrauen ganz und gar nicht. Der Staat hält sich bedeckt. Die Politiker halten sich bedeckt. Nie wurde bekannt, dass ein Politiker den Nitrofen-Fall weiterverfolgt und die Öffentlichkeit über den Fortgang des Verfahrens unterrichtet hätte. Geschweige denn vor die Bürger getreten wäre und erklärt hätte, warum diese Attacke auf die menschliche Gesundheit wie ein minderes Vergehen im Straßenverkehr geahndet wird. Wenn es schon zu diesen unglaublichen Vorgängen kommt, dann wollen wir, dass die Täter angemessen bestraft werden, hinter Schloss und Riegel kommen, den Schaden wieder gut machen müssen. Was liegt hier vor? Eine Verschwörung von Justiz, Unternehmen und Politikern? Liegt es am mangelnden Engagement der Vollzugsbehörden? Oder liegt es am Rechtssystem?

Die Behörden überwachen die Einhaltung, juristisch spricht man vom Vollzug, der Gesetze nur unzulänglich. Die Verwaltung nutzt ihren Spielraum, um die Industrie zu schützen, nicht die Verbraucher. Diese Tatsache belegen die regelmäßigen Überschreitungen der zulässigen Höchstwerte von Pflanzenschutzmitteln in Obst und Gemüse, die zu hohe Belastung von Zimtsternen mit Cumarin, die mangelhaften Kontrollen von Futtermitteln und Lagerhallen beim Nitrofen-Getreide sowie der illegale Export von Tiermehl. Der unzureichende Vollzug der Gesetze ist aber nur die eine Seite des Problems. Wie sieht es mit den Gesetzen selber aus? Den Lebensmittelbereich regelt

208

Robben sind besser geschützt als Verbraucher

eine Vielzahl von Gesetzen und Verordnungen auf nationaler und europäischer Ebene. Das Lebensmittelrecht ist ein Dschungel, in dem sich nur hoch spezialisierte Juristen zurechtfinden. Für normale Verbraucher ist es ein Ding der Unmöglichkeit, die komplexe Materie zu verstehen. Man muss sich mit dem Verhältnis vom alten zum neuen Lebensmittelrecht (das 2005 in Kraft trat) beschäftigen und den dazu gehörigen Verordnungen (dort finden sich beispielsweise Grenzwerte), mit den Eigenheiten des deutschen Strafrechts, mit Haftungs- und Schadensersatzfragen, mit Informationsrechten und den Klagemöglichkeiten von Verbraucherverbänden.

Unter dem Schock von BSE haben Europa und die Mitgliedsstaaten das Lebensmittelrecht neu gefasst. Die Verordnung Nr. 178/2002 des Europäischen Parlaments und des Rates aus dem Jahr 2002 ist die Grundlage des neuen Rechts. Kenner nennen diese Verordnung die »Bibel des Lebensmittelrechts«. In ihr heißt es: »Die Lebensmittelsicherheit und der Schutz der Verbraucherinteressen sind in zunehmendem Maß ein Anliegen der Öffentlichkeit, der Nichtregierungsorganisationen, Fachverbände, internationalen Handelspartner und Handelsorganisationen. Es muss dafür gesorgt werden, dass das Vertrauen der Verbraucher und der Handelspartner durch eine offene und transparente Entwicklung des Lebensmittelrechts gewährleistet wird, sowie auch dadurch, dass die Behörden in geeigneter Weise dafür sorgen, dass die Öffentlichkeit informiert wird, wenn ein hinreichender Verdacht vorliegt, dass ein Lebensmittel ein Gesundheitsrisiko darstellen kann.« Erst 2005 erfolgte die Umsetzung in deutsches Recht, das neue Lebensmittelgesetz trat in Kraft.

Verbraucher sind danach also nicht nur das letzte Glied in der Nahrungsmittelkette von Landwirtschaft, Industrie und Handel, sondern sie stehen im Zentrum des neuen Rechts. Das kommt auch im neuen deutschen Lebensmittelrecht zum Aus-

druck. Es fügt erstmals das Lebensmittel- und Futtermittelrecht zu einem Gesetzbuch zusammen. Es erhöht deutlich das
Schutzniveau. Oberstes Ziel bleibt, das hat sich nicht geändert,
der gesundheitliche Schutz der Verbraucher. Neu ist, dass damit auch im Futtermittelrecht nicht mehr die effiziente Mast
von Tieren im Vordergrund steht, sondern ebenfalls das Wohl
der Verbraucher. Und bei der Frage, ob ein Lebensmittel gesundheitsschädlich ist, müssen nicht nur die sofortigen oder
kurzfristigen, sondern auch die langfristigen Auswirkungen
auf unsere Gesundheit berücksichtigt werden. Obendrein, das
steht so im Gesetz, sind toxische Wirkungen in Rechnung zu
stellen: Also etwa die Auswirkungen von Dioxin, das sich in
unserem Körper anreichert. Das Gesetz schreibt auch vor, die
gesundheitliche Empfindlichkeit bestimmter Verbrauchergrup-
pen besonders zu berücksichtigen, die von Schwangeren und
Kindern zum Beispiel.

Auch dem Vorsorgeprinzip, ein im Umweltrecht lange be-
währter Grundsatz, wird auf dem Papier nunmehr stärker
Rechnung getragen. Das bedeutet, die Gesundheit des Verbrauchers ist vorsorglich zu schützen, also auch wenn noch keine
endgültige Gewissheit über das Ausmaß oder die Wahrscheinlichkeit des Eintritts vermuteter Risiken und Schäden besteht.
Ein Lebensmittelhersteller muss also theoretisch nachweisen,
dass die Nahrung, die er produziert, nicht nur in der Gegenwart nicht schädlich ist, sondern auch für die Zukunft. Diese
Prinzipien müssen allen Verbrauchern, die wollen, dass Lebens-
mittelvergifter wie die Nitrofenverantwortlichen mit »aller
Härte bestraft werden« (Renate Künast) wie Musik in den
Ohren klingen. Doch ob dieses wunderschöne neue Gesetz den
Verbrauchern konkret etwas bringt, ist äußerst fraglich.

Gesetze werden durch so genannte Verordnungen für die Verwaltungspraxis konkretisiert, Beamte und Behörden haben auf
dieser Grundlage die Gesetze anzuwenden und die Einhaltung

zu kontrollieren. Man kann mit Fug und Recht feststellen, dass das Wesentliche nicht in den Gesetzen, sondern mittlerweile in den Verordnungen steht. Der Gesetzgeber hat es jedoch sträflicherweise versäumt, die bestehenden Verordnungen dem neuen Recht – also der Grundlage – anzupassen. D. h. es gibt ein wunderbares neues Gesetz, aber de facto bleibt alles beim Alten.

Oder noch gravierender: Der rechtliche Schutz für Verbraucher verschlechtert sich sogar. Ein gutes Beispiel dafür sind – auf europäischer Ebene – die Höchstwerte von Dioxinen in Futtermitteln. So betrug im alten Recht der Höchstwert für Fischöl 6 Pikogramm/Gramm Öl, der für andere Öle 0,75 Pikogramm/Gramm. Also achtmal so hoch wie beim Pflanzenöl, einfach, weil Fischöl so stark belastet ist. Anfang 2006, unter dem neuen Gesetz, beschloss die EU neue Höchstwerte, weil nunmehr auch andere dioxinähnliche Substanzen, so genannte PCB's, mit berücksichtigt werden sollten. Der gemeinsame Höchstwert für Dioxin und dioxinähnliche Substanzen im Fischöl beträgt nunmehr 24 Pikogramm/Gramm – und ist damit nicht achtmal wie vorher, sondern 16mal so hoch wie andere Futteröle! Klammheimlich wurde also das tatsächliche Schutzniveau verschlechtert!

All das lässt sich durch einen Vergleich besser verstehen. Auch die Verfassungen autoritärer Regime lesen sich wunderbar. Die Einhaltung der Menschen- und Bürgerrechte wird selbstverständlich zugesichert, auf dass alle Welt glaube, es handle sich um einen demokratischen Staat. Doch Ausnahmen und Sonderregelungen, so erkennt man schnell, machen den Anspruch auf diese Rechte zur Farce. Das Lebensmittel- und Futtermittelrecht trägt so gesehen autoritäre Züge. Es verspricht im Gesetz Schutz für die Verbraucher und es nimmt ihm diesen Schutz auf dem Verordnungswege wieder weg. Bürokraten, nicht der Gesetzgeber, unter dem Einfluss der übermächtigen Lobby, sind dafür verantwortlich. Still und leise verschlechtern sie sogar die Situation. Natürlich geschieht dies alles öffentlich: Wir befinden uns schließlich in einer Demokratie, in einem System, in dem die Regierungen vor der Öffentlichkeit Rechenschaft ablegen über das, was sie beschließen. Nachlesen kann man etwa die neue Verordnung über Dioxine im Amtsblatt der EU vom 4. Februar 2006. Doch wer tut das schon? Mündige, gut informierte Verbraucher und wehrhafte Demokraten müssten also regelmäßig das EU-Amtsblatt lesen!

Es gibt noch einen weiteren Grund, aus dem heraus das neue Lebensmittelrecht für die Verbraucher praktisch keine Vorteile bringen wird: Betriebe, also juristische Personen, unterliegen im deutschen Rechtssystem nicht dem Strafrecht, sondern nur natürliche Personen. Allerdings sind die Zeiten, in denen als Schuldige für eine Wurstvergiftung nur der Metzgermeister, seine Frau oder die beiden Lehrlinge in Frage kamen, vorbei. In Futter- und Lebensmittelbetrieben, aber auch in Filialen der Supermarktketten lassen sich einzelne Schuldige nur schwer ausmachen, und wenn, dann sind es nicht die verantwortlichen Manager, sondern die Angestellten. Das macht das Strafrecht in seiner jetzigen Form zu einer stumpfen Waffe, nicht nur wenn es um Verstöße gegen das Lebensmittelrecht, sondern wenn es um Wirtschaftsdelikte generell geht.

Wer das Recht nicht fürchten muss, wird es missachten – diese Maxime beschreibt die Geschichte der Entmündigung von Verbrauchern treffend. Lebensmittelhersteller brauchen das Recht nicht ernst zu nehmen. Es ist für sie Formalie, keine Pflicht, deren Verletzung eine harte Strafe nach sich zieht. Dass Hersteller Verbraucher entschädigen müssen und deshalb darauf achten, Gesetze zu befolgen, sieht das Lebensmittelrecht nicht vor. Anders als bei Produkten wie Radios, Automobilen oder Urlaubsreisen werden wir nicht angemessen entschädigt,

Robben sind besser geschützt als Verbraucher

wenn man uns vergiftete Nahrungsmittel andreht. Die Industrie braucht nicht zu befürchten, dass wir sie zur Kasse bitten. Da gibt es keinen Anreiz für die Hersteller von Nahrungsmitteln, Vorsicht walten zu lassen. Es müssen ja nicht gleich amerikanische Verhältnisse sein! Kaufen wir uns ein Radiogerät, können wir es, versehen mit einer mehrjährigen Garantie auf die versprochene Leistung, umtauschen. Gibt der Pauschalreiseanbieter uns ein Zimmer mit Blick auf eine Müllkippe und nicht, wie im Katalog angezeigt, mit Aussicht aufs Meer, bekommen wir einen Schadenersatz. Ein Automobilhersteller, dessen Produkte häufiger als andere zu Unfällen führen, ja, von dem bekannt wird, dass er am Material für Bremsen und Motor spart, wird gnadenlos bestraft: nicht nur mit Einbußen von Marktanteilen, sondern auch mit Schadenersatzforderungen. Aber ein kaputtes Auto, ein defektes Radio, eine Reise, die Idylle versprach und doch in ein Apartment über einer Großraumdisco führte – das sind stichhaltige Beweise, mit denen Staatsanwaltschaften und Gerichte sich auseinandersetzen können. Das sind Indizien und Beweise, die Unternehmensanwälte fürchten. Auch über den Grenzwerten liegender Dieselruß ist messbar und zwar kontinuierlich. Die Belastung wird mit Hilfe von Luftmessstationen registriert und ist in Form von Messergebnissen und Statistiken auch gerichtsfest. Aber ein Nitrofenschnitzel, eine Packung cumaringesättigter Zimtsterne, eine Tüte Kartoffelchips? Sind die verzehrt, fehlt es am Beweis.

Wo kein Schaden bewiesen werden kann, gibt es keine Haftung. Der Schadenersatz für den Verzehr eines Schnitzels mit dem Krebsgift Nitrofen besteht – so lange keine Gesundheitsschädigung nachweisbar ist – in einem Schnitzel, das nicht mit Nitrofen vergiftet ist. Ein weniger als schwacher Trost. Der Schadenersatz für eine Schale mit unzulässig hoch mit Pflanzenschutzmitteln belasteten Erdbeeren ist eine Schale mit unbelasteten Erdbeeren. Aber selbst diesen Schadenersatz zu bekommen, ist in der Praxis schwer möglich. Denn abgesehen davon, dass der Verbraucher zuerst eine tausende Euro teure Laboruntersuchung bezahlen müsste, haftet nicht der Einzelhandel für diesen Verstoß gegen das Gesetz, sondern der Hersteller. Und der sitzt vielleicht in Spanien oder Marokko.

Schadenersatzklagen geschädigter Verbraucher könnten präventiv wirken, weit mehr als das Strafrecht, das rückwärts gewandt ist. Niemand hindert zwar einen Verbraucher, der ein nitrofenverseuchtes Schnitzel gegessen hat (vorausgesetzt, er kann das beweisen, vorausgesetzt ein Täter ist ermittelt und bestraft), auf Schadenersatz zu klagen. Doch die Aussichten sind nicht Erfolg versprechend, vor allem wenn der Schaden nach mehreren Jahren in Form einer Krebserkrankung auftritt. Der Nachweis, dass gerade dieses Schnitzel den Krebs verursacht hat, ist nicht zu erbringen. Doch das heißt nicht, dass es rechtlich unmöglich wäre, entschädigt zu werden. In der Zukunft wäre es zum Beispiel denkbar, anstatt dem Verbraucher die Nachweispflicht aufzubürden, pauschale Entschädigungen für bestimmte Gesetzesverstöße der Nahrungsmittelhersteller festzulegen. Zum Beispiel würde jemand, der ein nitrofenverseuchtes Schnitzel verzehrt hat, 100 000 Euro pauschal als Entschädigung erhalten.

Geht es um Nahrungsmittel, um Essen und Trinken, sind wir Verbraucher beschämend rechtlos. Wir haben die Suppe auszulöffeln, die man uns als Verbraucher vorsetzt. Was in dieser Suppe steckt, wie sie zubereitet wurde und serviert wird, soll uns nichts angehen. Um in diesem Bild zu bleiben. Ist diese Suppe mit schädlichen, unverträglichen Giften kontaminiert, sind wir machtlos – können uns nicht wehren. Wir haben zu essen, was man uns vorsetzt – und sind juristisch wie politisch in der Position des Entmündigten. Das Lebensmittelrecht lässt uns Verbraucher allein. Allenthalben wird uns aber von Industrie und Politik versichert, wir könnten uns doch informieren, klug einkaufen, Gefahren vermeiden. Wie es bereits beim Vollzug des Lebensmittelrechts zu beobachten ist, so verhält es sich auch mit Informationen für Verbraucher. Die Interessen der Industrie haben Vorfahrt. Auf eine Anfrage, gerichtet an das Bundesamt für Verbraucherschutz und Lebensmittelsicherheit im Jahr 2004, nach dem deutschen Zerlegebetrieb, der mit multiresistenten Salmonellenbakterien kontaminiertes Putenfleisch nach Dänemark exportierte, das dort zu Todesfällen führte, war die Reaktion: Es bestehe keine rechtliche Grundlage, den Namen des Zerlegebetriebs zu nennen – diese Information falle unter das Betriebsgeheimnis. Man stelle sich vor, man wollte von den Aufsichtsbehörden wissen, welche Autofirma jene Kraftfahrzeuge auf den Markt gebracht hat, die nach schon wenigen Kilometern bremsuntüchtig waren – und bekäme als Antwort, das dürfe nicht verraten werden, es sei ein Betriebsgeheimnis!

Ein Brief an vier Ministerien der Bundesländer Bayern, Baden-Württemberg, Niedersachsen und Nordrhein-Westfalen führte ebenfalls zu keiner befriedigenden Antwort. Gefragt wurde, welche bei der Lebensüberwachung gewonnenen Proben in den Jahren 2003 bis 2005 als gesundheitsgefährdend eingestuft worden seien. Nur aus München kam Antwort. Aus dem bayerischen Verbraucherministerium hieß es: Das dürfe nicht verraten werden, aus rechtlichen Gründen.

Transparenz durch Informationspflichten für Behörden und Informationsrechte für Verbraucher wäre ein großer Fortschritt, der den gesamten Lebensmittelmarkt zum Positiven verändern würde. Denn es wäre der erste wichtige Schritt dahin, dass sich der Markt selbst steuert, für die Bedürfnisse der Verbraucher arbeitet – ohne unnötige bürokratische Zwänge, ohne die Notwendigkeit, immer noch mehr Kontrollen durchzuführen. Wenn Verbraucher rechtzeitig wissen, bei welchen

Betrieben Gammelfleisch gefunden wurde, welcher Hersteller noch mit Cumarin belastetes Zimtgebäck auf dem Markt hat, welche Chips wie hoch mit Acrylamid belastet sind, dann hätten sie die Freiheit, den Kauf dieser Produkte zu vermeiden. Andererseits würde die Befürchtung, namentlich genannt zu werden, Hersteller und Handel zu äußerster Vorsicht und von vornherein zur Einhaltung der Regeln veranlassen. Aber auch die Behörden wären zu einem strikten Vollzug des Rechts angehalten. Durch Bürger identifizierte Mängel, gegen die die Behörden nicht eingeschritten sind, würden auf diese wiederum zurückfallen. Aber noch weitere positive Wirkungen würden sich einstellen. Informationen über Herstellungsweise und Herkunft ermöglichten es, Qualitätsunterschiede besser zu erkennen. Beim Fleisch ginge es zum Beispiel um Unterschiede bei der Aufzucht und bei der Fütterung. Folge wäre ein nach Qualitäten breiter gefächertes Angebot – dies gibt es bisher noch nicht. Die Qualität des gesamten Lebensmittelmarktes würde sich somit verbessern.

Die Verbraucher müssten das eindeutige Recht haben, für sie wichtige Informationen bei Behörden und Firmen zu erhalten. Im Koalitionsvertrag von 2005 gelobten Union wie SPD noch, ein Verbraucherinformationsgesetz zu schaffen, »das den hohen Ansprüchen der Verbraucherinnen und Verbraucher auf Information über gesundheitsgefährdende oder risikobehaftete Produkte gerecht wird«. Doch das neue Verbraucherinformationsgesetz der großen Koalition kommt eher einem Desinformationsgesetz gleich. Nach wie vor haben nach diesem Gesetz Behörden keine eindeutige Veröffentlichungspflicht, vor allem keine zeitnahe. Verpflichtet, zeitnah zu handeln sind sie nur, wenn aus Sicht der Behörden eine akute Gesundheitsgefahr vorliegt. Bei Gammelfleisch, so genanntem Ekelfleisch, argumentieren die Behörden regelmäßig, es bestehe keine Gesundheitsgefahr. Doch wer weiß das eigentlich mit

Robben sind besser geschützt als Verbraucher

Gewissheit? Verdorbenes Fleisch gilt nach dem Lebensmittelgesetz als nicht sicheres Fleisch und deshalb als gesundheitsschädlich. Und auch wenn ich als Verbraucher beim Verzehr dieser Ware nicht sofort umfalle, möchte ich doch bitte wissen, wenn es mir vorgesetzt wird. Wie sagte doch eine Richterin bei der Urteilsverkündung im Prozess gegen einen Gammelfleischhändler »Ich will Lebensmittel und kein Haustierfutter!«

Wollen Behörden Informationen über Gammelfleisch oder auch über die Ergebnisse von Lebensmittelkontrollen veröffentlichen, sind ihnen auch nach dem neuen Gesetz die Hände gebunden. Was sie wissen, dürfen sie erst herausgeben, wenn die betroffenen Firmen gehört wurden. Diese können dann über Widersprüche den Zugang zu zulässigen Informationen über Jahre hinaus verzögern. Damit geht vor allem eine wichtige Eigenschaft eines effektiven Verbraucherinformationsgesetzes für den Lebensmittelsektor verloren: die Zeitnähe. Was nutzt mir ein Recht auf Informationen, wenn ich nach drei Jahren erfahre, von wem ich ein Gammelschnitzel gekauft habe – und dafür auch noch prozessieren musste? Das öffentliche Interesse an Informationen wiegt auch nach dem neuen Gesetz weniger schwer als der Anspruch von Unternehmen auf Geheimhaltung. Ohnehin enthält auch dieses neue Gesetz keinen direkten Auskunftsanspruch gegenüber Unternehmen, sondern nur gegenüber Behörden. Von welchen »ausgewählten Bauernhöfen, auf denen die Kühe artgerecht gehalten werden«, kommt denn eigentlich die Milch? Wie viel Acrylamid ist in meinen Kartoffelchips, wie viel Uran in meinem Mineralwasser? Und welcher Betrieb war in den jüngsten Gammelfleischskandal verwickelt? Fragen dieser Art werden auch in Zukunft nicht beantwortet werden. Unternehmen, die mit solchen Anfragen konfrontiert werden, werden weiterhin schweigen können. Auch können sie sich darauf verlassen, dass der Staat keine derartigen Informationen herausrückt. Informationen heraus-

Robben sind besser geschützt als Verbraucher

zugeben, ist bisher und auch nach dem neuen Gesetz ein Risiko, das die Behörden nicht eingehen möchten. Sie könnten mit Haftungsansprüchen seitens der Betriebe konfrontiert werden.

Unternehmen, die Widerspruch einlegen, können sich auf über 20 Ausnahmen in dem Gesetz stützen, die den theoretischen Anspruch der Bürger auf Informationen wieder aushebeln. Darunter sind auch so vage Ausschlussgründe wie »wettbewerbsrelevante Informationen«, die in ihrer »Bedeutung mit Betriebs- und Geschäftsgeheimnissen vergleichbar« sind. Selbst wenn der Informationsanspruch des Verbrauchers rechtens ist, er muss im schlechtesten Fall klagen und erhält seine Informationen nach Jahren. Eine Beschleunigungsmöglichkeit dieser langen Prozedur ist im Gesetz nicht vorgesehen.

Das vorliegende Verbraucherinformationsgesetz wird unterm Strich die Informationsrechte der Bürger nicht stärken, die Behörden andererseits werden nicht ausreichend in die Pflicht genommen, die Bürger zu informieren. In seiner Wirkung ist dieses Gesetz im Grunde sogar kriminalitätsfördernd, weil es die Struktur der fehlenden Öffentlichkeit, der mangelnden Transparenz und der viel zu geringen Abschreckung für Täter aufrechterhält. Verbraucher, die sich der Mühsal der behördlichen Nachfrage unterziehen, verbunden mit Wartezeiten, Kosten, vielleicht noch gerichtlichen Auseinandersetzungen, wird dieses Gesetz enttäuschen. Sie werden sich frustriert abwenden und lieber gleich aufs Nachfragen verzichten. Vielleicht wird es dann aus dem Verbraucherministerium heißen: Die Verbraucher wollen doch ohnehin keine Informationen!

Verbraucherverbände haben heute in Deutschland nur sehr bescheidene rechtliche Aktionsmöglichkeiten, um sich gegen Rechtsverstöße zu wehren. Dazu gehört, im Rahmen des Gesetzes gegen unlauteren Wettbewerb auf Unterlassung wettbewerbswidriger Werbung zu klagen. Die bayerische Metzgereikette Vinzenzmurr musste beispielsweise 2006 eine derartige Unterlassungserklärung unterzeichnen. Vinzenzmurr hatte auf ihrer Internetseite geworben: »Mehr tun als gesetzlich vorgeschrieben, also strengere Maßstäbe an die Qualität stellen.« Erläuternd hieß es, die Tiere bekämen keine Tiermehle als Futter und als Arznei keine Antibiotika verabreicht, Wachstums- und Leistungsförderer ebenso wenig. Eine irreführende Werbung, denn alle genannten Maßnahmen, die angeblich die Qualität besonders hervorheben, sind gesetzlich verboten – worauf Vinzenzmurr also hinwies, war die pure Selbstverständlichkeit: die Gesetze einzuhalten. Mit Selbstverständlichkeiten, etwa mit der Einhaltung gesetzlicher Bestimmungen zu werben, ist aber eine Verbrauchertäuschung und nach dem Lebensmittelgesetz verboten. Ohnehin ist so eine Werbung absurd.

Im Lebensmittelbereich ist das Klagerecht von Verbraucherverbänden darauf beschränkt, gegen unlautere Werbung vorzugehen. In dem Fall muss Werbung den Verbraucher täuschen oder irreführen oder einen Wettbewerber benachteiligen. Nicht möglich ist es dagegen, sich gegen Hersteller zu wehren, die gesundheitsschädliche Ware auf den Markt bringen. Bisher ist dafür eine natürliche Person (und eben kein Verband) erforderlich, die einen konkreten Schaden beweisen muss.

Der mündige Verbraucher, von dem alle Welt spricht, und den es in einem modernen, aufgeklärten Land wie Deutschland angeblich geben soll, ist eine Fiktion. Die Realität des Lebensmittelmarktes spricht der Idee vom mündigen Verbraucher Hohn. Denn zur Mündigkeit gehört schließlich die Möglichkeit, sich zu wehren, für seine Rechte zu kämpfen. Doch diese Chance haben Verbraucher nicht. Sie stehen da wie Bürger eines Unrechtsstaates, der ihnen auf dem Papier bürgerliche Rechte zusichert, ihnen diese aber in Wirklichkeit vorenthält. Grundsätzlich fehlen den Verbraucherverbänden effektive rechtliche Mittel, um Verletzungen des Lebensmittelrechts ein-

Robben sind besser geschützt als Verbraucher

zuklagen. Warum sollte es beispielsweise nicht möglich sein, dass Verbraucherverbände beim Europäischen Gerichtshof klagen, wenn die Europäische Union Verordnungen oder Richtlinien verabschiedet, die eindeutig den Zielen und Prinzipien des europäischen Rechts widersprechen? Vorstellbar wäre zum Beispiel eine Klage von Verbraucherverbänden, aber auch Einzelpersonen gegen die derzeit gültige Kennzeichnungspflicht für genetisch veränderte Nahrungsmittel. Bisher müssen mit gentechnologisch veränderten Futtermitteln hergestellte tierische Lebensmittel nicht entsprechend gekennzeichnet werden. Obwohl 80 Prozent aller gentechnisch veränderten Pflanzen Futtermittel sind. Eine echte Wahlfreiheit, diese Technologie über den Nicht-Kauf der damit hergestellten Produkte abzulehnen, besteht für die Verbraucher deshalb nicht. Und genau das war die Begründung der EU-Kommission, die den Verkauf gentechnisch veränderter Futter- und Lebensmittel erlaubte: Die Bürger sollten selbst entscheiden, ob sich diese Technologie im Wettbewerb durchsetzen werde. Diese fehlende Wahlfreiheit wäre ein akzeptabler Grund für eine Klage – die leider nicht möglich ist.

Besonders wirkungsvoll wäre ein Verbandsklagerecht von Verbraucherverbänden, mit dem man den mangelnden Vollzug des Lebensmittelrechts durch die Behörden geltend machen kann. Denn nicht nur Unternehmen, auch Behörden können sich bisher sicher sein, dass sie weitgehend unbehelligt von öffentlicher Kontrolle agieren können. Dass der Passauer Wildfleischhändler Berger jahrelang unter den Augen der Behörden Kängurufleisch als Elchfleisch verkaufen und auch anderweitig in großem Stil betrügen konnte, solch ein fahrlässiger Umgang der Behörden mit offensichtlichen Rechtsverletzungen würde ein Ende haben, könnte man diese gerichtlich zum Vollzug der Gesetze anhalten.

Mündige Verbraucher müssen Rechte, beispielsweise Klage-

Robben sind besser geschützt als Verbraucher

rechte besitzen. Aber auch diese sind nur von Nutzen, wenn die »Mündigkeit« sich auch in der Rechtssprechung angemessen niederschlägt. Der mündige, verständige Verbraucher ist als Leitbild durch mehrere Urteile auch des Europäischen Gerichtshofes entwickelt und bestätigt worden. Doch was heißt informiert, was mündig? Denn die Definition des mündigen Verbrauchers ist auch vor Gericht weniger eine rechtliche, als vielmehr eine politische. Gegenwärtig entscheiden die Gerichte im Sinne der Industrie. Die nämlich versteht den informierten Verbraucher als jemanden, der ausschließlich eine Holschuld an Informationen hat und die Industrie offensichtlich keine Bringschuld! Zum Beispiel die Bringschuld, Produkte verständlich und ehrlich zu kennzeichnen. Information im Sinn der Verbraucher muss heißen: umfassend, aber verständlich über Wesentliches informiert zu werden. Es darf nicht sein, Gesetzestexte studieren oder sogar jahrelange juristische Auseinandersetzungen führen zu müssen!

Dass die Nahrungsmittelindustrie ihren Spielraum konsequent nutzt, zeigt immer wieder die Werbung für Kinderlebensmittel. Die Firma Katjes wirbt auf den Verpackungen ihrer Gummibärchen mit dem plakativen Aufkleber: »ohne Fett«. Prima, denkt sich der Kunde, diese Fruchtgummis machen nicht dick. Sie enthalten aber 75 Prozent Zucker und sind damit absoluter Dickmacher. Die gegen diese Werbung klagende Verbraucherzentrale unterlag jedoch im Gerichtsstreit.

Der Imbisskonzern McDonald's veröffentlichte 2004 auf seiner Internetseite einen Text mit dem Versprechen, dass McDonald's »Transparenz bei Bio- und Gentechnik« sicherstellen werde. Und weiter: »Sollten diese Techniken in Zukunft eingesetzt werden, dann nur, wenn die Unbedenklichkeit sichergestellt ist. Die Gäste werden in jedem Fall darüber aufgeklärt.« Das Münchner Oberlandesgericht, befasst mit der

Klage, dass McDonald's demzufolge seine Kunden darüber informieren müsse, dass die Rinder, aus denen die Hamburger hergestellt werden, mit gentechnisch verändertem Futter gefüttert werden, entschied im Jahre 2004 gegen die Interessen von uns Verbrauchern, die eine Werbung lesen und aus ihren Behauptungen nicht schlau werden: »Hinsichtlich des beanstandeten Abschnitts aus der Internetwerbung der Antragsgegnerin hat das Erstgericht (der Richterspruch war Teil eines Berufungsverfahrens), zutreffend darauf hingewiesen, dass dieser im Zusammenhang mit dem Kontext gelesen vom verständigen Endverbraucher nur auf die von der Antragsgegnerin verarbeiteten Endprodukte bezogen werden kann.« Mit anderen Worten: der Verbraucher solle doch bitte wissen, dass mit dem Versprechen, die Verbraucher über den Einsatz von Gentechnologie zu informieren, nur das Fleisch selber, nicht aber das Futtermittel zur Herstellung von Fleisch gemeint sein könne. Wer die Messlatte so hoch hängt, hat wohl kaum Transparenz im Sinne des Verbrauchers im Sinn. Verständiger Verbraucher? Wenn deutsche Gerichte sich mit den Abgründen des Lebensmittelrechts und der Stellung der Verbraucher zu befassen haben, setzt sich in den Urteilen häufig eine höhere Gewichtung der Wirtschaftsinteressen durch. Wie sollen wir Verbraucher verständig sein? Auf welcher Basis denn? Auf Grundlage von welchen Informationen? Auch das Münchner Gericht unterstellt, dass ein Verbraucher sich von morgens bis abends um nichts anderes kümmere als um sprachwissenschaftlich durchanalysierte Lesarten von Werbeanzeigen, die mindestens das Hellblaue vom Himmel herunterlügen. Die Gerichte haben so geurteilt – sowohl im Falle Katjes als auch im Falle McDonald's – wie es der Wirtschaft gefiel. Dass es McDonald's bei diesem Urteil selber nicht ganz wohl war, zeigt sich darin, dass das Versprechen des Konzerns, die Kunden auf jeden Fall über den Einsatz von Gentechnologie zu informieren, inzwischen nicht

Robben sind besser geschützt als Verbraucher

mehr auf der Internetseite erscheint. Trotz gewonnenen Prozesses! In Fragen der Umwelt wäre der Fall womöglich anders entschieden worden. Wenn eine Chemiefirma verspräche, ihre Abwässer ungefiltert in Flüsse einzuleiten, dies aber gewiss ohne gefährliche Folgen. Und dann ein Gericht urteilen würde, jeder Spaziergänger, jeder Badende in diesem Fluss müsse doch wissen, dass dieses Versprechen nur augenzwinkernd zu nehmen sei. Ein Aufschrei wäre durch die Republik gegangen. Aber im Verbraucherrecht fehlt dieser Druck auf die Gerichte. Kein richtender Jurist im Verbraucherrecht ist wie im Umweltrecht umstellt von einer Gesellschaft, die nichts durchgehen lassen will und jedenfalls erzwingen möchte, jede Produktion so zu strukturieren, dass unsere Flüsse, Seen, Berge und Täler nicht in Mitleidenschaft gezogen werden.

Die gegenwärtige Rechtsprechung muss man so interpretieren: der Verbraucher ist ein dummes Vieh, das je nach Interesse von den einen für genügend informiert gehalten wird, von anderen für unbelehrbar. In jedem Fall sind die Verbraucher immer selber an ihrem Unglück schuld. Sie lassen sich alles gefallen – und deshalb ist es kein Wunder, dass Kriminalität im Nahrungsmittelbereich wie eine Verkehrssünde behandelt wird. Als Kavaliersdelikt. Tatsächlich verhalten sich die Nahrungsmittelindustrie und ihre Dienstleister wie ein Rennfahrer in einer Tempo-30-Zone, der keine Rücksicht darauf nimmt, dass er durch ein Wohngebiet brettert. Aber warum sollte er das auch tun? Gerichte, so gesehen, würden ihn allenfalls mit einer Ermahnung entlassen: Na, das war aber nicht fein! Hättest Kinder und Alte gefährden können! Hast auch die Zebrastreifen nicht genommen, wie es die Straßenverkehrsordnung vorsieht – sondern nur als Tipp zur Tempodrosselung? Auf die konntest du dich leider nicht einlassen, du hattest es ja eilig! Na, da wollen wir mal nicht so hart sein, das Gesetz sieht ja ohnehin keine drastischen Strafen vor!

Deutschland ist ein verbraucherrechtliches Entwicklungsland. Das Umweltrecht, fortentwickelt durch öffentlichen Druck, ist dem Verbraucherrecht voraus. Im Umweltrecht ist ein Umweltinformationsgesetz verankert, das Umweltverbände oder Einzelpersonen in Anspruch nehmen können und das sich bewährt hat. Die erfolgreiche Klage auf Veröffentlichung uranhaltiger Mineralwasserquellen in Sachsen-Anhalt basierte auf dem Umweltinformationsgesetz (vgl. Kapitel 4). Ein Verbandsklagerecht für Umweltverbände, das es ihnen ermöglicht, Behörden auf Vollzug der Gesetze zu verklagen, sorgt dafür, dass der Umweltschutz in der Verwaltung ernst genommen wird. Auch die erfolgreichen Klagen von Bürgern wegen zu hoher Belastung der Luft mit krebserregendem Feinstaub dokumentieren, dass Bürger im Umweltrecht bessere Karten haben. Die Höhe der Bußgelder bei Ordnungswidrigkeiten ist symptomatisch. Das maximale Bußgeld im Wasserrecht beträgt 50 000 Euro. Dagegen werden maximal 20 000 Euro verhängt, wenn jemand widerrechtlich mit Getreide handelt, das mit dem krebserregenden Nitrofen verseucht ist. Der Schutz eines Gewässers ist demnach mehr wert als die Gesundheit von uns Verbrauchern.

Die traurige Bilanz ist: Das rechtliche Instrumentarium der Verbraucher ist stumpf. Nahrungsmittelbetriebe, Landwirte und Händler sind im Zweifelsfall immer im Vorteil. Aber die Lage war auch im Umweltbereich ähnlich. Doch eine für Ökofragen sensibilisierte Bevölkerung erstritt sich ihre Rechte – auch mit Hilfe von Umweltorganisationen, die für Öffentlichkeit und juristisches Engagement sorgten. Heute gilt in Deutschland: Robben sind besser geschützt als Verbraucher!

In der Geschichte mussten erst demokratische Rechte erfochten werden. Das wesentliche Recht auf Streik durch die Arbeiterbewegung, die Umweltgesetze mit der Ökobewegung im Rücken. Wir Verbraucher müssen zivilen Ungehorsam üben – mit Petitionen, mit Grenzüberschreitungen, mit organisiertem Protest. In die Supermärkte gehen und alle Artikel aus den Regalen nehmen, die gefährlich sein können – das wäre oft angemessen. Die Rechtsprechung könnte solchen Protest nicht ignorieren.

Unser Recht ist ein Un-Recht: Es zwingt uns absurderweise, in einem Kartoffelchip eine Tödlichkeit nachzuweisen. Nötigt uns, uns damit abzufinden, dass die Verursacher von Lebensmittelskandalen fast immer unbehelligt bleiben. Lässt es zu, dass die Behörden Gesetzesbrüche von Unternehmen dulden. Versagt uns Informationen und verhindert, Gefahren unserer Gesundheit zu vermeiden. Lässt uns vor Gerichten allein, die von uns erwarten, dass wir Experten des Lebensmittelrechts und der Feinheiten der Gentechnologie sind. Jeder steht an der Kasse eines Supermarkts allein, recht- und machtlos. Nichts ist allein auszurichten gegen die Kraft und die Potenz der Allianz aus Nahrungsmittelindustrie, Landwirtschaft und ihren lobbyistisch verbundenen Freunden in den Ministerien. Der Kampf um demokratische Verbraucherrechte steht ganz am Anfang – und er ist ein Kampf um Rechte.

Kapitel 10

Kunden an die Macht

Eine »Politik mit dem Einkaufswagen« ändert nichts
an den Zuständen, weil die Spielregeln zu Ungunsten der
Kunden gestaltet sind. Verbraucher müssen sich
zusammenschließen, organisieren und eine Gegenlobby
aufbauen. Nur dann wird sich etwas ändern.

Der betrogene Verbraucher

Wir werden als Kunden auf Schritt und Tritt betrogen. Die
Lektüre der Beschriftungen von Lebensmitteln ist nichts für
Menschen mit gewöhnlichem Sehvermögen: Wer tatsächlich
einmal probiert hat, die Lebensmittel seiner Wahl auf ihre Bestandteile zu überprüfen, muss entweder eine starke Lupe mit-
bringen oder benötigt nach diesen Erkundigungen eine Lese-
hilfe: Mikroskopisch klein sind die Aufschriften gehalten – mit
Informationen, die allenfalls Lebensmittelchemikern etwas sagen. Wir Durchschnittskunden verstehen sie nicht. Kein Autohersteller würde sich trauen, das Informationsbuch zu einem
neuen Kraftfahrzeug so zu illustrieren oder betexten, dass es
lediglich Fachleute und Ingenieure aus der Autobranche verstehen können. Aber in der Lebensmittelwirtschaft hat man dafür
gesorgt, dass wir uns genau das gefallen lassen. Und die Erfahrung spricht ja auch dafür: Informationen darüber, woher ein
bestimmtes Schnitzel stammt, wie sich der eine Liter Milch von
jenem einer anderen Marke unterscheidet, gibt es keine. Über-
raschenderweise? Nein, keineswegs, denn diese Spurenver-
wischung ist Teil der allgemeinen Verwirrungsstrategie. Wie
viele verschiedene Verpackungen und Etiketten wohl bedruckt

Kunden an die Macht

wurden, um die Erzeugnisse ein und desselben Schlachthofes, ein und derselben Molkerei als »Vielfalt« zu maskieren? Alles, was bunt und bunter scheint, ist in Wahrheit eine nur schlecht überschminkte graue Wirklichkeit. Und die Kunst der Heerscharen von Lobbyisten und Werbeleute besteht darin, uns genau dies zu verheimlichen.

Der Lebensmittelmarkt wird von sechs Konzernen dominiert – was als Ware angeboten wird und was nicht, bestimmen sie, Metro, Rewe, Edeka, Lidl, Aldi und Tengelmann. Der Markt, auf dem wir aussuchen können, was zu einem möglichst günstigen Preis eine entsprechende Qualität bietet, existiert nicht. In den Supermärkten – wie auch bei Discountern und Fachgeschäften – dominieren legale und illegale Täuschung, letztere auch offen von den Überwachungsbehörden geduldet. Legale Täuschung ist die tägliche Realität, illegale Täuschung ist traurige Tatsache und ergibt sich aus den (natürlich anonymen) Statistiken der Lebensmittelbehörden: So verstoßen beispielsweise 80 Prozent der Aroma–Deklarationen von Speiseeis gegen das Gesetz.

Legale Täuschung ist überall. Da werben Fleischprodukte wie gesagt mit dem QS-Siegel der Lebensmittelwirtschaft »Ihr Prüfzeichen für Lebensmittel« – obschon dieses nur ausweist, in der Produktion die Gesetze eingehalten zu haben. Die Herkunft des Fleisches bleibt uns verborgen, auf jeden Fall kommt es nicht vom Gut »Birkenhof« (Tengelmann) oder vom »Hofgut Schwaige« der bayerischen Metzgereikette Vinzenzmurr. Das sind Phantomnamen, eingetragene Markenzeichen, diese »Güter« existieren nicht in der Realität. Da machen Geflügelhersteller Reklame mit dem Hinweis, ihre Hühnchen würden »kontrolliert aufgezogen« und ständen unter »ständiger tierärztlicher Kontrolle« – was auch immer das heißt, denn jeder darf das behaupten, wie auch jeder Hersteller behaupten darf, seine Waren seien »gesund« oder »frisch«. Ein echter Saft, also nicht aus Konzentrat hergestellt, heißt unerfindlicher Weise Direktsaft, genauso unerfindlich, warum sich ein aus Holzpilzen destillierter Aromastoff im Joghurt »natürliches Aroma« nennen darf. Die Manipulation der Sprache, die als »Information« verkauft wird, hat System: Wir Verbraucher sollen glauben, alle Waren seien irgendwie gut, auch wenn man uns den letzten Schrott andreht, zum Beispiel ein mit einem halben Dutzend chemischen Zusatzstoffen hergestelltes »Multi-Vitamin-Fitnessbrötchen«.

Der nicht geschützte Verbraucher

Beim Essen darf unsere Gesundheit nicht gefährdet werden. Doch diese Selbstverständlichkeit ist schon lange nicht mehr gewährleistet. Wir bekommen giftige Nahrungsmittel vorgesetzt, mit Billigung des Staates, dessen vornehmste Aufgabe der Schutz der Grundrechte ist, somit auch das Grundrecht auf körperliche Unversehrtheit. Ein billiges Kilo Hackfleisch beim Discounter muss nicht schlechter sein als in der Metzgerei, schon gar nicht ist es weniger sicher. Gammelfleisch, Dioxin können sich in billiger wie in teurer Ware finden. Hohe Preise schützen uns nicht automatisch davor. Und wir können uns nicht wehren oder den Gefahren ausweichen. Der Staat billigt, dass unsere Körper bis zur zulässigen Grenze mit Dioxin angereichert sind, im Wesentlichen durch die Lebensmittel, die wir zu uns nehmen. Der Staat verbietet nicht zu hoch mit Dioxin belastete Lebensmittel, sondern setzt die Dioxinhöchstwerte so hoch an, dass zum Beispiel Aal und andere Fische aus der Ostsee nicht vom Markt genommen werden müssen.

Es wird uns der Kauf von Backwaren wie Lebkuchen oder von Knabberartikeln wie Kartoffelchips zugemutet, die mit aus-

drücklichem Wissen der Behörden viel zu hoch mit dem krebs-
verdächtigen Acrylamid belastet sind. Wissen dürfen wir von
dieser Belastung nichts. Und immer heißt das Argument für die
Vertuschung: Die Industrie könnte wirtschaftliche Einbußen
erleiden. Etwa 150 der zugelassenen Zusatzstoffe in der EU
gelten als bedenklich für unsere Gesundheit, und trotzdem
lässt man uns Erwachsene und Kinder diese mit Nahrungsmitteln verzehren – ohne uns zu erklären, was wir da zu uns nehmen. Und nicht zuletzt: Gammelfleisch und Schlachtabfälle,
umdeklariert zu Lebensmitteln. Anstatt Abfall wie Abfall zu
behandeln, setzt man uns Abfälle als Lebensmittel vor, Tag für
Tag, und wir wissen es nicht. Natürlich, wir fallen nicht alle
sofort davon tot um, wenn wir Kartoffelchips essen, Mineralwasser trinken, Zimtsterne naschen oder unsere Kinder ihre
Gummibärchen. Aber die Vorsorge, der vorsorgliche Gesundheitsschutz, der schließlich ein zentrales Prinzip des Lebensmit-
telgesetzes ist, bleibt auf der Strecke. Nicht weil man das Risiko
nicht ernst nähme oder nicht Bescheid wüsste – die Analysen
des staatlichen Bundesinstituts für Risikobewertung (BfR) zu
Dioxin, Acrylamid, Cumarin sprechen eine andere Sprache –,
sondern weil Grundwerte falsch gewichtet sind. Das Recht auf
Eigentum, sprich Geschäftsinteresse der Unternehmen, ran-
giert auf dem Lebensmittelmarkt vor dem Grundrecht auf körperliche Unversehrtheit von uns allen.

Zwei-Klassen-Ernährung

Preise, die in funktionierenden Märkten den Verbrauchern unterschiedliche Qualitäten signalisieren, führen im Lebensmittelmarkt in die Irre. Geben somit die falschen Anreize – für
Hersteller und Verbraucher. In den Preisen der allermeisten
Lebensmittel, nämlich der konventionell hergestellten, steckt

Kunden an die Macht

nur ein Teil der Kosten, die für die Produktion von Lebensmitteln anfallen. Nicht eingerechnet sind die Umweltschäden, die Vergiftung unserer Grundwässer und die Aufheizung des Klimas durch die konventionelle Landwirtschaft. Schäden, die wir alle mit unseren Steuergeldern an anderer Stelle, zum Beispiel durch teure Trinkwasseraufbereitung, zahlen müssen. Kostet ein Liter konventioneller Milch zwischen 60 Cent und 1,20 Euro, fehlen in diesen Beträgen stets jene Kosten, die in Biomilch-Preisen schon berücksichtigt sind: Nicht allein die höheren finanziellen Aufwendungen für den Vertrieb, sondern eben auch die für eine umweltschonende, tierfreundliche Produktion. Nur wenn die gesamte Land- und Ernährungswirtschaft mit den Kosten ihrer Umweltschäden belastet werden würde, zum Beispiel durch Abgaben auf den Einsatz von Pflanzenschutzmitteln und Mineraldünger, hätten Biolebensmittel eine faire Chance am Markt. Erst dann gäbe es echte Anreize für die gesamte Branche, in umweltfreundlichere Methoden und Technologien zu investieren. Und erst dann könnte auch Bio sich weiterentwickeln, würde konkurrenzfähig, mehr nachgefragt und hergestellt. Erst dann würde Bio billiger und Essen insgesamt rückstandsärmer, sicherer und damit auch gesünder. Wirklich gute Lebensmittel würden sich nur unter bestimmten Voraussetzungen im Markt durchsetzen und erschwinglich sein. Nur wenn der Staat riskante Zusatzstoffe vom Markt nimmt, Gift im Essen wie Dioxin konsequent reduziert und Höchstwerte nicht mehr an der existenten Belastung mit Dioxin ausgerichtet werden. Nur wenn der Staat beim Vollzug der Gesetze, beispielsweise bei der Futtermittelkontrolle, konsequent durchgreift. Erst dann wird das Grundrecht auf körperliche Unversehrtheit für alle, auch für die mit weniger Geld, erfüllt; erst dann wird es keine Zwei-Klassen-Ernährung mehr geben.

Schuldzuweisungen statt Politik

Der Staat hat die Aufgabe, für gesunde und sichere Lebensmittel für alle zu sorgen. Doch, wie wir gesehen haben, vernachlässigt er seine Schutzpflicht sträflich. Wir Verbraucher haben uns mittlerweile an die Woche für Woche bekannt werdenden, großen und kleinen Skandale gewöhnt – man muss sie eben aushalten – hilft nichts. Weil uns keine Informationen gegeben werden, wir sie nicht einsehen können, wir uns obendrein auch nicht darauf verlassen können, dass der Staat, Ministerien und ihre Behörden ihrem Schutzauftrag folgen, resignieren wir – und essen, was man uns vorsetzt. Derweil üben sich Politiker, Lobbyverbände der Lebensmittelwirtschaft und Bauernfunktionäre in Publikumsschelte. Uns Verbrauchern wird vorgeworfen, wir seien vergesslich, geizig und würden uns nicht informieren. Wir orientierten uns bloß am Preis – nicht an der Qualität! Wir seien pure Schnäppchenjäger, die sich alles bieten lassen. Hauptsache billig. Doch ist der Preis das einzige Kriterium, an dem sich der Verbraucher orientieren kann. Eine echte Auswahl zwischen unterschiedlichen Qualitäten wird uns verweigert. Da ist der Griff zum billigsten Produkt durchaus vernünftig. Da ist Geiz durchaus rational. Die Verbraucherpolitik hierzulande ist gekennzeichnet von einer chronischen Schuldzuweisung an die Konsumenten. Dabei müsste die Politik dafür sorgen, dass unsere Gesetze die Interessen der Käufer und nicht die der Anbieter schützen. Doch bislang läuft es andersherum. Den vermeintlich »weichen« Interessen der Kunden nach Sättigung, Genuss, gesundheitlicher Unbedenklichkeit bei der täglich notwendigen Nahrungsaufnahme stehen ungleich »härtere« Interessen der Lebensmittelwirtschaft, nämlich die Steigerung von Marktanteilen und Gewinnen, gegenüber.

Kunden ohne Lobby

Ihre fast unanfechtbare Stellung verdankt die Lebensmittellobby ihrer großen historischen Leistung: man hat den Hunger, zumindest in Europa, abgeschafft, es sogar vollbracht, dass pro Kopf jeden Tag doppelt so viele Kalorien zur Verfügung stehen wie wir benötigen. Der Preis, um den diese Errungenschaft erkauft wurde, ist indes hoch – und Politiker wie Ernährungswirtschaft sorgen mit vereinten Kräften dafür, dass uns dieser Preis verborgen bleibt. Der Preis besteht darin, dass sich über die Jahrzehnte Agrarwirtschaft und Lebensmittelindustrie und ihre zahllosen Unterorganisationen zu einem gewaltigen Lobbyblock entwickelt haben, in dem die Verbraucher nicht vorkommen. Deshalb werden die unzähligen Gesetze nicht nur zum Gutteil von der Wirtschaftslobby geschrieben, sondern sie sind auch für die Interessen der Hersteller und des Handels da oder werden zumindest zu deren Gunsten ausgelegt. Der Lebensmittelmarkt ist eben nicht für uns Verbraucher da, sondern wir für ihn, wir sind ihm ausgeliefert. Der Markt steuert sich nicht selbst, weil er so strukturiert ist, dass die, die Qualität anbieten wollen, nicht belohnt werden. Jeder Markt folgt seinen Regeln – auch der Lebensmittelmarkt, aber diese Regeln benachteiligen systematisch die Verbraucher. Der Lebensmittelmarkt, wir haben es ausgeführt, funktioniert wie ein Gebrauchtwagenmarkt: Weil alle davon ausgehen, dass die Kraftfahrzeuge frisiert und manipuliert sein können, erzielen selbst gute Autos dort nicht die Preise, die sie eigentlich auf dem Markt erlösen müssten. Der Lebensmittelmarkt ist völlig aus den Fugen geraten: Es fehlt an Regeln, die den Markt so ausrichten, dass er den Verbrauchern dient. Das ist noch nicht ins öffentliche Bewusstsein gedrungen.

Die Vision vom guten Essen

Stellen wir uns einmal vor, der Lebensmittelmarkt funktionierte anders. Wie wäre es dann, in einem Supermarkt einzukaufen? Der Parcours wäre der gleiche, aber in den Supermärkten wäre auf Anhieb alles Wichtige erkennbar – ohne Lupe, ohne Gesetzesbuch unter dem Arm. Der Zuckergehalt dürfte sich nicht mehr hinter verschleiernden Bezeichnungen wie Kohlehydrat oder Fruchtzucker verstecken und würde in Form von Würfelzuckern angegeben; man könnte sofort erkennen, wie viel dies im Vergleich zum täglichen Zucker- bzw. Kalorienbedarf ausmacht. Im Supermarkt der Zukunft würde »Natürliches Aroma« »Aroma aus Holzpilzen destilliert« heißen, und Fotos würden uns zeigen, wie eng die Puten im Stall zusammen stehen müssen. Es wäre sofort erkennbar, warum eine Milch 60 Cent und die andere 1,20 Euro kostet, mithilfe gesetzlich festgelegter Qualitätsabstufungen. Kostentransparenz bestünde, weil die Landwirtschaft für ihre Umweltschäden zahlen müsste und es sich für jeden Landwirt lohnen würde, in umweltfreundlichere Methoden zu investieren. Ökoprodukte würden so für viele erschwinglich und attraktiv, weil die Preisdifferenz zwischen Öko und konventionell schrumpfen würde. Natürlich würde man erfahren, mit welchen zulässigen Pestizid-Rückständen Obst und Gemüse belastet sind. Zusatzstoffe, die im Verdacht stehen, die Gesundheit zu schädigen, wären selbstverständlich verboten und obendrein gäbe es eine Zweiteilung: Lebensmittel mit und ohne Zusatzstoffe. Ein Joghurt ohne Geschmacksverstärker, ein Brot ohne Konservierungsstoffe, eine Wurst ohne Haltbarkeitschemikalien.

Niemand soll auch in Zukunft daran gehindert werden, Lebensmittel mit chemischen Zusatzstoffen zu kaufen, keiner hat etwas gegen Separatorenfleisch in den Fleischtheken, Ketchups, Essig oder Öl mit Farbstoffen und Aufhellern – aber diese Infor-

Kunden an die Macht

mationen würden nicht verschwiegen. Wer will, könnte den Einkauf dieser Produkte vermeiden. Nur sichere Futtermittel würden in den Nahrungskreislauf gelangen, und die Dioxinbelastung der Menschen durch Lebensmittel wäre drastisch verringert. Kein Gammelfleisch und marinierte Schlachtabfälle würden uns mehr serviert. Fleisch könnte bis zum Bauernhof zurückverfolgt werden, die Herkunft und die Herstellungsweise, einschließlich des Einsatzes von Gentechnologie, wären transparent. Überhaupt hätten alle, nicht nur Kunden auch Hersteller, Interesse an Transparenz, weil es gut für ihr Geschäft wäre. Falsche Aufschriften, irreführende Bezeichnungen fänden sich nicht mehr, denn die Firmen würden penibel auf die Informationen ihrer Produkte achten, denn sie wollen öffentlich nicht als Nahrungsschluderer oder Giftmischer gebrandmarkt werden – von den schnell zu verhängenden Bußgeldern abgesehen, die sie natürlich nicht zahlen wollen. Die Agrarsubventionen wären weitgehend abgeschafft. Nur Gelder, die es wirklich für Landschaftspflege bräuchte, für die Erhaltung von Heckenflächen, Streuobst- und Salzwiesen, Almweiden, würden unter strengen Bedingungen gezahlt werden. Alles spricht nämlich dagegen, eine Landwirtschaft zu fördern, die nichts kann außer Massenproduktion, die sogar noch ihre Flächenstilllegungen bezahlt haben möchte, weil sie das als Umweltschutz ausgibt. Diese Blüten hat die subventionierte Unvernunft längst getrieben. Jeder Rübenacker, der nicht mehr mit Zuckerrüben, so genannten Nitratbomben gepflanzt wird, ist ein ökologischer Segen, weil die Umwelt von übermäßigem Nitrateintrag verschont wird – und verdient keine Prämie dafür, dass diese Produktion eingestellt wird. Man zahlt ja einem Räuber auch nichts dafür, dass er sich nicht mehr auf die Entwendung ihm nicht gehörender Handtaschen und Handys verlegt.

Dritte-Welt-Länder hätten endlich die Chance, ihre Lebensmittel anzubieten, preiswerte, zum Vorteil der Verbraucher, als wirksame Hilfe der dramatischen Armut in der Dritten Welt. Die EU würde sie nicht mehr mit Dumpingpreisen und Zollschranken der Landwirtschaft in den armen Ländern des Südens ihrer Entwicklungschancen berauben – und damit auch weniger Hungerflüchtlinge produzieren. Die potenzielle Gefahr, dass Armut, von uns reichen Ländern erzwungen, sicher gegen den Willen vieler Verbraucher brutal seit Jahrzehnten durchgesetzt, Verbitterung, Gewalt und die Unterstützung von Terrorismus erzeugt, wäre wesentlich geringer. Die EU wäre – was sie heute ist – kein Sicherheitsrisiko mehr. Weil das Geld nicht mehr für Subventionen eines Wirtschaftszweiges mit besonders starker Lobby, sondern für das Allgemeinwohl eingesetzt würde, würde auch Europa populär und die ganze Welt etwas sicherer werden. Was für eine neue, wunderschöne Welt wir da skizziert haben! Diese Welt können wir uns wünschen, aber sie wird nicht, jedenfalls nicht von alleine kommen. Unter den gegenwärtigen Bedingungen der Nahrungsmittelorganisation ist keine Besserung in Sicht. In diesem System, in dem viele ihr Auskommen finden, aber Verbraucher machtlos und entmündigt sind, kann es kein richtiges Leben im falschen geben.

Die Vision politisch umsetzen

Auf die Politik zu warten, hieße lang warten. Wir Verbraucher sind in deren Bild offenbar so eine Art Allesfresser: Was man uns vorsetzt, wird schon gegessen. Selbst die grün-rote Verbraucherpolitik der Jahre zwischen 1998 und 2005 ist diesem Missstand nicht entschlossen genug entgegengetreten. Anstatt auch gegen die Interessen der großen Industrie die Einführung von Qualitätsstandards zu fordern – zumal nach dem BSE-Skandal –, hatte sich die damalige Regierung den Schneid abkaufen lassen. Wir Verbraucher müssen uns eine Situation erkämpfen,

Kunden an die Macht

die uns ermöglicht, den Markt zu bestimmen. Dazu brauchen wir andere Spielregeln. Aber das liegt im Ermessen der Politiker, die eine grundlegend veränderte Rechtssituation der Verbraucher beschließen müssen. Bislang haben sie kein wirkliches Interesse daran. Nicht weil sie ahnungslos sind, sondern weil sie sich erst dann für uns Verbraucher ins Zeug legen werden, wenn sie unter öffentlichem Druck stehen. Erst dann werden auch Behörden die wenigen Rechte, die wir Verbraucher schon haben, in der Praxis nicht mehr einseitig zu Gunsten der Industrie auslegen und vollziehen. Öffentlicher Druck, öffentliche Empörung der Verbraucher werden auch ihre Wirkung auf die Rechtsprechung nicht verfehlen. Diese legt bisher den Begriff des mündigen Verbrauchers so aus, dass dieser eigentlich Lebensmittelchemiker, Veterinär, Außenwirtschaftstheoretiker und Lebensmitteljurist zur gleichen Zeit sein muss. Gerichte setzen Recht nicht im luftleeren Raum, sondern orientieren sich auch an dem, was das Rechtsverständnis der gegenwärtigen sozialen, politischen Lage und der historischen Entwicklung ist.

Die Entwicklung des Umweltrechtes ist ein gutes Beispiel. Der Protest gegen das Einleiten giftiger Abwässer in unsere Flüsse, die Forderungen nach dem »gläsernen Abflussrohr«, verbunden mit öffentlichen Aktionen, die Abflussrohre symbolisch abgedichtet haben, haben tatsächlich zum »gläsernen Abflussrohr«, zu einem der strengsten Abwassergesetze in der Welt geführt. Letztlich haben sie auch der Industrie gedient. Diese hat die besten Abwassertechnologien entwickelt, aber auch zuerst angesichts dieser Provokationen Zeter und Mordio geschrieen. Die Umweltbewegung hatte Erfolg, weil sie den Menschen erklären konnte, dass es ein Problem gibt, von dem sie bisher noch nichts wussten. Auch die Verbraucher werden sich erst für ihre Rechte engagieren, wenn es gelingt klar zu machen, dass sie als Lebensmittelkäufer ein Problem haben,

Kunden an die Macht

das Problem nämlich, dass sie machtlos sind und sich nicht alleine helfen können. Erst aus der Erkenntnis heraus, dass Einkaufen nicht nur Privatsache ist, dass wir als Verbraucher betrogen werden, dass wir nicht einmal die Möglichkeit haben, wenn schon riskante Lebensmittel in den Regalen liegen, diese zu vermeiden, wird sich die politische Stimmung ändern, eine, die zu neuen Verbraucherrechten führt. Und dazu, dass schon bestehende Rechte auch umgesetzt werden. Politisch muss klar werden, dass wir uns als Verbraucher verstehen, die man einfach, schnell und umfassend informieren muss, damit wir mit Vertrauen und ohne Spezialistentum unsere Schiedsrichterfunktion im Markt wahrnehmen können. Wir müssen eine Atmosphäre der steten Entmündigung überwinden, dazu zählt auch die uns täglich eingehämmerte Ideologie, dass das Einkaufen Privatsache sei, dass es hier nicht um Macht und Interessen gehe. Wir müssen klarstellen, dass wir den Staat nicht von seiner Pflicht befreien, unser Grundrecht auf Leben zu schützen. Verbraucherrechte, die uns zustehen, dürfen nicht durch moralische Appelle ersetzt werden. Wir müssen darauf bestehen, dass Rechte, auf die wir einen Anspruch haben, für uns durchgesetzt werden. Das wird ohne eine starke Interessenvertretung von Verbrauchern nicht klappen. Wir haben als Einzelne keine Macht – deshalb brauchen wir Organisationen, die sich nicht gemein machen mit der Industrie, mit der Landwirtschaft oder den Behörden. Nur organisiert können Verbraucher der Verdummung und der Entrechtung im Lebensmittelsektor etwas entgegensetzen. Es liegt an uns, zivilen Ungehorsam zu entwickeln. Supermärkte zu blockieren, die uns unzulässig hoch mit Pflanzenschutzmitteln belastete Orangen und Paprika anbieten wollen. Es liegt an uns, lautstarken Protest anzumelden gegen Fleischfirmen, in denen Lebensmittel umetikettiert werden.

Kunden an die Macht

So wie es einst mit der Umweltbewegung war, brauchen wir einen massiven Wandel im öffentlichen Bewusstsein. Dann haben wir die Chance, Verbraucherrechte durchzusetzen, um wirklich König Kunde zu sein. Dazu gehört an vorderster Stelle das Recht auf Information, auf Transparenz und die Pflicht der Unternehmen und der Bürokratie, uns diese Informationen auch zu liefern. Das so genannte Verbraucherinformationsgesetz stärkt die Rechte der Verbraucher nicht. Dieses Gesetz betreibt selbst Verbrauchertäuschung. Auf dem Papier hat der Bürger Anspruch auf Information, in der Praxis verweigern ihm diese zahlreiche Ausnahmen. Das Gesetz ist unbrauchbar und auch für die Verwaltung und die Richter eine Zumutung. Denn es fehlt ein klares Leitprinzip: Die Veröffentlichung von Verbraucherinformationen muss Vorrang haben. Die Geheimhaltung von Informationen muss begründet werden und eben nicht die Veröffentlichung. Effektive Informationsrechte bewirken weit mehr als nur Information der Verbraucher. Sie greifen dort, wo das Strafrecht nicht greift, nicht greifen kann, weil es auf Ereignisse, die in der Vergangenheit liegen, ausgerichtet ist.

Informationsrechte für alle Verbraucher hingegen werden das Verhalten der Teilnehmer im Markt ändern, präventiv ändern. Betriebe, die fürchten müssen, dass ihre Namen wegen Gammelfleischhandel und untragbaren hygienischen Zuständen veröffentlicht werden, haben einen starken Anreiz, die Regeln einzuhalten. Dann würde Betrug teurer als auf Qualität zu achten – heute ist es noch umgekehrt. Und Verbraucher hätten endlich die Möglichkeit, sich von solchen Firmen abzuwenden, die sie täuschen, in die Irre führen und betrügen.

Diese Transparenz wäre viel effektiver als die Verschärfung von Strafen, die von Politikern anlässlich jedes Gammelfleischskandales eingefordert werden. Im deutschen Strafrecht bleibt

Kunden an die Macht

das Hindernis, dass ein individueller Straftäter ermittelt werden muss. Betriebe, juristische Personen, können nicht belangt werden. Und das mag früher, als als Täter nur der Metzgermeister, seine Frau oder die zwei Lehrlinge in Frage kamen, noch sinnvoll gewesen sein. Die Ermittlung von individuellen Tätern, die auf der verantwortlichen Managementebene angesiedelt sind, ist in den großen, unübersichtlichen Handelsbetrieben und Herstellerfirmen sehr schwierig: Fahrlässigkeit, erst recht Vorsätzlichkeit ist schwer zu beweisen. Die strafrechtliche Aufarbeitung des Nitrofen-Skandals zeigt dies beispielsweise deutlich. Deshalb brauchen wir auch ein Unternehmensstrafrecht, also das Recht, Unternehmen, juristische Personen und deren Vorstände kollektiv zu bestrafen. Geldstrafen, gestaffelt nach dem Umsatz der Unternehmen, müssen so hoch angesiedelt werden, dass sie deutlich über den Kosten für eine gesetzeskonforme Qualitätssicherung im jeweiligen Betrieb liegen. Damit Lügen und Betrügen sich bei Gammelfleischhandel nicht länger lohnen. Der Beweis der Schuld des Unternehmens reicht aus, ein individueller Täter muss nicht ermittelt werden. In der Tat hätten wir dann eine abschreckende Wirkung des Rechts – diese fehlt bisher und macht das Betrügen so attraktiv. Dermaßen weitgehende Informations- sowie Klagerechte oder ein solches Unternehmensstrafrecht ist bei manchen unserer europäischen Nachbarn längst Realität. In Dänemark werden die Ergebnisse von Lebensmittelkontrollen im Internet schnell, allgemeinverständlich und für jedermann zugänglich veröffentlicht. Im Vereinigten Königreich werden Lebensmittelprobleme öffentlich, auf Wunsch auf das eigene Funktelefon, kostenlos gemeldet und ebenso die Warnungen des Europäischen Schnellwarnsystems, das das Inverkehrbringen gesetzeswidriger, unsicherer oder gefährlicher Ware meldet. (Auch in Deutschland können wir diese Meldungen auf der Internetseite des Bundesamtes für Lebensmittelsicherheit und Verbraucherschutz ein-

Kunden an die Macht

sehen, allerdings nur in anonymisierter und damit für die Bürger wertloser Form.) In Österreich gibt es seit Anfang 2006 ein Unternehmensstrafrecht, in Frankreich schon seit langem. Auch das deutsche Umweltrecht ist dagegen schon weiter. Umweltverbände können auf ein Umweltinformationsgesetz zurückgreifen, sie können Behörden auf Vollzug verklagen. Auch Schadensersatzansprüche von Bürgern sind im Umweltrecht leichter durchsetzbar. Wenn wir Verbraucher endlich über diese Rechte, Informations- und Klagerechte insbesondere, verfügen, dann gibt es auch die Möglichkeit, die anderen Verkrustungen und Irrsinnigkeiten des Lebensmittelmarktes aufzureißen. Ein Unding ist die Existenz eines Ministeriums für Verbraucherschutz, das zugleich die Interessen der Landwirte und der Verbraucher vertreten soll. Ein Unding ist es auch, dass die unsinnigen und irreführenden Bezeichnungen von Lebensmitteln (Formschinken, Direktsaft) in einem geheim tagenden Ständeparlament, der Lebensmittelkommission, festgelegt werden – ohne Beteiligung unabhängiger Verbraucherorganisationen. Um unsere Macht zu organisieren, braucht es aber echte Macht. Doch es wird sich nichts ändern, wenn einige von uns keinen Joghurt mehr kaufen, auf dem irreführend steht »natürliches Aroma«. So entstehen keine neuen Strukturen, denn so wird das Gesetz, das diese Irreführung überhaupt erst erlaubt, nicht geändert. Es kostet Wissen, Aufwand und Zeit, um hier ein schlechtes Produkt zu meiden, dort ein besseres zu erstehen. Vereinzelt gegen all die Milliarden der Nahrungsmittelindustrie anzukommen, ist aussichtslos. Die Erfahrungen in der Arbeitswelt und im Umweltschutz haben uns gezeigt, wie illusionär diese Idee ist: Niemand kann sich allein gegen Umweltverschmutzung wehren, kein Arbeitnehmer hat gegen Unternehmen etwas auszurichten, der nicht sicher weiß, dass ihm im Rücken Gewerkschaften oder Betriebsräte beistehen. Nur organisierte Macht ist Macht.

Kunden an die Macht

Die Illusion, den Lebensmittelmarkt mit dem Einkaufswagen zu ändern, kommt der Empfehlung gleich, weniger Auto zu fahren, um gegen die globale Erderwärmung vorzugehen, die Eisenbahn dem Auto grundsätzlich vorzuziehen – oder besser gleich auf eine Insel auszuwandern: Das wäre dann die Insel der Seligen, der Traumort aller, die viel von Moral halten, für die Machtfragen, also das Politische, keine Rolle spielen.

Wir wollen nicht mehr abgespeist werden. Das ist ein untragbarer Zustand und keine Frage des Lifestyles und der Moral. Mehr Geld für Lebensmittel auszugeben, ist keine Lösung, ändert noch nichts – vor allem nichts zum Besseren. Kein BSE-Skandal hätte damit verhindert werden können, kein Gammelfleischskandal hätte weniger beklagt werden müssen. Die Bedingungen des Lebensmittelmarktes können und müssen zu Gunsten der Verbraucher geändert werden. Märkte sind nichts Mystisches, vor allem sind sie nicht dazu da, die Käufer, die Kunden zu deckeln. Jeder Markt ist für die Menschen da, für die Verbraucher der angebotenen Produkte. Nicht wir Konsumenten sollten die Bedürfnisse der Landwirte, Nahrungsmittelindustrien und Lebensmittelvertriebe befriedigen müssen. Der britische Ökonom Nicolas Stern, der Anfang 2007 mit seiner Studie zur globalen Erderwärmung Furore machte und den Ökobewegungen in aller Welt Argumentationshilfen an die Hand gab, geht davon aus, dass die globale Erwärmung vor allem ein Resultat des Marktversagens sei. Die Industrieländer mit den höchsten Emissionen müssten mehr für ihre ausgepusteten Schadstoffe bezahlen, dann könnten die Länder, die dringend um konkurrenzfähigen Anschluss an die globale Ökonomie ringen, auch davon profitieren – und letztlich die klimatischen Bedingungen der Welt.

Ein System funktioniert jedoch nicht anonym und kommt nicht wie Gottes Wille über uns. Es ist menschengemacht. Und von Interessen gesteuert. Mit der globalen Erwärmung verhält es sich wie mit den Lebensmitteln. Letztlich geht es nicht um ein Versagen des Marktes, sondern um ein Versagen der Politik; um ein Versagen der Demokratie. Ein marktwirtschaftliches Regelwerk für die Lebensmittelwirtschaft zu schaffen, ist Aufgabe der Politik. Doch dort bestimmen nach wie vor in erster Linie diejenigen, die Nahrung herstellen, die sie anbauen, die sie vertreiben – und somit die Funktionäre, Lobbyisten und Beamten. Es ist Aufgabe einer demokratischen Politik, uns Kunden endlich an die Macht zu bringen. Dafür müssen wir kämpfen.

Kurzes Glossar

Acrylamid
Seit 2002 ist bekannt, dass beim Frittieren, Backen oder Braten stärkehaltiger Produkte Acrylamid entstehen kann. Im Tierversuch löst die Substanz Krebs aus und schädigt das Erbgut. Wie gefährlich Acrylamid für Menschen ist, konnte noch nicht abschließend geklärt werden.

Cumarin
Cumarin kommt insbesondere in bestimmten Zimtsorten vor. Seit den siebziger Jahren steht Cumarin unter Verdacht, Krebs zu verursachen. Cumarin kann zudem die Leber schädigen. Aus Kostengründen verwenden Hersteller in Deutschland hauptsächlich den stärker belasteten, aber billigeren Cassia-Zimt.

Dioxine und PCB
Dioxine sind farb- und geruchlose organische Verbindungen, die Kohlenstoff, Wasserstoff, Sauerstoff und Chlor enthalten. Das Spektrum toxischer und biochemischer Wirkungen von Dioxinen und den dioxinähnlichen polychlorierten Biphenylen (PCB) reicht von Gebärmutterschädigungen über Verhaltensstörungen und die Schwächung des Immunsystems bis hin zu Krebs. Sie sind nicht nur akut giftig, sondern reichern sich auch lebenslang im Körper an. Daher sind schon kleinste Mengen gefährlich, wenn man diese kontinuierlich zu sich nimmt.
   Die Substanzen gelangen vor allem über die Nahrung in den menschlichen Körper. Tierische Lebensmittel wie Fisch, Meeresfrüchte, Fleisch, Eier und Milch sind in der Regel für etwa 80 Prozent der Gesamtaufnahme an Dioxinen verantwortlich.

Kurzes Glossar

Nitrat

Nitrat ist eine Verbindung, die aus den Elementen Stickstoff und Sauerstoff besteht. Es kommt natürlicherweise im Boden vor, außerdem ist es in stickstoffhaltigen Düngemitteln zu finden. Nitrat selbst ist nicht gefährlich. Jedoch können Bakterien Nitrat in Nitrit umwandeln. Nitrit ist giftig und an der Bildung krebserregender Nitrosamine beteiligt. Der Mensch nimmt mit seiner Nahrung durchschnittlich 90–130 mg/Tag auf. Der größere Teil stammt aus pflanzlichen Nahrungsmitteln (Gemüse). Nur ein relativ geringer Anteil gelangt über das Trinkwasser in unseren Körper.

Nitrofen

Über Futtergetreide gelangte der Giftstoff Nitrofen im Jahr 2002 aus einer mit Pflanzengiften belasteten Lagerhalle in Bio-Fleisch und Bio-Eier. Nitrofen ist ein Unkrautvernichtungsmittel (Herbizid). Seit den achtziger Jahren ist die Chemikalie in der Bundesrepublik verboten, seit der Wiedervereinigung auch im Osten Deutschlands. Nitrofen ist im Tierversuch krebserregend und schädigt Embryos schwer. Schon kleinste Dosen oder einmalige Aufnahme können Missbildungen im Mutterleib auslösen.

Pflanzenschutzmittel (PSM)

PSM sind Stoffe, die laut Pflanzenschutzgesetz dazu bestimmt sind, Pflanzen vor Schadorganismen oder Tieren, Mikroorganismen und anderen Pflanzen zu schützen oder die Lebensvorgänge von Pflanzen zu beeinflussen, ohne ihrer Ernährung zu dienen (Wachstumsregler). Manche Pflanzenschutzmittel wirken bei Menschen z. B. als Nervengifte und können in hohen Dosen die menschliche Gesundheit schädigen.

Kurzes Glossar

Uran

Uran ist von Natur aus radioaktiv, zählt aber zu den nur schwach strahlenden radioaktiven Substanzen. Über die Nahrung aufgenommenes Uran ist vor allem aufgrund seiner chemischen Giftigkeit gefährlich, nicht wegen seiner Radioaktivität. Wie alle Schwermetalle kann Uran, wenn es vom Körper in größeren Mengen aufgenommen wird, schwere Schädigungen, besonders der Nieren, der Knochen und des Blutes, hervorrufen. Bei Kindern und Säuglingen kommt die Giftigkeit von Uran stärker zum tragen als bei erwachsenen Menschen. Wenn eine Mineralwasserquelle in einer geologischen Formation liegt, die natürlicherweise mit Uran durchsetzt ist, findet sich das Schwermetall im abgefüllten Wasser wieder.

Quellenhinweise

Sofern nicht anders gekennzeichnet, ist der Redaktionsschluss für alle im Buch getroffenen Aussagen der 31.05.2007. Die in Klammern gesetzten Datierungen beziehen sich auf das Datum, zu dem die jeweilige Internetseite eingesehen worden ist.

2. Kapitel **Irreführung im Supermarkt**

Böge, Stefanie, Äpfel – vom Paradies bis zur Verführung im Supermarkt, Dortmunder Vertrieb für Bau- und Planungsliteratur, Dortmund 2003

Bundesamt für Verbraucherschutz und Lebensmittelsicherheit, 2006, Anzahl der Rückstände und deren Häufigkeiten in den untersuchten Lebensmittelproben, http://www.bvl.bund.de (21.03.2007)

Bundesamt für Verbraucherschutz und Lebensmittelsicherheit, Lebensmittel-Monitoring 2005: Grundnahrungsmittel überwiegend geringfügig belastet, http://www.bvl.bund.de (21.03.2007)

Bundesministerium für Ernährung, Landwirtschaft und Verbraucherschutz, Das Deutsche Lebensmittelbuch, Die Leitsätze des Deutschen Lebensmittelbuchs, Leitsätze für Erfrischungsgetränke, http://www.bmelv.de (21.03.2007)

Anzeige »Langnese Haus- & Multipackungen: Milchzeit« in der Beilage der Lebensmittelzeitung, KW 6–8/2007

foodwatch-Internetseite, Falsches Reinheitsgebot bei McDonald's, http://www.foodwatch.de (31.03.2007)

Marcus Brian, Aromastoffe in Lebensmitteln, 30.3.2006, unveröffentlichtes Manuskript im Auftrag von foodwatch e.V.

Bayerisches Landesamt für Gesundheit und Lebensmittelsicherheit, Jahresbericht 2005, S. 145 u. 156, http://www.lgl.bayern.de (21.03.2007)

Naturland, Richtlinien – Verarbeitung 01/2006, S. 10, http://www.naturland.de (21.03.2007)

Verbraucher-Zentrale Hamburg e.V., Was bedeuten die E-Nummern?, 2006

Grimm, Hans-Ulrich, Echt künstlich, Dr. Watson Books, Stuttgart-Bad Cannstatt 2007

Quellenhinweise

Hauptverband des Deutschen Einzelhandels, dpa-Meldung vom
24.01.2007, anlässlich der Grünen Woche 2007,
Verbraucherzentrale Bundesverband, Verbrauchertäuschung bei Lebensmitteln, Hintergrundpapier zur Pressekonferenz am 19.01.2005
zur Internationalen Grünen Woche in Berlin, http://www.vzbv.de
(31.03.2007)
Stand des Gesetzgebungsverfahrens für das Verbraucherinformationsgesetz: Redaktionsschluss 31.05.2007
Bundesministerium für Ernährung, Landwirtschaft und Verbraucherschutz, Das Deutsche Lebensmittelbuch, Die Leitsätze des Deutschen
Lebensmittelbuchs, Leitsätze für Fleisch und Fleischerzeugnisse,
http://www.bmelv.de (21.03.2007)

Die in diesem Kapitel beschriebenen Produkte wurden im März 2007
erworben.

3. Kapitel **Gammelfleisch: Der Skandal als Normalfall**

Verordnung (EG) Nr. 1774/2002 des Europäischen Parlaments und des
Rates, ABl. L 273 vom 10.10.2002, http://www.eur-lex.euopa.eu
(31.03.2007)
foodwatch-Tiermehlreport »Alles – außer Kontrolle« 2004, foodwatch-
Futtermittelreport »Lug und Trog« 2005, foodwatch-Report »Die
Tiermehl-Schmuggler« 2007, http://www.foodwatch.de (31.03.2007)
foodwatch-Internetseite, Fleisch, Fleischskandale, http://www.food-
watch.de (31.3.2007)
Zitat Staatsanwältin: N 24, news & stories, vom 15.12.2006,
www.n24.de (31.03.2007)
Bayerisches Landesamt für Gesundheit und Lebensmittelsicherheit, Jahresbericht 2005, http://www.lgl.bayern.de (21.03.2007)
foodwatch-Internetseite, Fleisch, Fleischskandale, http://www.food-
watch.de (31.3.2007)
Protokoll der Anhörung »Verbesserung der Kontrollen im Futter- und
Lebensmittelbereich (Drs. 15/4680) im Bayerischen Landtag vom
5. April 2006
Meyer/Streinz, Verordnung zur Festlegung der allgemeinen Grundsätze
und Anforderungen des Lebensmittelrechts, zur Errichtung der Europäischen Behörde für Lebensmittelsicherheit und zur Festlegung von
Verfahren zur Lebensmittelsicherheit (BasisVO), Verlag C. H. Beck,
München 2007

Quellenhinweise

4. Kapitel Legale Vergiftung

Lebensmittelrechtshandbuch, Einleitung, Verlag C. H. Beck München,
April 2006
foodwatch-Futtermittelreport »Lug und Trog« 2005,
http://www.foodwatch.de (31.03.2007)
foodwatch-Internetseite, Dioxine und PCB, Futtermittel,
http://www.foodwatch.de (31.3.2007)
foodwatch-Internetseite, Acrylamid, http://www.foodwatch.de
(31.03.2007)
Sachverständigenrat für Umweltfragen (SRU), Umweltgutachten 2004,
Umweltpolitische Handlungsfähigkeit sichern – Kurzfassung –, Mai
2004, http://www.umweltrat.de (31.03.2007)
Zitat Christian Grugel: ZDF, Frontal 21 vom 06.02.2007, www.zdf.de,
(31.03.2007)
Bundesinstitut für Risikobewertung (BfR), Uran in Mineralwasser,
Stellungnahme Nr. 024/2005 des BfR vom 13. Mai 2005,
http://www.bfr.bund.de (31.03.2007)
foodwatch-Internetseite, Mineralwasser, Hintergrund Uran, Klageerwi-
derung, http://www.foodwatch.de (31.03.2007)
foodwatch-Internetseite, Illegal im Regal?, Ein Hintergrundpapier von
foodwatch über das Vorkommen und die Risiken von Cumarin,
http://www.foodwatch.de (31.03.2007)
Bundesverfassungsgericht, Leitsätze zum Beschluss des Ersten Senats
vom 26. Juni 2002, 1 BvR 558/91, 1 BvR 1428/91, http://www.bundes-
verfassungsgericht.de/Entscheidungen (31.03.2007)

5. Kapitel Die Lebensmittel-Lobby

Interview mit Georg Heitlinger in der *Landpost*, Deutsches Wochen-
blatt, Ausgabe 47/2006
Centrale Marketing-Gesellschaft der deutschen Agrarwirtschaft mbH,
http://www.cma.de (31.03.2007)
Interview mit Georg Heitlinger in der *Landpost*, Deutsches Wochen-
blatt, Ausgabe 47/2006
Claas Pieper, *Die Zeit* Nr. 47, Wirtschaft, Das Hühnchen-Gericht, vom
16.11.2006
Centrale Marketing-Gesellschaft der deutschen Agrarwirtschaft mbH,
http://www.cma.de, Über die CMA, Gesellschafter der CMA
(31.03.2007)

Quellenhinweise

Neuland e.V. für tiergerechte und umweltschonende Nutztierhaltung, Richtlinien Haltung und Fütterung, http://www.neuland-fleisch.de (31.03.2007)

Bundesministerium für Ernährung, Landwirtschaft und Verbraucherschutz, 50 Jahre Statistisches Jahrbuch – 50 Jahre Agrarentwicklung, Ausgewählte Kennzahlen, http://www.bmelv-statistik.de, (31.03.2007)

Sendemanuskript des Beitrags »Untergang oder Neuanfang – Die absurde Schlacht um EU-Subventionen« im Fernsehmagazin Panorama vom 23.6.2005, http://daserste.ndr.de, Panorama, Archiv, 2005 (31.03.2007)

Bundesministerium für Ernährung, Landwirtschaft und Verbraucherschutz, Haushaltsentwurf der Bundesregierung für das BMELV 2007, http://www.bmelv.de (31.03.2007)

Bund für Lebensmittelrecht und Lebensmittelkunde e.V., Memorandum »Verbraucherpolitische Erwartungen der deutschen Lebensmittelwirtschaft an die deutsche Ratspräsidentschaft« 2007, http://www.bll.de (31.03.2007)

Deutscher Bauernverband, Pressemitteilung, Verbraucherschutz verträgt keine Schieflage am Markt! 15.03.2003, www.bauernverband.de (31.03.2007)

Zitat Horst Seehofer: Streitgespräch zwischen Horst Sechofer und Bärbel Höhn in der *Süddeutschen Zeitung* vom 13.12.2006

Jörg von Bilavsky, Zusammenfassung und Analyse über die Arbeit und Mitglieder des Bundestagsausschusses für Ernährung, Landwirtschaft und Verbraucherschutz, 31.12.2006, unveröffentlicht, im Auftrag von foodwatch

foodwatch-QS-Report »Auf der Suche nach der versprochenen Qualität« 2004, http://www.foodwatch.de (31.03.2007)

Bundesministerium für Ernährung, Landwirtschaft und Verbraucherschutz / Verbraucherschutz, Lebensmittelsicherheit, Deutsches Lebensmittelbuch, Lebensmittelbuch-Kommission, http://www.bmelv.de (31.03.2007)

Bundesvereinigung der Deutschen Ernährungsindustrie (BVE), Mitglieder, Fachverbände, http://www.bve-online.de (31.03.2007)

Ann Mettler, *The Wall Street Journal*, The European Consumer vom 29.01.2007 http://www.wsj.com 31.03.2007)

Quellenhinweise

6. Kapitel EU: Milliardengrab und Sicherheitsrisiko

Bericht über die menschliche Entwicklung der UNDP (United Nations
Developement Programme) 2005, Kapiteltitel: »Unfaire Regeln: Wie
das Handelssystem die entwickelten Länder begünstigt«
http://hdr.undp.org (31.03.2007)
Thilo Bode, *Welt am Sonntag* vom 8.8.2004, »Pro Kuh zwei Dollar
Zuschuss täglich«
Thilo Bode, *Süddeutsche Zeitung* vom 10.09.2003, »Mehr Demokratie
in der Agrarpolitik«
Fritz Vorholz, *Die Zeit* vom 29.07.2004, »Der Agrarfluch auf dem Welt-
handel«; außerdem Nicola Liebert, *taz* vom 7.03.2006, »Europa Bau-
ern haben ihre Ruhe«
Fritz Vorholz in *Die Zeit* 1/2004 »Rohr gegen Rübe«
Zitat Francois Xavier Perrout: WDR-Dokumentation »Die Story – Das
Superkonto«, 22.01.2007
Bundesministerium für Ernährung, Landwirtschaft und Verbraucher-
schutz, Informationen Nr. 22 vom 16. Dezember 2005,
http://www.bmelv.de (31.03.2007)
foodwatch-Internetseite, Verbraucherpolitik, Rot-Grüne Bilanz,
http://www.foodwatch.de (31.03.2007)
Sachverständigenrat für Umweltfragen (SRU), Umweltgutachten 2004,
Umweltpolitische Handlungsfähigkeit sichern – Langfassung –, Mai
2004, http://www.umweltrat.de (31.03.2007)
Zitat Gerd Sonnleitner: *Die Zeit* 30/2003, http://www.zeit.de
(31.03.2007)
Michaela Schießl, *Der Spiegel*, Not für die Welt, Heft 8, 2007

7. Kapitel Geiz ist vernünftig

George A. Akerlof, 1970, Aufsatz »The Market for ›Lemon‹: Quality
Uncertainty and the Market Mechanisms« im *Quarterly Journal of
Economics*. (http://elsa.berkeley.edu)
Bund für Lebensmittelrecht und Lebensmittelkunde e.V., Memorandum
»Verbraucherpolitische Erwartungen der deutschen Lebensmittel-
wirtschaft an die deutsche Ratspräsidentschaft« 2007,
http://www.bll.de (31.03.2007)
Bundesverband der Deutschen Industrie (BDI), Positionspapier, »Ver-
braucherschutz braucht Wettbewerb« März 2003, http://www.bdi-
online.de (31.03.2007)

250

Quellenhinweise

Aussagen Prof. Dr. Dr. h.c. Hans-Werner Sinn: Bundesministerium für
Ernährung, Landwirtschaft und Verbraucherschutz, Podiumsver-
anstaltung »Information als Instrument der Verbraucherpolitik« anlässlich der Vorstellung des neuen Verbraucherinformationsgesetzes,
Berlin, 31.01.2002, überarbeitetes Manuskript vom 07.02.2002
11. Forum der Fleischwirtschaft in Münster/Westfalen am 22.11.2006
foodwatch-Internetseite, Verbraucherpolitik, Rot-Grüne Bilanz,
http://www.foodwatch.de (31.03.2007)
Zitate Renate Künast und Gerd Sonnleitner: Deutscher Bauernverband,
Pressemitteilung vom 02.11.2006, http://www.bauernverband.de
(31.03.2007)
Ullrich Fichtner, Tellergericht, Die Deutschen und das Essen – eine
kritische Bestandsaufnahme, Heyne Verlag, 2006

8. Kapitel   **Gute Lebensmittel nur für Reiche**

foodwatch-Studie »Was kostet ein Schnitzel wirklich?«, 2004
http://www.foodwatch.de (31.03.2007)
Zentrale Markt- und Preisberichtstelle für Erzeugnisse der Land-, Forst-
und Ernährungswirtschaft GmbH (ZMP), Ökomarkt Jahrbuch 2007,
http://www.zmp.de (31.03.2007)
Frank Kürschner-Pelkmann, *Süddeutsche Zeitung*, Nr. 192 vom
22.08.2006, 140 Liter für eine Tasse Kaffee
Statistisches Bundesamt, Einkommens- und Verbrauchsstichprobe, Aufwendungen privater Haushalte für Nahrungsmittel, Getränke und
Tabakwaren, erschienen am 24.03.2006, überarbeitete Fassung vom
26.07.2006
WDR, SWR, BR-alpha, Planet Wissen, 07.11.2005, http://www.planet-
wissen.de (31.03.2007)
Interview mit Gerd Sonnleitner in der *Frankfurter Rundschau* vom
05.03.2002
Interview mit Horst Seehofer in der *Süddeutschen Zeitung* vom
19.01.2007
Greenpeace e.V., Gentechnik ist, wenn es Landliebe ist! 04/2006,
http://www.greenpeace.de (31.03.2007)
Gesetz über den Verkehr mit Milch, Milcherzeugnissen und Fetten,
http://www.wikipedia.org (31.03.2007)
Bündnis90/Die Grünen, Konferenz »Grün leben«, 09.12.2006

Quellenhinweise

9. Kapitel **Robben sind besser geschützt als Verbraucher**

foodwatch-Report, »Nitrofen – Chronik einer angekündigten Vergiftung«, 2002 http://www.foodwatch.de (31.03.2007)
foodwatch-Internetseite, Nitrofen, Strafverfahren, http://www.foodwatch.de (31.03.2007)
Interview mit Renate Künast in der *Hamburger Morgenpost* vom 17.06.2002
Fernmündliche Auskunft, Herr Schäfer, Justiziar im Landwirtschaftsamt Bützow am 04.01.2007
foodwatch-Futtermittelreport »Lug und Trog« 2005, http://www.foodwatch.de (31.03.2007)
Dr. jur. habil. Sabine Schlacke, Universität Rostock, Rechtliche Aspekte der Sicherheit, Qualität und Kontrolle von Futtermitteln, Rostock, August 2004, Gutachten im Auftrag von foodwatch e.V.
Dr. jur. habil. Sabine Schlacke, Universität Rostock, Stellungnahme zum Entwurf eines Gesetzes zur Neuordnung des Lebensmittel- und Futtermittelrechts vom 15. Mai 2004 im Auftrag von foodwatch, erstellt am 03.02.2006
Amtsblatt der Europäischen Gemeinschaften L 6/45 vom 10.01.2002
Amtsblatt der Europäischen Union L 32/44 vom 04.02.2006
Thilo Bode, Zeitschrift für Rechtspolitik, »Gammelfleisch: Wo bleiben die Verbraucherrechte?«, Ausgabe 3/2006 vom 24.04.2006
foodwatch-Internetseite, Verbrauchergesetz, Analyse VIG, Schreiben des Bundesamtes für Verbraucherschutz und Lebensmittelindustrie an foodwatch e.V. vom 15.08.2004, www.foodwatch.de, (31.03.2007)
foodwatch-Internetseite, Verbrauchergesetz, Analyse VIG, Kontrollergebnisse der Lebensmittelüberwachung in Baden-Württemberg, Bayern, Niedersachsen und Nordrhein-Westfalen (Bitte um Nennung von gesundheitsschädlichen Produkten, Produzenten, Händlern, www.foodwatch.de (31.03.2007)
foodwatch-Internetseite, Werbelügen, Qualitätslüge Vinzenzmurr, http://www.foodwatch.de (31.03.2007)
stern online, http://www.stern.de, Wirtschaft, Unternehmen, Meldungen, Gerichtsurteil: Katjes ohne Fett (31.03.2007)
Rechtsstreit foodwatch ./. McDonald's: Oberlandesgericht München, Beschluss AZ:6 W 1829/04, 33 O 11352/04 LG München vom 04.10.2004

252

Danksagung

Die in diesem Buch zusammengefassten Informationen, die Aussagen und Forderungen gehen auf die gemeinsame Arbeit vieler zurück. Dazu beigetragen haben Wissenschaftler, Rechercheure, Juristen, Berater und viele andere. Ihre Nennung würde den verfügbaren Platz weitaus übersteigen, das Risiko, jemanden zu übersehen, wäre zu groß. Besonders hilfreich waren jedoch in der Herstellung des Textes Frank Brendel (Dokumentencheck), Dr. Sabine Schlacke (lebensmittelrechtliche Fragen) und Jan Feddersen (redaktionell). Ihnen möchte ich meinen Dank aussprechen.

Besonderen Dank schulde ich meinem foodwatch-Team. Dieses war es, das das Buch ermöglicht hat, weil die Erkenntnisse ein Ergebnis der foodwatch Arbeit sind. Barbara Hohl hat mit ihrer konstruktiven Kritik und Präzision das Manuskript erheblich verbessert. Die Kenntnisse von Matthias Wolfschmidt waren unverzichtbar für den Inhalt und die politische Ausrichtung des Buches. Und Michaela Poburski hat den Prozess der redaktionellen Fertigstellung äußerst effektiv organisiert und nie den Überblick verloren.

Barbara Wenner hatte die Idee zu diesem Buch. Und sie hat es von Anfang an äußerst professionell und sehr motivierend unterstützt. Dafür danke ich ihr sehr.

Gift im Wasser, Gammelfleisch im Essen, Lügen in der Werbung und die Behörden schauen zu.

Lassen Sie sich nicht länger abspeisen, wehren Sie sich gemeinsam mit foodwatch!

Weitere Informationen erhalten Sie im
Internet unter **www.foodwatch.de** oder über
die Info-Hotline **+ 49 (0) 30 / 28 09 39 95**